Comoara ascunsă a Căii Profunde

Un comentariu pas cu pas
al practicilor preliminare Kalachakra

༄༅། །རབ་ལམ་སྟོན་འགྲོའི་ཆིག་འགྲེལ་སྟོན་མེད་རབ་གསལ་སྣང་བ།

de Shar Khentrul Jamphel Lodrö

ཤར་མཁན་སྤྲུལ་རིན་པོ་ཆེ་འཇམ་དཔལ་བློ་གྲོས

DZOKDEN

Autor: Shar Khentrul Jamphel Lodrö
Traducător român: Daniela Fotache
Editor român: Dalina Georgescu

Prima ediție

ISBN: 978-1-958229-12-5 (volum broșat)
ISBN: 978-1-958229-13-2 (ePub)

Publicat de :
DZOKDEN

Această carte a fost editată de Dzokden, o organizație non-profit ce este operată în întregime de către voluntari. Organizația Dzokden este dedicată propagării unei viziuni non-sectare asupra tuturor tradițiilor spirituale ale lumii și predării budismului într-un mod complet autentic, dar în același timp într-un mod practic și accesibil culturii occidentale. Este dedicată în special răspândirii tradiției Jonang, o nestemată rară dintr-o zonă îndepărtată a Tibetului, care păstrează învățăturile prețioase Kalachakra.

Pentru mai multe informații despre activitățile programate sau despre materialele disponibile, sau dacă doriți să faceți o donație, vă rugăm să ne contactați:

Dzokden
3436 Divisadero Street
San Francisco, CA 94123
USA
www.dzokden.org
office@dzokden.org

Cuprins

ཕྱི་དབྱིངས་འཕོར་འདས་དྲངས་མའི་སྒྱོང་ཁྱེར་ཏེ་བ་དག་བཅུའི་ཀུཊྚ་ལ། །

ནང་དབྱིངས་དྲུག་བརྒྱ་སོ་དྲུག་ལྟུ་ཡི་དགྱིལ་འཕོར་སྒྱོང་གཟུགས་ལོངས་སྐུའི་ཞིང་། །

གཞི་དབྱིངས་རྣམ་པ་ཀུན་ལྡན་ཆ་མེད་འཕོར་འདས་ཀུན་ཁྱབ་ཆོས་སྐུའི་དབྱིངས། །

མཛོད་བྱེད་ཐབ་ལས་ཉག་གཅིག་རྡོ་རྗེའི་རྣལ་འབྱོར་དང་བས་ཕྱག་གིས་མཆོད། །

ཐབ་དོན་ཤེས་པ་མིན་ཡང་འདུན་པ་ཡིས། །

ཐབ་མེའི་དོན་ལ་འཇུག་པའི་རིམ་པ་ཚམ། །

གོ་སྐྱ་ཤེས་ཐབས་ཆེག་གིས་འདི་སྒྱོན་གྱིས། །

བྱིས་པའི་ངལ་བ་བརྟེན་ལ་ཚོངས་པ་ཏེ། །

ཕྱི་རིག་དྲུས་ཀྱི་འཕོར་ལོ་འཇམ་སྒྱིང་ཏེ་བ་ཕྱག་བརྐྱེའི་ཞིང་། །

ནང་རིག་དྲུས་ཀྱི་འཕོར་ལོ་རྡོ་རྗེའི་རྣ་ལྟུང་ཐེག་ལེའི་ཁམས། །

གཞན་རིག་དྲུས་ཀྱི་འཕོར་ལོ་ཐབས་གསང་སྐུ་ཡི་དགྱིལ་འཕོར་གསུམ། །

དབྱེར་མེད་བར་དུ་རྟོགས་ལྟུན་དས་པའི་ཆོས་ལ་སྐྱོན་ནས་ཕོག །

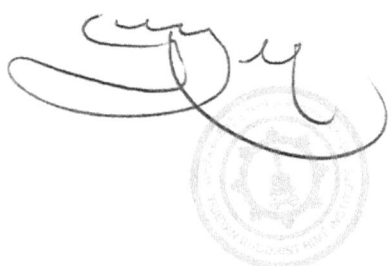

Omagiu

Cu credință în unica și profunda cale Vajra Yoga,
cea prin care se manifestă realizările, aduc omagiu
Tărâmului Extern, cele 96 de milioane de orașe ale
Shambhalei care sunt esența samsarei și nirvanei,
Tărâmului Interior, sălașul *sambhogakaya*
al formei-goale a mandalei celor șase sute treizeci
și șase de zeități și Spațiului fundament,
indivizibilului Tărâm Dharmakaya ce posedă toate
aspectele și pătrunde peste tot în samsara și nirvana.

Cum nimeni nu cunoaște cele mai adânci înțelesuri,
Ce vină este în aspirația de a face efortul de a scrie
Despre metodă și înțelepciune, făcând ușor de înțeles
Doar Treptele intrării în acest sens profund?

Conștientizarea externă Kalachakra – miliardele de
lumi ale acestui univers,
Conștientizarea internă Kalachakra – tărâmul
vajra al canalelor, vânturilor și esențelor,
Conștientizarea iluminată Kalachakra – cele trei
mandale ale minții, vorbirii și corpului,
Până când acestea vor fi inseparabile, fie să ne
bucurăm de Dharma cea sacră a Erei de Aur!

— Buddha Shakyamuni —
Învățătorul suprem al Tantrei Kalachakra

Introducere

Această lucrare oferă un comentariu asupra textului de rădăcină al lui Jetsun Taranatha numit „*Scara divină: preliminarii și practici principale ale profundei Vajrayoga Kalachakra*". Scrisă inițial în secolul al șaptesprezecelea, „*Scara divină*" a fost folosită de sute de ani de nenumărați practicanți Jonang pentru a obține realizarea pe calea Kalachakra și reprezintă un manual concis de practică ce cuprinde instrucțiunile esențiale ale tradiției practicate atât în India, cât și în Tibet.

În aceste timpuri pline de conflicte și vrajbă, se spune că practica Kalachakra este deosebit de eficientă. Întrucât aceste învățături au apărut din tărâmul spiritual al Shambhalei, ele sunt strâns conectate de cultivarea păcii și armoniei. Aceste învățături sunt incredibil de rare în această lume și de aceea este foarte dificil să le întâlnim, cu atât mai mult într-o limbă pe care o înțelegem. Deși sunt mulți cei care au primit împuterniciri de la măreți maeștri, cum este Înălțimea Sa Dalai Lama, materialele despre practicarea acestor învățături sunt foarte limitate. Din aceste motive, sper că veți aprecia atât raritatea, cât și valoarea acestui text.

Manualul de practică are titlul „*Scara divină*" și este numit așa deoarece prezintă gradual, pas cu pas, practicile Căii profunde către iluminarea Kalachakra. Acesta include toate preliminariile care conduc spre practica Stadiului de Întregire Kalachakra, cunoscute sub numele de *Cele Șase Vajra Yoga*. Datorită acestor metode extraordinare, este posibil să atingi iluminarea completă într-o singură viață umană.

Aceste instrucțiuni de practică au fost predate inițial de către Buddha regilor Dharma ai Shambhalei și au fost păstrate în acest tărâm înainte de a fi transmise în India în preajma secolulului al X-lea și apoi foarte repede în Tibet. Cele Șase Vajra Yoga reprezintă practica principală a Căii Kalachakra și, pentru ca cineva să fie calificat să se angajeze în această practică, este necesar să fi finalizat *practicile preliminare (ngöndro)*.

Scopul Căii Kalachakra este de a descoperi adevărul iluminat al realității noastre, cunoscut sub numele de Natura de Buddha. Această natură este în prezent ascunsă experienței noastre asemenea unei comori subterane sau unei bijuterii acoperite cu multe straturi de murdărie. Calea este concepută pentru a facilita un proces gradual de îndepărtare din minte a întunecărilor care ne împiedică să experimentăm această natură imaculată.

Chiar acum, mintea ne e plină de tot felul de concepte și noțiuni dualiste ce ne deformează percepțiile și ne limitează capacitățile. Tot ce experimentăm este văzut prin lentila stărilor perturbate ale minții, cum ar fi mândria, agresiunea și iluzia. Printr-o cale budistă cum este Kalachakra și cu ajutorul unui ghid spiritual autentic, putem să ne antrenăm pentru a ne elibera treptat de aceste fixații. Inițial, aceasta înseamnă să stabilim o fundație etică a vieții noastre prin dezvoltarea unor calități interioare cum sunt disciplina, bunătatea și înțelepciunea. Pe măsură ce ne familiarizăm cu aceste calități, vălul întunecărilor începe să se destrame, permițându-ne să întrezărim sclipiri ale naturii noastre fundamentale. Cu cât practicăm mai mult, cu atât se rarefiază întunecările și ni se extinde experimentarea Naturii de Buddha. Ceea ce începe ca o simplă picătură, devine un ocean vast. Când toate întunecările vor fi fost eliminate, veți realiza iluminarea.

PREZENTARE GENERALĂ A CĂRȚII

Scara divină e structurată în patru părți. Primele trei acoperă practicile preliminare care sunt realizate înaintea practicii principale a celor Șase Vajra Yoga. Ultima parte cuprinde practici suplimentare ce sunt utilizate pentru a vă întări conexiunea cu binecuvântările a doi maeștri principali ai Tradiției Jonang.

Partea întâi. Preliminariile externe și invocarea liniei de descendență

Această parte începe cu *preliminariile externe* care se concentrează pe ceea ce este cunoscut sub numele de *cele patru convingeri pentru renunțare.*

Aceste patru contemplări ne inspiră să practicăm Dharma cu determinare puternică şi cu un simţ acut al urgenţei. Apoi ne rugăm către maeştrii realizaţi ai *liniei de descendenţă Vajra Yoga* pentru a fi inspiraţi de transmisia neîntreruptă a învăţăturilor Kalachakra.

Partea a doua. Preliminariile interne

Înainte de a ne angaja în practica budistă tantrică, este esenţial să cultivăm calităţile necesare care vor susţine tehnicile mai avansate. Aceste practici formează fundamentul comun al tuturor sistemelor Celor Mai Înalte Tantra Yoga, cum e Tantra Kalachakra. În Tibet, în mod tradiţional, practicanţii execută aceste practici în mod intensiv într-o anumită perioadă de timp, pentru a acumula familiarizarea cu ele. Acestea includ:

1. *Luarea Refugiului şi prosternări* pentru a ne asigura că suntem pe calea corectă şi că ne bazăm pe o sursă validă de protecţie.

2. *Cultivarea Bodhicitta* pentru a ne stabili o motivaţie fermă de a atinge iluminarea pentru beneficiul tuturor fiinţelor simţitoare.

3. *Purificarea Vajrasattva* pentru a curăţa tendinţele negative din minţile noastre.

4. *Ofranda mandalei* pentru a acumula vaste cantităţi de merite ce ne sunt necesare pentru a obţine realizări.

5. *Practicarea guru yoga* pentru a ne unifica mintea cu calităţile iluminate ale unui Buddha.

Fără a ne familiariza profund cu aceste cinci practici nu vom avea condiţiile necesare pentru a ne angaja în mod autentic pe calea budistă tantrică.

Partea a treia. Preliminariile unice Kalachakra şi practica principală

După ce am finalizat preliminariile obişnuite, suntem pregătiţi să ne angajăm în preliminariile neobişnuite care sunt specifice sistemului Kalachakra. Acestea încep cu practica stadiului de generare *Kalachakra Înnăscut*, în care te vizualizezi pe tine însuți în forma iluminată a lui Kalachakra, familiarizându-te cu calitățile sale iluminate. Prin această practică yoga a zeității, învățăm să ne identificăm mai mult cu natura noastră pură, decât cu realitatea distorsionată pe care ne-am creat-o prin stările noastre mentale perturbate. După ce ne-am familiarizat cu percepția pură, putem să trecem la practicile profunde ale stadiului de întregire Kalachakra. Aceste practici ne furnizează mijloace iscusite pentru a obține realizarea unei experiențe directe a naturii iluminate și pentru a elimina orice formă de întunecare.

Partea a patra. Două practici guru yoga suplimentare

Secțiunea finală a cărții cuprinde două practici alternative *guru yoga* folosite pentru întărirea conexiunii noastre cu doi maeștrii Jonang: *Kunkyen Dolpopa* și *Jetsun Taranatha*. Mai mult decât alți maeștri, aceste două ființe iluminate reprezintă inima Tradiției Jonang și sunt sursa unor incredibile binecuvântări.

În această carte m-am concentrat pe a vă oferi un rezumat concis al punctelor esențiale cu o introducere scurtă la începutul fiecărei secțiuni pentru a clarifica unele teme care cred că sunt de folos practicanților occidentali. Textul de rădăcină este prezentat cu caractere italice și este urmat de un scurt comentariu. Textul complet se găsește și într-o anexă la finalul cărții. Dacă doriți să studiați o prezentare mai completă a acestor practici, vă recomand să citiți cartea *Dezvăluirea adevărului vostru sacru prin Calea Kalachakra*, în 3 volume, unde vă ofer informații detaliate referitoare la filosofia budistă prezentă în toate aceste practici.

* * *

În timp ce citiți acest text, ar trebui să evitați cele trei defecte ale vasului. Mai întâi, evitați să aveți mintea ca un vas răsturnat, adică o minte închisă, în care nu pot pătrunde învățăturile. În al doilea rând, evitați să fiți asemenea unui vas cu fundul găurit și să rețineți foarte puțin din ceea ce citiți. Și în sfârșit, evitați să fiți precum un vas plin cu otravă, contaminat cu prejudecăți și presupuneri care distorsionează înțelegerea materialului prezentat.

În schimb, încercați să aplicați cele trei înțelepciuni. Dezvoltați înțelepciunea studiului, citind materialul de mai multe ori. Dezvoltați înțelepciunea contemplării, reflectând din mai multe unghiuri la înțelesul cuvintelor, apoi dezvoltați înțelepciunea meditației, ancorându-vă înțelegerea în experiența angajării efective în practicarea acestui text de rădăcină. Astfel, prin studiu, contemplație și meditație cu o intenție pură, sper sincer să ajungeți treptat să descoperiți adevărul vostru sacru al iluminării.

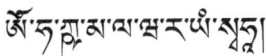

PARTEA I

Preliminariile externe și invocarea liniei de maeștri

— Roata vieții —
O reprezentare tradițională a existenței ciclice

CAPITOLUL 1

Cele patru convingeri pentru renunţare

Calea Kalachakra spre iluminare începe cu contemplarea profundă a patru teme cunoscute sub numele de *cele patru convingeri pentru renunţare* sau *cele patru gânduri care întorc mintea către Dharma*. În primul rând reflectăm la oportunitatea de a ne angaja în practica spirituală pe care ne-o oferă preţioasa naştere umană. În al doilea rând, meditam la efemeritatea tuturor lucrurilor, în special la certitudinea faptului că vom muri şi la incertitudinea momentului morţii. În al treilea rând, reflectăm la nemulţumire – natura fundamentală a acestei vieţi şi a vieţilor viitoare – care ne face să renunţăm la tot ce ne conduce la suferinţă, inclusiv la ceea ce numim fericirea obişnuită. La sfârşit, contemplăm învăţăturile lui Buddha despre karma care ne arată că noi suntem direct responsabili pentru orice lucru bun sau rău care ni se întâmplă în viaţa aceasta sau în vieţile viitoare, deschizând astfel poarta către posibilitatea de a urma o cale către eliberare.

Întrucât toate aceste subiecte sunt prezentate în detaliu în *Descoperirea adevărului vostru sacru*, aici scopul este de a concentra întreaga lor semnificaţie într-un singur paragraf:

O, gândeşte-te! Doar în această viaţă, după nenumăraţi eoni, am obţinut preţioasa naştere umană, care este atât de greu de obţinut şi atât de uşor de pierdut. Momentul morţii este necunoscut şi condiţiile care îmi pot aduce moartea sunt dincolo de înţelegerea mea. Acest corp preţios poate muri chiar azi! De aceea, voi abandona toate preocupările lumeşti care mă înlănţuie în Samsara, inclusiv toate faptele lipsite de virtute şi crimele cumplite. În schimb, voi folosi cu înţelepciune puţinul timp rămas pentru a practica neîntârziat Dharma, reflectând la beneficiile eliberării.

Conform învățăturilor lui Buddha, toți suntem implicați într-un ciclu permanent de suferință și incertitudine care cuprinde întregul proces al nașterii, îmbătrânirii, morții și renașterii. Contrar credinței noastre limitate că deținem controlul, fiecare moment al experienței noastre este controlat de tendințele karmice, inclusiv de stările noastre emoționale și obiectele lor. Astfel, trăim într-o stare de chin și incertitudine, neștiind niciodată ce se va întâmpla în continuare, înlănțuiți de speranță, frică și alte emoții care preiau controlul asupra noastră. Chiar și o înghețată delicioasă are potențialul de a ne provoca nemulțumire atunci când începe să se topească și ne murdărește hainele și poate chiar sa devină o sursă de aversiune sau să ne îmbolnăvească atunci când mâncăm în exces. Asta se înțelege prin suferința fundamentală sau natura nesatisfăcătoare a vieții, care conduce la procesul numit existența ciclică sau *samsara* în sanscrită. Acest proces ne condamnă să experimentăm iar și iar durerea și suferința, asemenea mișcării roții unei mori sau unei muște prinse într-un borcan.

Ciclul *samsarei* nu are început și se va termina doar atunci când va fi eliminată ignoranța noastră asupra adevăratei naturi a realității. Această ignoranță se referă la faptul că avem ideea greșită că noi înșine suntem „reali" și că „deținem controlul", când, de fapt, natura realității este nepermanentă și nu există cu adevărat „o persoană" care controlează totul. După ce abandonăm ideea unui sine independent, nu mai există nicio bază solidă pentru ca emoțiile noastre și karma să își mențină influența asupra noastră, fără posibilitate de a alege de la un moment la altul sau de la o viață la alta. Ieșirea din acest ciclu este ceea ce se înțelege prin „eliberare".

Ca ființe umane avem cea mai uimitoare capacitate de a înțelege natura suferinței. Pe baza acestei recunoașteri, prețioasa naștere umană ne oferă oportunitatea de a practica Dharma și prin aceasta sa ne câștigăm libertatea. Atât timp cât avem cele opt libertăți și cele zece avantaje, suntem capabili să urmăm calea lui Buddha. Aceasta include anumite condiții externe, cum ar fi să ne naștem într-un loc unde învățăturile lui Buddha sunt accesibile, și condiții interne care se referă în special la un cadru mental favorabil.

Aceste condiții sunt totuși foarte greu de realizat, ele depinzând de numeroase merite acumulate de-a lungul multor vieți prin acțiuni cum ar fi menținerea unei conduite etice pure. Pentru a ilustra raritatea obținerii prețioasei nașteri umane, Buddha a spus povestea broaștei țestoase oarbe care trăiește pe fundul oceanului și care iese la suprafață doar o dată la o sută de ani. El a spus că șansa unei nașteri umane e mai mică decât aceea ca țestoasa să scoată capul din apă exact într-un inel de lemn care este purtat de valuri pe suprafața oceanului. Realizarea tuturor libertăților și avantajelor este încă și mai rară.

Acum, pentru că am obținut această prețioasă naștere umană, este esențial să o folosim nu doar cu înțelepciune, dar și fără întârziere, deoarece este extrem de ușor să o pierdem. Ea este atât de rară încât poate fi singura noastră șansă de a atinge eliberarea. Timpul care ne-a rămas în această viață pentru a practica Dharma este imprevizibil, momentul morții fiind incert și condițiile care pot duce la moarte fiind mai presus de înțelegerea noastră. Chiar activitățile zilnice cum e mersul la serviciu, grădinăritul sau mersul la cumpărături pot fi cauze potențiale ale morții. Rar li se întâmplă oamenilor să se gândească la ce va veni mai întâi: ziua de mâine sau moartea? De aceea, trebuie să abandonăm toate preocupările lumești care sunt sursa suferinței și ne țin înlănțuiți în *samsara*. Există *opt dharme lumești* pe care căutăm să le obținem sau să le evităm: (1) câștigul și (2) pierderea; (3) plăcerea și (4) durerea; (5) să fim recunoscuți și (6) să fim ignorați; (7) lauda și (8) critica. În loc să rătăcim conduși de aceste preocupări lumești, ar trebui să ne folosim timpul cu înțelepciune și să facem din Dharma prioritatea noastră cea mai importantă.

În general, sunt *zece acțiuni nevirtuoase* pe care ar trebui să le evităm. Trei sunt ale corpului: (1) a ucide; (2) a lua ceva ce nu ți-a fost oferit și (3) comportamentul sexual inadecvat. Patru sunt ale vorbirii: (4) inducerea în eroare prin minciună și cuvinte derutante; (5) vorbirea care dezbină și distruge armonia celorlalți; (6) cuvintele grele spuse inutil și dezagreabile celorlalți și (7) pălăvrăgeala fără rost care ne irosește timpul. La sfârșit, ultimele trei sunt legate de minte: (8) lăcomia care dorește ce aparține altcuiva; (9) reaua-voinţă care doreşte ca alţii să experimenteze suferinţa şi (10) vederile greşite asupra naturii adevărate a lucrurilor, cum ar fi să presupui existenţa a ceva ce nu există cu adevărat sau să negi existenţa a ceva ce există etc. Fiecare dintre aceste acţiuni presupune să aduci un prejudiciu celorlalţi cu corpul sau vorbirea sau la generarea unei minţi ce te va conduce să faci astfel de acţiuni. Prin urmare, esenţa acestei conduite este să persistăm în nonviolenţă.

Există de asemenea un set de acţiuni negative ce creează consecinţe karmice deosebit de grele şi de aceea acestea trebuie să fie complet abandonate. Primul set e reprezentat de *cele opt comportamente greşite*: (1) întreruperea ofrandelor ospăţului, împiedicându-i pe practicanţi care au adus ofrandele să acumuleze merite; (2) perturbarea intenţiilor virtuoase ale altora, tulburându-le mintea; (3) lipsa de credinţă în virtute şi condamnarea acesteia; (4) înclinarea către non–virtuţi şi plăcerea de a le înfăptui; (5) abandonarea legămintelor *samaya* faţă de maestru; (6) descurajarea dorinţei prietenilor tăi Dharma de a ieşi din *samsara*; (7) abaterea de la legămintele *samaya* faţă de zeitatea *yidam* şi (8) abandonarea practicii mandalei şi a retragerii. Esenţa acestui set de acţiuni este să nu abandonăm elementele de sprijin pentru atingerea iluminării.

Al doilea set este cunoscut sub numele de *patru acţiuni cu consecinţe grele*. Acestea sunt: (1) jurământul de a acţiona inuman; (2) permiterea degenerării disciplinei *shravaka* şi încălcarea jurămintelor de rădăcină *pratimoksha*; (3) permiterea degenerării disciplinei bodhisattva şi încălcarea jurămintelor de rădăcină ale unui bodhisattva şi (4) permiterea degenerării jurămintelor *samaya* tantrice şi încălcarea jurămintelor tantrice de rădăcină. În esenţă, acestea susţin disciplina etică a celor trei seturi de jurăminte.

O altă versiune a acestor patru acţiuni cu consecinţe grele se concentrează asupra felului în care ne angajăm în situaţii karmice foarte importante şi include: (1) asumarea inadecvată a importantelor practici monastice; (2) dezvoltarea inadecvată a importantelor gânduri erudite; (3) consumarea inadecvată a hranei celor credincioşi; şi (4) folosirea necorespunzătoare a importantei bogății a practicanților tantrici. Fiecare dintre aceste acțiuni este importantă în sensul că acțiunile făcute în relație cu ele vor avea un impact puternic asupra minții voastre. E foarte important să fiți atenți la aceste situații pentru a evita generarea unei karme negative grele.

La sfârșit, avem *cele cinci crime odioase*: (1) uciderea tatălui; (2) uciderea mamei; (3) uciderea unui arhat; (4) a cauza sângerarea unui Tathagata urmare a unei intenții vătămătoare și (5) a cauza dezbinare în Sangha. Aceste acțiuni au ca rezultat o karmă negativă atât de puternică, încât vă vor domina mintea la momentul morții, generând durere extremă și chin în viitoarea voastră renaștere. Prin urmare, aceste acțiuni trebuie să fie abandonate cu orice preț.

În loc să ne angajăm în aceste cauze ale suferinței ar trebui să ne străduim să practicăm acțiuni virtuoase, cum sunt să protejăm viața, să fim generoși, să spunem adevărul, să vorbim cu blândețe și să cultivăm calități mentale virtuoase: compasiunea, smerenia și o vedere înțeleaptă asupra realității. Aceasta nu are nimic de-a face cu a ne simți vinovați sau a fi rigizi în modul de a acționa, ci mai degrabă cu câștigarea încrederii în acele acțiuni care sunt benefice pentru noi și pentru ceilalți. Cu timpul și pe măsură ce acumulăm experiență, va crește și încrederea pe care o avem în legea naturală a karmei.

Dacă murim mâine fără sa ne fi dezvoltat calitățile spirituale, în mod cert vom continua să rămânem, lipsiți de libertate, în ciclul fără de sfârșit al nașterii, îmbătrânirii, bolii și morții. În puținul timp care ne-a mai rămas, după ce am reflectat adânc asupra beneficiilor eliberării, trebuie să practicăm Dharma având un sentiment al urgenței, cu perseverență și cu o mare disciplină pentru a atinge eliberarea finală a iluminării.

Cel mai important în aceste patru contemplări este că ajungem în mod autentic să fim decepționați și epuizați de *samsara* realizând inutilitatea acestei vieți și să începem să aspirăm cu o puternică determinare să „ieșim" din acest tipar. Din fericire, chiar dacă vedeți toată durerea și suferința, vedeți și o cale de ieșire și astfel veți dezvolta un puternic simț al speranței că eliberarea este posibilă și veți dori să împărtășiți această speranță și celorlalți.

Aceste patru gânduri ne reamintesc și că toate lucrurile pe care le putem face cu viețile noastre practicând Dharma sincer și autentic reprezintă cea mai importantă și mai benefică activitate. Chiar dacă uneori simțim că înotăm împotriva curentului făcând ceva ce celorlalți li se poate părea ciudat sau inutil, putem avea încredere în scopul profund din spatele acțiunilor noastre.

EXPIRAREA AERULUI VICIAT

După ce am contemplat cele *patru convingeri*, ne putem pregăti pentru practica următoare printr-un exercițiu simplu de respirație:

Începe prin a închide nara stângă folosind Mudra Pacificării și expiră de trei ori prin nara dreaptă, apoi schimbă cu cealaltă nară. Încheie expirând de trei ori prin ambele nări. Vizualizează cum toate suferințele și negativitățile îți părăsesc corpul sub formă de fum negru.

Această tehnică e numită expirarea aerului viciat. Ea presupune să vizualizați cum toate impuritățile sunt expulzate afară prin nări, sub formă de fum negru, astfel încât să puteți începe practica având o minte clară.

Aceasta vă ajută să îndepărtați curenții de energie contraproductivi care sunt asociați cu respirația și care transportă imprinturile minții perturbate cum sunt atașamentul, aversiunea și ignoranța. O versiune simplă a acestei practici este să respirați de trei ori adânc, inspirând de fiecare dată până în abdomen, păstrând aerul o vreme acolo, apoi forțând expirația prin ambele nări, în timp ce vizualizați cum toate energiile impure, cum sunt dorința sau aversiunea, vă părăsesc mintea și corpul.

O versiune mai elaborată presupune trei runde de câte trei expirații, respectiv nouă expirații în total:

1. Pentru început, îndoiți degetul mijlociu, inelarul și degetul mare ale mâinii stângi spre palmă. Astfel, doar degetul mic și degetul arătător al mâinii sunt îndreptate spre exterior. Aceasta este „mudra pacificării". Printr-o mișcare ușoară, curgătoare și elegantă aduceți degetul arătător al mâinii stângi spre nara stângă. Inspirați pe gură adânc, dar liniștit. Acoperiți-vă nară stângă cu degetul arătător stâng și lăsați aerul să iasă prin 3 expirații adânci, prin nara dreaptă.

2. Aduceți mâna stângă într-o poziție naturală în poală în timp ce aduceți în sus degetul arătător al mâinii drepte cu aceeași mișcare elegantă. După ce inspirați, apăsați nara dreaptă și expirați prin nara stângă cum ați procedat mai înainte.

3. La sfârșit, aduceți ambele mâini într-o poziția naturală în poala, inspirați adânc prin ambele nări și apoi eliberați aerul prin ambele nări prin trei expirații lungi.

— *Kunpang Thukje Tsondru* —
Măreţul maestru Kalachachara care a întemeiat schitul de pe Muntele Jonang

CAPITOLUL 2

Scurtă invocare a liniei de descendență Jonang

După ce ați recitat și ați reflectat la *cele patru convingeri pentru renunțare*, veți invoca opt maeștri importanți ai liniei de descendență care au fondat sau consolidat mărețele instituții monastice ale tradiției Jonang. O linie de descendență se referă la faptul că învățăturile au fost transmise de la Buddha până în prezent printr-o linie neîntreruptă. O astfel de linie de descendență este autentică dacă se bazează pe experiență reală sau pe realizarea adevărului învățăturilor. Această cunoaștere experiențială este oferită de la învățător la discipol de-a lungul mai multor generații, împreună cu transmiterea comentariilor autentice sau a scrierilor bazate pe cuvintele lui Buddha.

Fără un angajament ferm față de o linie de descendență, nu putem să atingem obiectivul final care este iluminarea deplină și completă. Însă, urmând învățăturile care au fost transmise printr-o astfel de linie, putem progresa treptat de-a lungul căii și, în cele din urmă, putem atinge scopul final, starea de Buddha.

În știință suntem obișnuiți cu valoarea acordată cunoașterii obținute în urma cercetărilor efectuate anterior într-un anumit domeniu. Fără această cunoaștere, e foarte dificil să fie realizată orice nouă descoperire. La fel, o linie de descendență spirituală reprezintă continuitatea descoperirilor făcute de măreți practicanți spirituali pe care le putem folosi pentru a le replica experiența.

Linia de descendență Kalachakra începe cu Suchandra, regele Shambhalei, cel care i-a cerut învățăturile lui Buddha Shakyamuni. Suchandra și urmașii săi au păstrat această linie în Shambhala mai multe sute de ani înainte de a o transmite în India în secolul al X-lea. Câteva secole mai târziu, învățăturile s-au răspândit în Tibet unde au fost susținute în primul rând de practicanții devotați din tradiția Jonang. Cele mai proeminente două figuri ale acestei linii au fost atotcunoscătorul Dolpopa Sherab Gyaltsen și extaticul Taranatha. Acești doi maeștri de neegalat au atins mărețe realizări spirituale, au compus multe texte importante și sunt cei care au stabilit extraordinarul plan de studiu și de practică folosit în mănăstirile Jonang până în zilele noastre.

INVOCAREA MAEȘTRILOR JONANG

Invocarea liniei de descendență înseamnă să realizezi o conexiune cu influența spirituală a măreților maeștri din trecut, precum și cu atotcunoscătorul Buddha, sursa ultimă a acestei linii. Acești maeștri și-au dedicat viețile pentru atingerea iluminării și pentru a păstra prețioasele învățături Kalachakra. De aceea, aducându-i în mintea noastră, formăm o legătură cu aspirațiile lor atemporale. Dacă facem asta cu o intenție suficient de pură, este posibil să simțim puternica lor prezență spirituală și să le primim ghidarea.

În ultimă instanță, noi nu invocăm ceva din exteriorul nostru întrucât acești maeștri nu reprezintă altceva decât o expresie magică a propriei noastre naturi iluminate. Astfel, amintindu-ne ceea ce au realizat aceste ființe mărețe, ne amintim de potențialul nostru de a manifesta exact aceleași calități.

Unii practicanți nu recită această scurtă invocare deoarece mulți dintre cei opt maeștri enumerați aici sunt incluși și în invocarea lungă a liniei de descendență din capitolul următor. De aceea, dacă nu aveți prea mult timp la dispoziție, puteți trece direct la invocarea lungă a liniei.

Maestrul de rădăcină

Maestru de rădăcină, prețios și glorios, odată ce te-ai așezat pe lotusul devoțiunii de pe coroana capului meu, binecuvântează-mă cu marea ta compasiune, ai grijă de mine cu marea ta bunătate și acordă-mi siddhiurile corpului, vorbirii și minții tale!

Începeți prin a-l invoca pe gloriosul și prețiosul vostru maestru de rădăcină (în tibetană „Palden Lama"). *Palden* înseamnă „cel care posedă glorie sau bogăției". *Lama* este cuvântul tibetan echivalent cu *guru* din sanscrită și care la propriu înseamnă „greu" sau plin de însușiri bune. În tibetană *la* înseamnă „deasupra", iar *ma* înseamnă „cel care posedă". Când le combinăm, obținem cuvântul *lama* care înseamnă „cel care este deasupra". Deși cuvântul este folosit aici la singular, în tibetană nu există forme distincte de singular și plural. Astfel, lama de rădăcină nu se referă neapărat la un singur învățător. Puteți să aveți unul, trei sau chiar mai mulți învățători de rădăcină, precum și mulți alți învățători de ramură, care au diferite nivele de importanță în călătoria voastră spirituală.

Astfel, după o examinare atentă, puteți găsi un singur învățător care este cel mai bun cu voi personal sau a cărui înțelepciune are cel mai mare impact asupra voastră. În acest caz, pe acesta ar trebui să îl considerați maestrul vostru de rădăcină, să îl onorați și să îi arătați respect cu orice prilej, din moment ce aceasta este cea mai importantă relație pe care o veți avea vreodată.

Vizualizarea maestrului așezat pe lotusul devoțiunii de deasupra creștetului capului vostru simbolizează importanța maestrului și necesitatea de a-i urma instrucțiunile dacă doriți să avansați pe calea dezvoltării spirituale. În Asia, și în special în Tibet, să te poziționezi la un nivel inferior față de nivelul altei persoane este un semn de mare respect. Din acest motiv, maestrul este vizualizat deasupra capului. Acesta este și motivul pentru care se obișnuiește ca poziția unui lama să fie mai înaltă atunci când predă învățături, pentru a le aminti discipolilor să arate respect deosebit atât învățătorului, cât și prețioasei Dharma pe care el sau ea o oferă.

Dacă aspirați să deveniți practicanți tantrici, când adormiți trebuie să-l vizualizați pe maestru în chakra inimii voastre, așezat în centrul unei flori de lotus, iar atunci când vă treziți, imaginați-vă că el se ridică prin canalul central pentru a-și ocupa locul pe coroana de deasupra capului vostru pentru tot restul zilei. În acest fel puteți să dezvoltați o conexiune puternică cu prezența sa și astfel puteți să dobândiți încrederea în propria voastră natură de Buddha, care e reprezentată de maestru.

A te ruga maestrului să te binecuvânteze cu marea sa compasiune și bunătate este un mod de a-ți reaminti că el îl reprezintă pe Buddha. În anumite tradiții budiste, maestrul este privit ca un antrenor sau ca un prieten spiritual care merge pe aceeași cale cu tine, dar în budismul Vajra-yana el este considerat a fi întruchiparea tuturor ființelor iluminate. Se spune că dacă îl privim ca pe o ființă umană, vom primi binecuvântările unei ființe umane, dar dacă îl vedem ca pe un Buddha, vom primi bine-cuvântările unui Buddha. Primirea binecuvântărilor reprezintă creșterea propriilor noastre însușiri bune ca urmare a credinței și devotamentului pe care îl avem, acestea venind din interiorul nostru și nu dintr-o sursă externă.

Onorarea și devotamentul arătate față de maestru nu se bazează pe o credință oarbă sau teistă, mai degrabă pe o credință clară și puternică. Acest lucru înseamnă că am analizat cu atenție, am testat și am câștigat încredere în învățăturile lui Buddha și că totodată am câștigat încredere în însușirile bune ale maestrului, îndeosebi în bunătatea sa și în dorința lui de a ne arăta calea spre iluminare. Deși bunătatea și compasiunea arătate de un maestru nu pot fi identice cu bunătatea pe care o mamă i-o arată co-pilul ei, ele vor conduce cu siguranță la obținerea celui mai mare beneficiu pentru discipol. Din acest motiv putem vedea corpul, vorbirea și mintea maestrului ca fiind sacre.

Siddhi-urile oferite de maestru sunt realizări spirituale sau puteri pe care le dezvoltăm prin practica spirituală, indiferent dacă aceastea sunt „obișnuite" sau „supreme". *Siddhi*-urile obișnuite includ abilități supra-naturale, cum ar fi clarviziunea, în timp ce *siddhi*-urile supreme se referă la calitățile realizării iluminate.

Textul continuă cu rugăciuni către cei mai importanți opt maeștri din tradiția Jonang. Trebuie să precizăm că e o tradiție tibetană ca un lama să aibă mai multe nume și de aceea unii dintre aceștia sunt desemnați prin diferite titluri ulterior pe cursul practicii.

Kunkyen Dolpopa Sherab Gyaltsen

Mă rog ţie, Dolpopa. Tu eşti atotcunoscătorul Stăpân al Dharmei, Cel care înţelege perfect cele trei întoarceri ale roţii Dharmei şi cele patru clase de Tantra. Te rog, arată calea corectă tuturor fiinţelor!

Dolpopa Sherab Gyaltsen este o figură centrală a tradiţiei Jonang. El este cunoscut ca fiind *omniscient*, întrucât era un cărturar extraordinar şi un maestru al meditaţiei înalt realizat. Principala sa realizare a fost stabilirea sistemului unificat al practicii Jonang care a reunit linia de descendenţă a sutrei Zhentong Madhyamaka cu linia de descendenţă a tantrei Kala-chakra. Dolpopa s-a născut în anul 1292 într-o regiune izolată din vestul

Tibetului, iar naşterea sa a fost profeţită în multe sutre şi tantre, cum ar fi *Sutra măreţei tobe*. El este considerat frecvent ca fiind o emanaţie a lui Avalokiteshvara, dar şi a regelui Pundarika al Shambhalei.

Pregătit iniţial într-o mănăstire Sakya, călugăr pur cu o conduită morală perfectă, Dolpopa călătorea adeseori la mănăstirile din împrejurimi pentru a primi învăţături şi pentru a medita. La vârsta de 30 ani el a făcut o călătorie în valea Jomonang pentru a vizita *schitul de pe muntele Jonang* şi a fost atât de uimit de realizările practicanţilor Jonang încât a ales să renunţe la poziţia de stareţ al mănăstirii Sakya şi s-a mutat la Jomonang pentru a medita.

Dolpopa îşi va petrece mare parte din viaţă în retragere, ajungând să obţină realizări în primelor patru Vajra Yoga şi la măiestria deplină a primelor trei. În acea perioadă filosofia Zhentong s-a manifestat clar în mintea sa, revelându-i semnificaţia definitivă a învăţăturilor ultime ale lui Buddha asupra naturii de Buddha şi arătându-i cum pot fi înţelese toate învăţăturile, fără nici o contradicţie. Această filosofie care se bazează în mare măsură pe *cele cinci tratate ale lui Maitreya* va deveni piatra de temelie a programului de studiu Jonang şi asigură o metodă decisivă pentru conectarea teoriei cu practica, din sutre şi din tantre deopotrivă. Datorită scrierilor strălucite ale lui Dolpopa, perspectiva Zhentong a crescut în importanţă şi a fost acceptată de cei mai mulţi ca fiind apogeul gândirii filosofice.

În calitate de al patrulea stareţ al *mânăstirii Jonang*, Dolpopa a călătorit prin întreaga regiune Ü-Tsang, acordând învăţături, compunând texte şi participând la dezbateri cu cei mai proeminenţi învăţaţi ai vremii. În timpul construirii *Marii Stupe Jonang*, el a finalizat extraordinarul său text numit *Doctrina muntelui*. Printr-un ocean de citate din scripturi, Dolpopa a contracarat sistematic toate obiecţiile ce i-au fost aduse de către contemporanii săi şi a demonstrat adevărul profund din spatele filosofiei Zhentong. Se spune că pe vremea sa nu exista nimeni în provincia Ü-Tsang care să nu considere că el era unul din cei mai veneraţi maeştri.

În ultimii ani de viață, Dolpopa a renunțat la responsabilitățile de stareț și s-a dedicat meditației și predării învățăturilor. Astfel, realizările sale au devenit încă și mai profunde și subtile. Ca rezultat, el a dovedit capacități extraordinare. Nu mai avea nevoie de mâncare sau băutură. Totuși, când mânca, părea că nu avea limită și oricât de mult mânca nu existau reziduuri, totul fiind consumat de flăcările focului său interior.

În anul 1361, la scurt timp după ce s-a întors dintr-o lungă călătorie de la Lhasa, Dolpopa a trecut în *parinirvana*, odată cu manifestarea a nenumărate semne de bun augur. Deși corpul său fizic s-a dizolvat de mult, prezența lui spirituală a rămas până în zilele noastre. Din acest motiv noi ne rugăm ca el să continue să arate tuturor ființelor calea fără de greșeală.

Kazhipa Rinchen Pal

Mă rog ție, Kazhipa. Întruparea activităților tuturor Buddha, care, manifestând cele patru puteri sublime, faci ca nestemata prețioasă a Dharmei să strălucească precum Soarele.

Kazhipa Rinchenpal (Ratnashri în sanscrită) s-a născut într-o familie regală din regiunea Gyalrong din estul Tibetului. Înainte de nașterea lui s-a profețit că el va clarifica sensul multor tantre secrete și că va elibera multe ființe simțitoare. După ce și-a dezvoltat un fundament Dharma solid, el a călătorit spre Ü-Tsang unde a studiat cu mulți dintre discipolii apropiați ai lui Dolpopa, cum ar fi Choklé Namgyal și Nyabön Kunga. Primind învățăturile complete de la acești atotcunoscători practicanți Jonang, el a devenit un deținător înalt realizat al liniei. Întors acasă, a fondat cunoscuta *mănăstire Chojé* în Dzamthang și apoi multe alte mănăstiri de ramură în regiunile învecinate.

Conform învățăturilor budiste de bază, Buddha a fost un prinț indian care a renunțat la lumea convențională, atingând iluminarea. Dar, din punctul de vedere al budismului Mahayana, Buddha era deja iluminat și viața lui a fost pur și simplu o demonstrație sau un exemplu al modului în care să urmezi calea predată de el. Similar, toți măreții învățători din această lume pot fi percepuți ca ființe deja iluminate, care, datorită marii lor compasiuni, apar în formă umană pentru a-i conduce pe alții pe această cale. De exemplu, pe cineva ca Dalai Lama îl putem privi ca pe o ființă iluminată care s-a născut în tărâmul nostru pentru a ne arăta o viață plină de toleranță și compasiune, ca lider și ca „simplu călugăr". Din această perspectivă spunem despre maeștri cum e Khazipa că sunt întruchiparea activităților tuturor Buddha.

Cele patru puteri sublime sau cele patru activități ale unui Buddha descriu diferite moduri prin care un Buddha poate să aducă beneficii ființelor simțitoare în diferite situații. Acestea sunt: (1) pacificare sau crearea păcii; (2) expansiunea sau sporirea posibilităților; (3) controlul situațiilor sau al circumstanțelor; (4) supunerea sau distrugerea negativității cu compasiune amenințătoare.

Tséchu Rinchen Drakpa

Mă rog ție, Rinchen Drakpa. Ești înzestrat cu învățături Dharma și realizări profunde, activitățile tale sunt vaste și incomparabile. Oricine te vede sau te aude va fi eliberat cu siguranță!

Rinchen Drakpa (Ratnakirti în sanscrită) s-a născut în anul 1462 și a fost cel mai apropiat discipol al lui Gyalwa Chöje Khazhipa Rinchen Pal. Ratnakirti este cel care a fondat *mănăstirea Tséchu*, a doua instituție monastică majoră în regiunea Dzmthang. El a fost un cărturar înzestrat care a scris multe texte despre practica Kalachaka și despre diverse alte teme, fiind astfel *împodobit cu învățăturile Dharmei.* Sub îndrumarea iscusită a lui Khazipa și a lui Rinchen Drakpa, tradiția Jonang a înflorit în regiunile estice ale Tibetului.

Afirmația „*oricine te vede sau te aude va fi eliberat cu siguranță*" se referă la conexiunea karmică creată de întâlnirea cu o ființă măreață care s-a angajat să conducă spre iluminare pe oricine întâlnește. Semințele plantate prin această conexiune se vor coace cu siguranță și, în cele din urmă, vor rodi în fructul benefic suprem.

Chojé Gyalwa Sangyé

Mă rog ție, Gyalwa Sangye, călugăr al Dharmei. Devotamentul față de maeștrii tăi este suprem, Iar acțiunile tale sunt o manifestare glorioasă a purității, disciplinei, înțelepciunii și compasiunii.

Chojé Gyalwa Sangyé a fost prima reîncarnare a lui Ratnashri, fondatorul *mănăstirii Chojé.* S-a născut ca Rinchen Sangpo în regiunea Zhakshöd din Gyalrong și este cunoscut în principal pentru că a pregătit sute de discipoli practicanți și i-a trimis apoi în regiunile învecinate pentru a preda Dharma. Se spune că Gyalwa Sangyé și discipolii săi au fondat peste 108 mănăstiri de ramură. El a făcut dovada a numeroase calități iluminate cum ar fi incredibila renunțare, puritatea jurămintelor monastice, disciplina strictă pentru a evita chiar și cea mai măruntă abatere, concentrare de neclintit și o înțelepciune fără egal. A fost un exemplu strălucit pentru toți cei care l-au cunoscut.

Jetsun Taranatha

Mă rog la picioarele tale, Kunga Nyingpo. Tu ești sursa a tot ceea ce este bun, întrupare a tuturor Buddha și refugiu unic pentru toate ființele, un protector în fața Samsarei și Nirvanei!

Kunga Nyingpo, cunoscut și sub numele de Jetsun Taranatha sau Drolway Gonpo, a fost unul dintre cei mai importanți maeștri al liniei de descendență Jonang. El a trăit între anii 1575 și 1635 și s-a crezut că este reîncarnarea mărețului maestru Rimé Jonang, Kunga Drolchok. A făcut studii intensive la *mănăstirea Chölang Jangster*, acoperind rapid cele cinci domenii principale ale scripturilor budiste și tantrele și a primit transmisiuni ale tuturor liniilor din budismul Vajrayana.

Una dintre cele mai importante realizări a lui Taranatha a fost compunerea unei istorii a Dharmei în India, bazându-se pe amintirile sale dintr-o viață anterioară când a fost Mahasiddha Drupchen Nakpopa. Până astăzi, această istorie a Dharmei este considerată un text cu autoritate și folosirea ei este foarte răspândită în rândul învățaților. Taranatha este de asemenea fondatorul măreței mănăstiri Jonang, *Takten Damchö Ling*, unde a scris aproximativ 40 de volume în care a abordat o mare varietate de subiecte. În special unele texte, cum ar fi *Esența vacuității goale de celelalte* au avut o mare influență prin clarificarea adusă confuziilor referitoare la perspectivei Zhentong și prin renașterea filosofiei originare a lui Dolpopa. El a adus beneficii ființelor în modalități nenumărate și a fost considerat un măreț ornament al învățăturilor definitive ale lui Buddha și sursa a tot ce este bun.

Așa cum am văzut, din perspectiva Vajrayana, toate ființele mărețe sunt manifestări ale tuturor Buddha, care sunt indivizibili în natura înțelepciunii lor. Astfel, putem spune că Taranatha îi întrupează pe toți Buddha și este refugiu unic pentru toate ființele. El le protejează de suferințele și de durerile *samsarei*, dar și de tentația de a căuta *nirvana*, o versiune limitată a iluminării în care fluxul mental este „deconectat"

de obiectivul mai vast al eliberării tuturor ființelor.

Chalongwa Ngawang Trinlé

Mă rog ție, Chalongwa. Copac al Dharmei care îndeplinește toate dorințele. Vorbirea ta înflorește precum florile, iar noii adepți sunt încântați de învățătura ta, precum albinele de polen.

Chalongwa Ngawang Trinlé s-a născut în anul 1657 și în tinerețe a studiat mulți ani la *mănăstirea Chalong* din Tsang. Mai târziu el a devenit discipolul foarte apropiat al lui Khidrup Lodrö Namgyal, fondatorul *mănăstirii Tsangwa*, a treia instituție monahală ca mărime din Dzamthang. Mergând pe urmele profesorului său, Ngawang Trinlé a călătorit spre est unde a petrecut mult timp călăuzind numeroși discipoli și făcând din Tsangwa un centru Jonang major de studiu și practică Dharma. El a fost recunoscut pentru marea sa înțelepciune și pentru abilitățile sale excepționale și era invitat și așteptat nerăbdare de regi și de alți conducători să viziteze multe alte regiuni.

Un copac ce îndeplinește dorințele rodește fructe conform dorințelor și necesităților tuturor. La fel, un mare învățător poate prezenta Dharma într-un mod care să corespundă perfect nevoilor și aspirațiilor audienței sale. La fel, vorbirea lui Chalongwa este asemănată cu o floare care înflorește atunci când sunt îndeplinite condițiile necesare, iar învățăturile sale sunt comparate cu polenul care se aseamănă cu un elixir dulce, care atrage noi adepți.

Ngawang Tenzin Namgyal

Mă rog ție, Gawi Chöpel. Desăvârșirea vorbirii tale este nelimitată și înfățișarea ta este perfectă. Ești sursa tuturor calităților supreme deoarece conduita ta morală este sublimă, iar cunoașterea ta este neîntrecută, asemenea unei comori mărețe.

Gawi Chöpel, cunoscut și sub numele de Ngawang Tenzin Namgyal, s-a născut în anul 1691 și a fost primul Maestru Vajra Kalachaka care a predat la *mănăstirea Tsangwa*. Recunoscut ca prima reîncarnare a fondatorului *mănăstirii Tsangwa*, Lodrö Namgyal, Gawi Chöpel a primit învățăturile Jonang complete de la maestrul său, Ngawang Trinlé. Când avea doar zece ani el a intrat într-o retragere şi a avut multe realizări. Ca adult, Tenzin Namgyal şi-a dedicat cea mai mare parte a vieţii practicării celor Şase Vajra Yoga în locuri izolate cum ar fi peştera lui Amitabha, în care a meditat şi Padmasambhava.

Gawi Chöpel a fost renumit pentru depăşirea obstacolelor cu ajutorul puterilor magice în scopul stabilirii sistemul de învăţături şi practică Jonang. Ghidat prin contactul direct cu zeităţile şi prin abilităţile sale supreme de meditaţie, el a avut un impact major asupra mediului înconjurător şi multe fiinţe au beneficiat de învăţăturile sale. A fost de asemenea cunoscut pentru sublimul său comportament etic şi pentru cunoaşterea sa de neegalat. În anul 1738, conform propriei sale predicţii, a murit după ce şi-a petrecut întreaga zi dând sfaturi şi făcând profeţii pentru discipolii săi.

Acesta e un alt paragraf care foloseşte limbajul Vajrayana, referindu-se la Gawi Chöpel ca la o emanaţie a unui Buddha cu manifestare perfectă, vorbire şi calităţi sublime. În general, Buddha este descris prin cinci tipuri de caracteristici, ale corpului, vorbirii, minţii, calităţilor şi activităţilor. Putem vorbi astfel despre măreţii maeştri ca fiind emanaţii ale vorbirii, minţii, şi aşa mai departe.

Kunzang Trinlé Namgyal

Mă rog ţie, Trinley Namgyal. Înţelepciunea ta străluceşte precum Manjushri, întrupând înţelepciunea a nenumăraţi Buddha. Eşti o comoară a compasiunii, puterea tuturor celor iluminaţi.

Kunzang Trinlé Namgyal s-a născut în regiunea Gyalrong din estul Tibetului şi a fost a doua reîncarnare a cunoscutului Lodrö Namgyal de la *mănăstirea Tsangwa*. De la o vârstă fragedă el a studiat Dharma cu sârguință, dezvoltând relații cu mulți mari maeștri și primind nenumărate împuterniciri și instrucțiuni. A obținut realizări extraordinare și a fost cunoscut în special pentru înțelepciunea lui, despre care se spunea că este egală cu cea a nenumăraților Buddha, în mod special cu a lui Manjushri. De aceea a fost foarte căutat ca profesor de Dharma și a atras mulți discipoli.

Manjushri este un bodhisattva de nivel înalt care întruchipează înțelepciunea tuturor Buddha. Alți bodhisattva întruchipează diverse alte calități. De exemplu Avalokiteshvara (în tibetană Chenrezig) întruchipează compasiunea tuturor Buddha, iar Vajrapani întruchipează puterea lor. În acest verset, Trinlé Namgyal este onorat pentru că manifestă calitățile iluminate ale înțelepciunii, compasiunii și puterii.

Toți învățătorii Dharma

Acum mă rog tuturor învățătorilor mei prețioși, cei care m-au înzestrat cu transmiteri, împuterniciri și învățături. Oricine doar își amintește de voi, va fi eliberat de suferință și oricine are devotament cu siguranță va atinge iluminarea!

Paragraful final se referă la toți prețioșii învățători Dharma pe care i-ați întâlnit de-a lungul vieții și care v-au oferit transmisiuni, împuterniciri, instrucțiuni personale sau alte forme de învățături autentice. Nu contează dacă Dharma primită a fost un mic fragment de învățătură sau dacă v-a fost transmis un volum imens de învățături prețioase. A vă gândi la învățătorii voștri vă oferă un refugiu în fața suferinței și, dacă ați dezvoltat încredere în învățăturile lor, aceasta aduce pace minții voastre. Dacă aveți devotament și sunteți motivați să practicați cu sârguință, nu mai este nici o îndoială că veți atinge în cele din urmă iluminarea, ca rezultat al acestei conexiuni sacre.

OMAGIU ADUS DE SCRIITOR

OM GURU BUDDHA BODHISATTVA BHAYANA NAMO NAMAH
Aduc omagiu Maestrului care, plin de generozitate, le oferă tuturor
ființelor nestemata Dharmei, cea care îndeplinește toate dorințele.

Acesta este un omagiu al scriitorului care de regulă nu este o parte a practicii. Maestrul sau *guru* este acela care ne conduce pe calea spre starea de Buddha, dăruindu-ne cu generozitate giuvaierul Dharmei care îndeplinește toate dorințele, fiind astfel sursa tuturor însușirilor bune. Este o practică obișnuită ca autorul să aducă omagii ființelor sfinte pentru a îndepărta toate obstacolele din cale muncii sale.

— Tradiția Shambhala-Jonang —
Maeștrii celor Șase Vajra Yoga ale stadiului de întregire Kalachakra

CAPITOLUL 3

Invocarea completă a liniei de descendență Vajra Yoga

Rugăciunea care urmează este special concepută pentru a vă ajuta să cultivați o puternică legătură cu maeștrii liniei de descendență a profundei căii Kalachakra a celor Șase Vajra Yoga. Așa cum am menționat deja, aceste învățături au fost transmise inițial de Buddha Shakyamuni lui Suchandra, Regele Dharma al Shambhalei. Suchandra a dus aceste învățături în Shambhala unde au fost păstrate timp de aproximativ 1 700 de ani. Învățăturile au fost apoi transmise lui Mahasiddha Manjuvajra care a devenit cunoscut sub numele de Mărețul Kalachakrapada. Învățăturile au înflorit o vreme în India și au fost în cele din urmă transmise în Tibet prin intermediul a peste șaptesprezece linii de descendență diferite.

O linie de descendență completă a instrucțiunilor esențiale a fost transmisă prin mărețul pandit Somanatha către traducătorul tibetan Dro Sherab Drak. Această tradiție a devenit cunoscută ca tradiția Dro și s-a propagat ulterior printr-o serie de yoghini extraordinari ce au obținut toți realizările cele mai înalte. După mai mult de opt generații, marele erudit și practicant Kunpang Thukje Tsondru a combinat și unificat toate cele șaptesprezece linii într-un sistem unic. În cadrul acestui proces, Thukje Tsondru a fondat schitul de pe muntele Jonang în valea incredibil de binecuvântată numită Jomonang.

Mulți măreți maeștri s-au strâns în Jonang pentru a medita folosind profundul sistem al celor Șase Vajra Yoga. Cel mai măreț dintre toți a fost atotcunoscătorul Rege al Dharmei, Dolpopa Sherab Gyaltsen, care a dezvăluit înțelesul definitiv al filosofiei Zhentong și a stabilit sistemul unificat de studiu și practică devenit fundația tradiției Jonang. Dharma Jonang a continuat să înflorească în provinciile Ü și Tsang în secolul al XVII-lea. Totuși, din cauza instabilității politice și a ciocnirilor sectariene, mulți maeștri Jonang au fost forțați să își caute refugiul în regiunile mai îndepărtate din est, Amdo și Kham.

De atunci, linia de descendență a fost păstrată pură într-un flux neîntrerupt de măreți Maeștri Vajra în renumitele mănăstiri din Dzamthang: Chöje, Tséchu și Tsangwa. Din aceste centre principale, linia s-a răspândit în sutele de mănăstiri de ramură dând naștere la diferite ramificații deținători ai liniei de descendență. O linie de descendență care s-a remarcat în mod special este cea care s-a transmis prin prolificul erudit și practicant din secolul al XX-lea, Ngawang Lodrö Drakpa, și apoi prin discipolii săi, Yonten Zangpo și Kunga Sherab Saljé.

Linia de descendență care este prezentată în această carte s-a dezvoltat prin yoghinul realizat Ngawang Chözin Gyatso și a fost continuată prin prețiosul meu maestru de rădăcină, Kybajé Lama Lobsang Trinlé. Aceasta este linia de descendență curentă a *mănăstirea Tashi Chöthang*, o ramură a *mănăstirii Tsangwa* din Dzamtang. Datorită eforturilor maeștrilor Jonang contemporani din India, Australia și Statele Unite, învățăturile linii au început să fie transmise și în afara Tibetului.

INVOCAREA LINIEI DE DESCENDENȚĂ VAJRA YOGA

Invocarea liniei maeștrilor începe cu o vizualizare care poate părea destul de elaborată la prima vedere, dar care devine mai ușor de realizat pe măsură ce de-a lungul timpului vă familiarizați cu elemente sale. La final ar trebui să vizualizați întreaga adunare de maeștri ai liniei, începând cu Buddha Primordial, Vajradhara, Kalachakra și Buddha Shakyamuni. Odată ce ați stabilit vizualizarea, le puteți cere să vă binecuvânteze.

Vizualizare

În spațiul imediat din fața ta, în centrul unui curcubeu de lumină din cinci culori, pe un loc alcătuit din cinci straturi formate de un lotus și discurile Lunii, ale Soarelui, ale lui Rahu și Kalagni, vizualizează-l pe maestrul tău de rădăcină în forma lui Vajradhara de culoare albastră, așezat pe un tron.

Maestrul tău de rădăcină apare ca Vajradhara, are corpul albastru, o față și două brațe, ținând un vajra și un clopot încrucișate la nivelul inimii. Este așezat în postura lotus, învEșmântat în haine de mătase, împodobit cu bijuterii prețioase: coroană, cercei, coliere, brățări la încheieturile mâinilor, pe brațe și glezne, și toate însemnele și caracteristicile specifice unui Buddha.

Este înconjurat de toți maeștrii liniei Șase Vajra Yoga, inclusiv imaculatul Buddha Primordial, de Kalachakra – corpul desfătării, de Shakyamuni – corpul emanat, de cei treizeci și cinci de regi Dharma ai Shambhalei și de toți maeștrii indieni și tibetani ai liniei. Corpurile lor apar strălucitoare, splendide și încântătoare.

Fiecare componentă a acestei vizualizări are o semnificație profundă. De exemplu, cele patru discuri – ale Lunii, Soarelui, Rahu și Kalani – reprezintă cele patru picături, și anume starea de veghe, starea de vis, starea de somn profund și starea de înțelepciune primordială. Guru Vajradhara, întruparea tantrică a iluminării, este așezat maiestuos pe un tron susținut de lei și este inseparabil de natura maestrului vostru de rădăcină. Deși poate părea artificială, această vizualizare nu este ceva imaginar și nu crează un fenomen nou, ci este mai degrabă o metodă abilă de a dezvolta „percepția pură" a realității iluminate care este dincolo de toate noțiunile dualiste obișnuite și de diferențe.

Fiecare atribut al corpului lui Vajradhara are un înțeles profund. Vajra cu cinci brațe și clopotul reprezintă uniunea dintre înțelepciune indestructibilă şi compasiune, iar însemnele şi podoabele simbolizează alte aspecte ale iluminării, cum ar fi cele cinci agregate purificate şi cele opt conştiinţe. Deşi este foarte benefic să vizualizezi forma lui Vajradhara pentru a neutraliza percepţia obişnuită, unii oameni pot obţine mai multe beneficii prin vizualizarea maestrului în forma sa umană obişnuită.

În mod tradiţional, s-ar putea să dureze câteva minute pentru a stabiliza această vizualizare înaintea recitării rugăciunilor. Cel mai bine este dacă îi puteţi vizualiza pe toţi maeştrii liniei adunaţi împreună, având corpurile radiante, splendide şi plăcute la vedere. Totuşi, o concentrare prea mare asupra detaliilor poate deveni un obstacol. Cel mai important lucru este să vă umpleţi mintea cu senzaţia unei puternice conexiuni cu linia de descendenţă, gândindu-vă că toate aceste fiinţe sfinte chiar sunt prezente. Pe măsură ce recitaţi rugăciunea, puteţi să vi-i aduceţi în minte individual pe toţi maeştrii liniei, cu detaliile vieţilor lor pe care vi le puteţi aminti. Practicând în acest fel se creează o legătură puternică între voi şi preţioasa linie de descendenţă. Această conexiune este cea care vă va aduce mai aproape de realitatea sacră a propriei voastre naturi de Buddha.

Rugăciuni către maestrul de rădăcină şi linia de maeştri

Aduc un omagiu şi mă rog maestrului meu de rădăcină.
Mă rog maeştrilor de rădăcină şi celor ai liniei.
Mă rog liniei de maeştri care îndeplineşte dorinţele.

Să aducem omagiu şi să ne rugăm maestrul de rădăcină şi liniei de maeştri reprezintă un mod de a-i onora profund şi de a ne arăta respectul deosebit faţă de ei, amintindu-ne cât de preţioasă este această relaţie spirituală. Cuvântul tibetan pentru maestru de rădăcină este „*tsawi lama*" şi se referă la învăţătorul sau învăţătorii Dharma pentru care nutriţi cea mai mare recunoştinţă, aceia care v-au arătat personal calea spre eliberare. Dintre toţi învăţătorii pe care i-aţi întâlnit, maestrul de rădăcină este cel pe care îl consideraţi cel mai important, cel de la care aţi primit cele mai multe învățături sau cel care v-a adus cele mai mari beneficii pe drumul spre iluminare. Maestrul de rădăcină poate fi unul singur sau desemnează mai mulți maeștri, neexistând o limitare în ce privește numărul.

Ceilalți maeștri din linia de descendență poate nu v-au predat direct, dar sunt parte integrantă a liniei de transmisie. Fără această linie de transmisie iluminarea nu poate fi atinsă și de aceea linia de descendență este asemenea unei nestemate care îndeplinește orice dorință pe care o poate avea cineva. Chiar dacă nu i-ați întâlnit, trebuie să simțiți smerenie și recunoștință profundă față de acești maeștri pentru a realiza o conexiune spirituală cu sfânta linie de descendență.

Vă rog, binecuvântați-mă astfel încât transmiterea liniei de învățături să pătrundă în mine!
Fie ca toate aceste binecuvântări să pătrundă în inima mea!
Vă rog, binecuvântați-mă astfel încât întunericul inimii să îmi fie îndepărtat!

Cum am mai spus, primiți binecuvântări atunci când se dezvoltă propriile voastre însușiri bune sau când vă apropiați de realitatea naturii voastre de Buddha. Linia de transmisie este ca o scară care vă ajută să dezvăluiți această natură, conducându-vă spre transformări profunde pe măsură ce binecuvântările vă pătrund în inimă. Aceasta înseamnă mult mai mult decât „să te facă să te simți bine". Prin această practică puteți îndepărta întunericul ignoranței și alte întunecări care vă împiedică vă experimentați giuvaierul propriei voastre naturi de Buddha.

Mă rog maestrului.
Mă rog stăpânului Dharmei.
Fie ca toți părinții spirituali și fiii lor de suflet să mă binecuvânteze!

Maestrul este cineva „ situat deasupra", fiind superior din punct de vedere al calităților spirituale, și de aceea merită să-i fie oferite laude și să fie onorat. *Stăpânul Dharmei* înseamnă că e asemenea unui rege al spiritualității. *Fiii lui de suflet* sunt discipoli apropiați ai măreților maeștri din linia de descendență, considerați părinții lor spirituali. Ei sunt asemeni unor prinți care vor urca pe tronul maestrului lor pentru a-i continua munca. De exemplu, Dolpopa a avut 14 fii de suflet care au răspândit Dharmei tradiției Jonang după ce Dolpopa a trecut în *parinirvana*. Printre aceștia se numără Chokgyalwa Choklé Namgyal, Tsungmed Nyabön Kunga și așa mai departe.

Rugăciuni către fundament, cale și rezultat

Mă rog lui Tathagatagarbha, esența bazei primordiale.
Mă rog profundei căi Vajra Kalachakra.
Mă rog dezvăluitului corp dharmakaya al realității iluminării, rezultatul epuizării Samsarei.

Tathagatagarbha se referă la mintea complet trezită a stării de Buddha, a cărei esență este prezentă în toate ființele ca fundament primordial al iluminării, dar care este momentan ascunsă de impuritățile temporare. Buddha Maitreya aseamănă acest fundament primordial cu o comoară ascunsă, mierea din interiorul fagurelui, bobul dintr-o păstaie sau o imagine prețioasă ascunsă sub un strat de argilă. *Profunda cale vajra Kalachakra* se referă la învățăturile și practicile pe care trebuie să le urmați pentru a trezi această natură adevărată în acord cu Tantra Kalachakra. Aceasta include toate practicile preliminare descrise în *Scara Divină* precum și practica principală, cele Șase Vajra Yoga.

Dezvăluitul corp dharmakaya al realității iluminării este rezultatul final al parcurgerii căii, acolo unde toate perturbările sunt complet purificate și este atinsă starea de Buddha. Deși fundamentul și rezultatul sunt inseparabile, la nivel relativ trebuie să practicăm calea pentru a desface multele straturi de impurități care ne împiedică să vedem acest adevăr.

Dharmakaya este unul din cele trei corpuri sau dimensiuni ale iluminării (*kaya* în sanscrită). Acesta se referă la aspectul permanent, neschimbător și gol al minții iluminate. Aceasta este dimensiunea realității experimentată de un Buddha. Celelalte dimensiuni sunt corpul desfătării, *sambhogakaya*, și corpul emanat, *nirmanakaya*, ambele fiind dimensiuni ale realității care sunt experimentate de ființele simțitoare.

Rugăciuni către cele patru corpuri de Buddha

| Buddha Primordial | Guru Vajradahra | Shri Kalachakra | Buddha Shakyamuni |

Mă rog sublimului Buddha primordial.
Mă rog lui Vajradhara, corpul dharmakaya al realității iluminării.

Buddha Primordial și Vajradhara sunt nume diferite folosite pentru a descrie corpul *dharmakaya* al realității iluminării. Fiecare dintre aceste nume arată un aspect al adevărului sacru care se află în totalitate dincolo de orice încercare de conceptualizare. E similar cu numele diferite folosite pentru a descrie rolurile pe care le jucați în diferite circumstanțe, cum ar fi că sunteți doctor, soț sau primul copil născut în familia voastră.

Buddha Primordial înseamnă fără început, atemporal și nepătat vreodată de adevărul relativ sau de perturbările *samsarei*, asemenea spațiului care pătrunde în toate celelalte elementele, dar nu este în nici un fel afectat de ele. El este cunoscut sub numele de *svabhavikakaya* sau *corpul-natură* și este aspectul realității așa cum este ea de fapt.

Vajradhara este similar cu Buddha primordial, dar aici accentul e pus pe înțelepciunea care cunoaște realitatea așa cum este ea de fapt. El mai este cunoscut și sub numele *jñana-darmakaya* sau *corpul-adevăr-înțelepciune*. Astfel, chiar dacă Buddha primordial și Vajradhara sunt in-

separabili, fiecare ne ajută să punem în evidență caracteristicile subtile ale
înțelesului ultim.

Mă rog lui Kalachakra, corpul sambhogakaya al desfătării.

În textul rădăcină, „longku" înseamnă *sambhogakaya*, care reprezintă
manifestarea cea mai pură și mai subtilă a *dharmakaya*, cunoscută și sub
numele de *corpul desfătării.* Pe măsură ce ființele simțitoare se angajează
în practica spirituală, ele desprind puțin câte puțin multele straturi de în-
tunecări, purificându-și mintea și devenind astfel capabile să experimen-
teze nivele din ce în ce mai subtile ale realității. *Sambhogakaya* reprezintă
cel mai subtil și mai pur nivel al experienței dualiste, fiind perceput numai
de cei mai realizați bodhisattva, cei aflați la al zecelea nivel de dezvoltare
spirituală.

Dukyi Korlo este numele tibetan pentru *Kalachakra* și se traduce tex-
tual ca „roata timpului". Aici noțiunea de *timp* se referă la schimbare sau
transformare, în timp ce *roata* se referă la ideea unui ciclu sau proces
nesfârșit. La nivel grosier, *roata timpului* indică infinitele tipare ale trans-
formării pe care le percepem cu toții. La un nivel mai subtil, aceste două
concepte arată natura convențională a fenomenelor ca fiind uniunea din-
tre măreața compasiune și vacuitate. La un un nivel și mai subtil, ele se
referă la natura ultimă a realității care este uniunea extazului imuabil cu
forma-goală. Cel mai important este să reținem că termenul *Kalachakra*
se referă la totalitatea experiențelor și prin urmare poate fi înțeles în dife-
rite moduri, în funcție de subtilitatea perspectivei din care privim.

Atunci când Buddha a predat pentru prima oară Tantra Kalachakra la
Amaravati în sudul Indiei unei largi audiențe în care se aflau ființe umane
și non-umane, el s-a manifestat în forma *sambhogakaya* a zeității Kala-
chakra și a mandalei de 636 de zeități. Aceste învățături i-au fost desti-
nate în principal lui Suchandra, mărețul rege al Dharmei, care le-a trans-
mis la rândul său în tărâmul divin al Shambhalei. Prin puterea acestor
învățături, regii Shambhalei au reușit să creeze un sistem de practică ce

a unit efectiv oamenii cu diferite credințe religioase, aducând pacea și armonia în regatul lor.

Numai ființele cu realizări spirituale foarte înalte, ca regele Suchandra, pot percepe și experimenta direct forma iluminată a lui Kalachakra. De aceea, faptul că Buddha Shakyamuni a apărut în forma *sambhogakaya* a lui Kalachakra pentru a preda Tantra Kalachakra înseamnă că aceste învățături au fost transmise la un nivel extrem de subtil de experiență.

Mă rog lui Buddha Shakyamuni, corpul emanat nirmanakaya.

Spus simplu, corpul emanat *nirmanakaya* este ființa la care ne referim în mod obișnuit ca fiind prințul Siddhartha, cel care a demonstrat ființelor umane obișnuite cum pot să devină un Buddha complet trezit. El este numit adesea Buddha Shakyamuni, *Buddha* însemnând „cel trezit", iar *Shakya* este numele clanului său. La un nivel mai profund *nirmanakaya – corpul emanat*, reprezintă felul în care *sambhogakaya* se manifestă pentru ființele obișnuite, apărând mai întâi în formă umană și înfățișând apoi o viață prin naștere, îmbătrânire și moarte.

În acest fel, *nirmanakaya* asigură puntea între mintea iluminată a unui Buddha și nenumăratele ființe simțitoare care suferă în existența ciclică. Întrucât corpurile *nirmanakaya* apar în concordanță cu tendințele karmice ale ființelor simțitoare, nu există nicio limită în ceea ce privește formele pe care le pot adopta. Indiferent de formele de manifestare ale corpurilor *nirmanakaya*, ele sunt întotdeauna perfect potrivite pentru a transmite Dharma ființelor simțitoare care le întâlnesc.

Rugăciuni către linia de maeștri din Shambhala

Mă rog celor treizeci și cinci de regi Dharma ai Shambhalei.

Shambhala este un termen folosit pentru a desemna manifestarea păcii și armoniei în experiența ființelor simțitoare. La nivel ultim, Shambhala este indivizibilă de fundamentul primordial a propriei noastre naturi de Buddha. La nivel convențional, Shambhala este experimentată în nume-

— Cei treizeci şi cinci de regi Dharma ai Shambhalei —
Şapte regi Dharma, douăzeci şi cinci regi Kalki şi trei regi ai Erei de Aur

roase feluri. Atunci când ne referim la Regii Dharma ai Shambhalei ne referim la o manifestare specifică a Shambhalei, cunoscută ca *tărâmul sublim al Shambhalei*.

Această formă a Shambalei este un tărâm pur al experienței care a fost generat de aspirația iluminată a ființelor bodhisattva de nivelul al zecelea combinată cu conexiunile karmice pe care acestea le-au cultivat cu ființele simțitoare de pe această planetă. Shambhala este un tărâm unic al oportunității care oferă oamenilor din această lume toate condițiile necesare pentru a avansa rapid pe calea atingerii iluminării. Ea poate fi considerată un tărâm uman, dar mai subtil decât tărâmul în care trăim și de aceea poate fi experimentată doar de mintea ființelor care au același nivel de subtilitate.

De la acest nivel subtil de experiență, emanația Regelui Bodhisattva Suchandra i-a cerut lui Buddha Shakyamuni învățăturile Kalachakra în Măreața Stupă Dhanyakataka din Amaravati, în sudul Indiei. Atunci Buddha, în forma zeității Kalachakra, a prezis că vor fi treizeci și cinci de Regi Dharma care vor susține aceste învățături până la începerea următoarei Ere de Aur. Acești regi sunt grupați în trei categorii: șapte regi Dharma, douăzeci și cinci de regi Kalki și trei regi ai Erei de Aur.

Cei șapte regi Dharma au reprezentat primele șapte generații de regi ce sunt răspunzători de întemeierea practicii Kalachakra în tărâmul Shambhalei. Prin exemplul lor strălucit, ei au demonstrat profunda capacitate pe care o avem cu toții și i-au inspirat pe locuitorii Shambhalei să-și depășească limitările. Acești șapte regi au fost: (1) Suchandra, (2) Sureshvara, (3) Taji, (4) Somadatta, (5) Sureshvara, (6) Vishvamurti (7) Sureshana.

Cei *douăzeci și cinci de regi Kalki* sunt cei care au domnit după ce mărețul rege Dharma Manjushri Yashas i-a unit cu succes pe locuitorii Shambhalei în recunoașterea comună a naturii lor ultime. Sintetizând învățăturile Tantrei Kalachakra, el le-a făcut disponibile unei audiențe mult mai largi, arătându-le locuitorilor cum să își înlăture prejudecățile și să își descoperire adevărul sacru. Începând cu domnia lui Yashas, regii Shambhalei au fost numiți Kalki, adică „unificatorii castelor". Noi trăim în prezent în timpul domniei celui de al 20-lea rege Kalki, Aniruddha. Lista completă a Regilor Kalki este: (1) Manjushri Yashas, (2) Pundarika, (3) Bhadra, (4) Vijaya, (5) Sumitra, (6) Raktapani, (7) Vishnugupta, (8) Arkakirti, (9) Subhadra, (10) Samudravijaya, (11) Aja, (12) Surya, (13) Vishvarupa, (14) Shashiprabha, (15) Ananta, (16) Mahipala, (17) Shripala, (18) Harivikrama, (19) Mahabala, (20) Aniruddha, (21) Narasimha, (22) Maheshvara, (23) Anantavijaya, (24) Yashas și (25) Raudra Chakri.

O profeție spune că în timpul domniei ultimului rege Kalki lumea va ajunge într-un punct de cotitură în ce privește echilibrul dintre ignoranță și înțelepciune. Moduri perturbate de gândire vor domina lumea, ducând la o violență și degenerare fără precedent, dar în același timp mințile oamenilor se vor maturiza,, facând posibil ca al 25-lea Rege Kalki, Raudra Chakri, să apară din Shambhala pentru a revitaliza Dharma, inaugurând o eră de pace și armonie fără egal. Conform profeției, cei trei regi care vor domni în acele vremuri sunt cei *trei regi ai Erei de Aur*: (1) Brahma, (2) Sureshvara și (3) Kashyapa.

Rugăciuni către linia de maeștri din India

Dushapa Chenpo   Dushapa Nyipa   Gyaltse Nalendrapa   Panchen Dawa Gonpo

Mă rog lui Drupchen Dushapa Chenpo.

Drupchen Dushapa Chenpo, cunoscut și sub numele de Kalachakrapada cel Bătrân, a fost primul deținător al liniei complete Kalachakra din tărâmul uman. Când s-a născut a fost numit Manjuvajra, a fost fiul unui yoghin brahman și a crescut studiind la renumitele universități din Odan-tapuri și Nalanda din nord-estul Indiei. După ce a obținut o cunoaștere remarcabilă în toate din cele cinci științe, a avut o viziune cu Majushri care i-a spus să călătorească în nord pentru a căuta Shambala. Manjuvajra a călătorit departe, în munți, unde a întâlnit o emanație a celui de al 11-lea rege Kalki, Aja. Emanația i-a acordat lui Manjuvajra toate împuternicirile și instrucțiunile esențiale, permițându-i să atingă un nivel de realizare ex-traordinar. După ce a practicat timp de 6 luni, a putut să călătorească până în Shambhala unde a primit un tezaur de învățături de la regele Kalki însuși.

După ce a memorat toate prețioasele învățături, Manjuvajra s-a întors acasă și a început să împărtășească aceste învățături tuturor celor ce i le cereau. Sub îndrumarea realizării sale incomparabile, practica celor Șase Vajra Yoga a înflorit în India. Dushapa Chenpo a dobândit în cele din urmă măiestria în toate cele Șase Yoga și a obținut iluminarea comple-tă realizând starea corpului de curcubeu. *Drupchen* este cuvântul tibetan pentru „Mahasiddha", desemnând pe cineva cu un nivel înalt de realizări spirituale, iar *chenpo* este cuvântul tibetan pentru „măreț".

Mă rog lui Drupchen Dushapa Nyipa.

Principalul discipol al lui Manjuvajra, Shri Badra, a fost laic, născut în casta regală. Datorită extraordinarelor sale realizări, el a devenit cunoscut și sub numele de Kalachakrapada cel Tânăr sau, în tibetană, Drupchen Dushapa Nyipa (*nyipa* înseamnă „al doilea"). În practica lui spirituală, Shri Badra a avut viziuni cu multe zeități și tărâmuri iluminate și a fost recunoscut de toți că a realizat al doisprezecelea nivel Bodhisattva. A avut mulți discipoli dintre care doisprezece au realizat corpul de curcubeu sub îndrumarea sa. Shri Badra a fost primul care a lucrat cu traducători tibe-tani pentru a introduce Tantra Kalachakra în Tibet.

Mă rog lui Gyaltse Nalendrapa.

Practica Kalachakra s-a dezvoltat în mod semnificativ sub îndrumarea discipolului de suflet al lui Shri Badra, Bodhibhadra, mărețul stareț de la

Nalanda. El a fost cunoscut în Tibet sub numele de Gyaltse Nalendrapa. Într-o povestire celebră, Bodhibhadra a scris pe poarta Universității Nalanda că dacă nu ai înțeles Kalachakra, nu ai înțeles intenția ultimă a lui Buddha. Ca răspuns la această îndrăzneață provocare, cinci sute de eruditi au dezbătut cu Nalendrapa și au fost cu toții înfrânți. Acest eveniment a consolidat învățăturile Kalachakra în India, devenind unul din cele mai răspândite sisteme de practică.

Mă rog lui Panchen Dawa Gonpo.

Din măreața universitate Nalanda, învățăturile Kalachakra s-au răspândit în vest, în regiunea Kashmir, datorită mărețului pandit Somanatha (Dawa Gonpo în tibetană). De origine islamică, Somanatha a devenit de la o vârstă fragedă un cărturar strălucit. A călătorit la Nalanda unde a studiat cu unii dintre cei mai străluciți maeștri din timpul său, în special cu Kalachakrapada cel Tânăr și cu Nalendrapa. Prin practicarea celor Șase Vajra Yoga, Somanatha a obținut multe puteri remarcabile cum ar fi controlul complet asupra vânturilor subtile. Recunoscând conexiunea karmică dintre Tibet și Shambhala, el a călătorit de trei ori în Tibet, oferind învățături generale despre *Sutra perfecțiunii înțelepciunii* și *Cele cinci colecții* ale lui Arya Asanga. A transmis profundele instrucțiuni ale stadiului de întregire Kalachakra către trei discipoli foarte speciali.

Rugăciuni către linia de descendență Vajra Yoga a tradiției Dro

Mă rog mărețului traducător Droton Lotsawa.

Născut în vestul Tibetului, Dro Lotsawa Sherab Drakpa a avut mulți măreți învățători indieni. Cu toate acestea, el îl considera pe Somanatha maestrul său principal. Împreună, cei doi au tradus comentariul regelui Pundarika asupra sintezei Tantrei Kalachakra condensate, cunoscut sub numele de *Lumina imaculată*. Făcând disponibile practicanților tibetani atât instrucțiunile scrise, cât și pe cele orale în propria lor limbă, el și-a

Droton Lotsawa   *Lama Lhaje Gompa*   *Lama Droton Namseg*

adus o contribuție incredibilă la răspândirea învățăturilor Kalachakra în Tibet. Din acest motiv este considerat un mare traducător. În ultima parte a vieții, Dro Lotsawa a petrecut mult timp lângă Somanatha, până la momentul morții acestuia.

Mă rog lui Lama Lhaje Gompa.

Lama Lhaje Gompa, cunoscut și sub numele de Konchok Sum, s-a născut în vestul Tibetului, în regiunea Penyul. El a fost inițial un practicant tantric în tradiția Nyingma, foarte realizat și cunoscut pentru capacitatea sa de a pacifica demonii și pe cei care practicau magia neagră. În timp ce Dro Lotsawa a acordat o atenție specială traducerii de texte, Lhaje Gompa s-a concentrat pe practicarea învățăturilor primite de la Somanatha, dedicându-și tot timpul meditației. Ca rezultat, el a atras mulți discipoli care au dorit să primească de la el prețioasele instrucțiuni ale celor Șase Vajra Yoga.

Mă rog lui Lama Droton Namseg.

Principalul discipol al lui Lhaje Gompa a fost Lama Droton Namla Tsek, un practicant tantric laic ce purta veșminte albe. Deși a primit transmisia Kalachakra de la Lama Lhaje Gompa, el a studiat în mare măsură cu Somanatha care i-a predat *Cele cinci colecții* ale lui Asanga și *Cele șase tratate Madhyamika* ale lui Nagarjuna. Practica sa principală a fost, cu toate aces-

Lama Drupchen Yumo   *Seachok Dharmeshvara*   *Khipa Namkha Öser*   *Machig Tulku Jobum*

tea, Tantra Kalachakra. Se spune că avea conexiune directă cu numeroase zeități *yidam* și că *dakini* iluminate îl asistau ori de câte ori avea nevoie de ajutorul lor. Pe măsură ce a crescut faima despre erudiția și realizările sale, Droton Namseg a devenit un profesor tot mai căutat. Dintre cei trei discipoli tibetani ai lui Somanatha, el este cel ce a propagat cel mai mult învățăturile Kalachakra ale tradiției Dro. Totuși, datorită respectului și venerației enorme pe care le avea pentru cele Șase Vajra Yoga, el a urmat exemplul învățătorului său și a păstrat instrucțiunile esențiale ale practicii ca pe o linie transmisă verbal de la maestru la discipolii de suflet.

Mă rog lui Lama Drupchen Yumo.

Lama Drupchen Yumo Mikyo Dorjé s-a născut într-o regiune din Tibet aproape de munții Himalaya. A fost hirotonit când era foarte tânăr și a crescut fiind foarte apreciat datorită disciplinei monahale pure. În tinerețe el a studiat toate sutrele și apoi tantrele. După o conexiune scurtă cu Somanatha, Yumowa a mers să primească transmisia Kalachakra completă de la Lama Droton Namseg. Pe baza acestor învățături el a dobândit puteri remarcabile, cum ar fi abilitatea de a se manifesta în diferite forme, și a obținut o cunoaștere deosebită a Tantrei Kalachakra. Yumo este cunoscut mai ales pentru că a fost primul tibetan care a scris despre natura de Buddha potrivit învățăturilor Kalachakra, pe baza propriilor sale experiențe. Aceste texte pot fi considerate premergătoare scrierilor lui Dolpopa despre *perspectiva Zhentong.*

Mă rog lui Seachok Dharmeshvara.

Seachok Dharmeshvara, fiul lui Drupchen Yumo, a fost un erudit excepțional care înainte să împlinească 16 ani a scris un comentariu despre Împuternicirile Kalachakra cunoscut sub numele de *Wang Dorten* (în sanscrită *Sekkodesa*). Se spune că la 20 de ani era capabil să înțeleagă tot ce cunoștea tatăl său. Mulți credeau că este o emanație a lui Manjushri deoarece stăpânea fiecare detaliu al sutrelor și tantrelor, ceea ce i-a permis să-i învingă în dezbateri pe mulți erudiți renumiți datorită logicii lui ascuțite. Dharmeshvara a primit învățături de la mulți maeștri, dar a fost atras în special de Tantra Guhyasamaja și de Tantra Kalachakra. Călcând pe urmele tatălui său, el a ales să transmită linia Vajra Yoga celor trei copii ai săi. Literal, *seachock* înseamnă „fiul suprem" în tibetană.

Mă rog lui Khipa Namkha Öser.

Khipa Namka Öser s-a născut în Kangsar și a fost primul fiu al lui Seachock Dharmeshvara. Yoghin tantric și cărturar, el s-a concentrat în special asupra celor *Cinci colecții* ale lui Asanga și asupra tantrelor Guhyasamaja și Kalachakra. Se spune că a avut conexiuni directe cu zeitățile feminine Vajravarahi și Sarasvati. Cuvântul *khipa* înseamnă „cărturar excepțional".

Mă rog lui Machig Tulku Jobum.

Machig Tulku Jobum, fiica lui Dharmeshvara, a fost considerată încarnarea sorei regelui Indrabhuti. După ce a memorat cuvânt cu cuvânt mărețul comentariu la Tantra Kalachakra, ea a primit instrucțiunile esențiale de la tatăl ei și a realizat cele zece semne de bun augur într-o singură zi. După alte șapte zile de practică intensă, ea își stăpânea vânturile interne, dirijându-le în canalul central. Ea a devenit astfel o măreață *yogini* și a fost o practicantă foarte înalt realizată.

Mă rog lui Lama Drubtop Sechen.

Lama Drubtop Sechen s-a născut cu o deficiență de vorbire și de auz și nimeni nu credea că va realiza ceva în viață. Totuși, după ce a primit

Lama Drubtop Sechen   *Chöje Jamyang Sarma*   *Kunkyen Chöku Öser*

instrucțiunile celor Șase Vajra Yoga de la sora sa, Machig Tulku Jobum, și a practicat sub îndrumarea fratelui său, Namkha Öser, el a avut rapid realizări, cum ar fi capacitatea de a-și aminti viețile trecute și a-și cunoaște viitorul. Mai târziu, când a înființat *mănăstirea Tsang Orlang Semoché*, a devenit cunoscut cu numele de Semochen.

Mă rog lui Chöje Jamyang Sarma.

Chöje Jamyang Sarma s-a născut într-o familie care practica tradiția Nyingma, dar după ce a fost hirotonit a studiat în mai multe mănăstiri diferite. După ce s-a îmbolnăvit de lepră, el a intrat într-o retragere intensivă de practică Vajrapani pentru a se însănătoși. În timpul retragerii a avut o viziune a lui Manjushri care i-a spus să ceară instrucțiuni de la Lama Drubtop Sechen. Pe parcursul călătoriei către Semochen a fost nevoit să învingă mulți demoni și multe forțe potrivnice, dar în timp ce primea împuternicirile a putut să își perceapă maestrul în forma lui Kalachakra. Din acel moment el a practicat cele Șase Vajra Yoga și a obținut mari realizări. Jamyang Sarma a fondat numeroase schituri unde yoghinii și-au dedicat viața practicii Kalachakra. *Chöje* înseamnă literal „Stăpân al Dharmei" sau „Suveran al Dharmei".

Mă rog lui Kunkyen Chöku Öser.

Kunkyen Chöku Öser a fost fiul lui Serdingpa Zhonnu Ö. La nașterea lui s-a prezis că va avea capacitatea de a rămâne în starea *dharmakaya* și de aceea a fost numit *Chöku Öser*, adică „*dharmakaya* strălucitoare". A fost un mare învățat al sutrelor și tantrelor care, după ce a primit împuternicirile Kalachakra și instrucțiuni de la Jamyang Sarma, a obținut realizări incredibile. Se spune că putea percepe direct forma mânioasă a lui Kalachakra și odată a fost văzut înconjurând o stupă în timp ce medita într-o cameră închisă. *Kunkyen* înseamnă „omniscient" sau „atotștiutor".

Rugăciuni către linia de descendență a maeștrilor de la mănăstirea Jonang

Mă rog lui Kunpang Thukje Tsondru.

Kunpang Thukje Tsondru s-a născut în anul 1243 și este considerat o emanație a unui rege Kalki al Shambalei. După ce a fost hirotonit, el a făcut studii aprofundate în mănăstirile Sakya și Ngor, unde a primit transmisia Kalachakra conform tradiției Ra. Ulterior, a fost invitat să devină stareț al mănăstirii Kyangdur a lui Chöje Jamyang Sarma unde a primit transmisia bazată pe experiență a liniei Dro Kalachakra de la Kunkyen Chöku Öser. Intrând în retragere, Kunpangje a obținut rapid multe realizări practicând cele Șase Vajra Yoga. Nesatisfăcut de aceste realizări, el a început să călătorească, adunând transmisiile instrucțiunilor esențiale ale celor Șase Vajra Yoga din toate cele șaptesprezece linii de descendență. Apoi, la cererea zeiței locale Nagmen Gyalmo și a comunităților Chi, Drak

| Kunpang Thukje Tsondru | Jangsem Gyalwa Yeshe | Khetsun Yonten Gyatso |

şi Nak, Kunpangje s-a stabilit în valea Jomonang unde a fondat schitul de pe muntele Jonang. Acolo Thukje Tsondru a notat toate instrucţiunile esenţiale primite, devenind primul tibetan care a consemnat cele Şase Vajra Yoga în scris. Ca rezultat, nenumăraţi studenţi s-au adunat la Jonang pentru a studia cu acest măreţ maestru. Curând, numele de Gyalwa Jonangpa a devenit sinonim cu studierea şi practicarea Kalachakra. Cuvântul *kunpang* este un titlu şi înseamnă „renunţarea completă la preocupările lumeşti".

Mă rog lui Jangsem Gyalwa Yeshe.

Jangsem Gyalwa Yeshe a fost hirotonit şi a practicat Dharma foarte mulţi ani în tradiţia Karma Kagyu. Cum nu a reuşit să obţină realizări, Karmapa Karma Pakshi i-a spus că îi lipseau conexiunile karmice necesare şi l-a sfătuit să călătorească la *mănăstirea Jonang* şi să studieze cu măreţul Thukje Tsundru. Când a auzit numele lui Kunpangje, inima i s-a umplut de credinţă şi devoţiune. După ce a primit toate împuternicirile şi instrucţiunile Kalachakra, Gyalwa Yeshe a progresat rapid în practica celor Şase Vajra Yoga şi, în cele din urmă, realizările sale le-au egalat pe cele ale maestrului său, iar el a început să răspândească învăţăturile Dharma pe scară largă. A fost numit stareţ al *mănăstirii Dechen* şi mai târziu a devenit conducătorul *mănăstirii Jonang. Jangsem Gyalwa* înseamnă „măreţ bodhisattva".

Mă rog lui Khetsun Yonten Gyatso.

Khetsun Yonten Gyatso s-a născut într-o familie care urma tradiţia Nyingma şi a studiat sub îndrumarea mai multor maeştri tantrici din diferite mănăstiri. După ce a primit împuternicirile şi instrucţiunile Kalachakra de la Thukje Tsundru, el a finalizat toate practicile yoga de noapte în 21 de zile. În timpul practicilor yoga de zi, corpul său a levitat la înălţimea unei săgeţi deasupra pământului şi timp de 7 zile el a putut să se mişte nestingherit prin munţii şi văile din împrejurimile Jonanang. A obţinut de asemenea puteri excepţionale de clarviziune şi suprema cunoaştere a

Kunkyen Dolpopa   *Chogyal Choklé Namgyal*   *Tsungmed Nyabon Kunga*

tuturor învățăturilor lui Buddha, iar corpul său emana un miros minunat, rezultatul excelentei lui conduite morale. Yonten Gyatso a fost un prieten Dharma apropiat al lui Gyalwa Yeshe și a devenit mai târziu succesorul său, ca stareț al mănăstirii Jonang. În tibetană, *khetsun* înseamnă „erudit cu un comportament etic excelent"

Mă rog lui Kunkyen Dolpopa, emanația tuturor Buddha din cele trei timpuri.

Kunkyen Dolpopa a fost considerat o emanație a tuturor Buddha din cele trei timpuri, atât datorită profundelor sale realizările și stăpânirii învățăturilor lui Buddha, cât și faptului că toți locuitorii din provinciile Ü și Tsang îl considerau maestrul lor. După ce a obținut suprema realizare în retragerea Kalachakra de practică a celor Șase Vajra Yoga, el a dezvoltat incomparabila filosofie Zhentong și a devenit al patrulea stareț al *mănăstirii Jonang*. Acolo, el a dezvoltat un sistem unificat de studiu și practică a budismului care combină studiul filosofiei Zhentong cu practica de retragere concentrată pe cele Șase Vajra Yoga. Acest sistem s-a păstrat ca giuvaierul cel mai de preț al tradiției Jonang până în zilele noastre.

Mă rog lui Chogyal Choklé Namgyal.

Choklé Namgyal a fost fiul regelui din Ngari Yatse și a primit numeroase învățături înalte de la tatăl și de la unchiul său când era încă foarte tânăr. Copil fiind, el a studiat la mai multe mănăstiri și a uimit pe toată lumea prin învățăturile publice pe care le oferea unei largi audiențe. Cum era întotdeauna învingător în dezbateri, a primi titlul de *Chogyalwa*, ceea ce însemnă „cel invincibil". Choklé Namgyal a primit împuternicirile și instrucțiunile Kalachakra de la Dolpopa și a devenit unul dintre discipolii cei mai apropiați ai acestuia, memorând perfect toate mărețele texte. El a devenit al cincilea stareț al *mănăstirii Jonang*, conducând comunitatea mai întâi timp de 5 ani și ulterior pentru încă 15 ani. În această perioadă a devenit învățătorul multor măreți maeștri, cum ar fi fondatorul tradiției Gelug, Je Tsongkhapa, care a primit numeroase învățături Kalachakra de la el. În tibetană *chogyal* înseamnă „Rege al Dharmei", iar *choklé* înseamnă „victorios în toate direcțiile".

Mă rog lui Tsungmed Nyabon Kunga.

Tsungmed Nyabon Kunga a dat dovadă de o inteligență ieșită din comun de la o vârstă foarte fragedă. După ce a fost recunoscut de către Khetsun Yonten Gyatso ca fiind reîncarnarea marelui Maestru Vajra Yoga Jamsar Sherab, el a excelat în toate studiile sale. În jurul vârstei de 20 de ani s-a îmbolnăvit foarte grav și educația sa monahală a suferit un regres. Totuși, s-a vindecat miraculos atunci când Dolpopa Sherab Gyaltsen i-a vizitat mănăstirea și a scuipat pe el. Ulterior, Dolpopa a devenit principalul său învățător, deși a primit învățături extinse și îndrumare și de la Choklé Namgyal. Nyabon Kunga a fost un scriitor prolific, multe din scrierile lui fiind prețuite și în zilele noastre. Mulți practicanți realizați din alte tradiții au primit învățături de la el, inclusiv Sakya Rendawa și Lama Tsongkhapa. Mai târziu el a fondat *mănăstirea Jonang Tsechen*. Cuvântul *tsungmed* înseamnă „incomparabil".

Mă rog lui Drupchen Kunga Lodrö.

Drupchen Kunga Lodrö s-a născut în familia regală Sharkha și a fost considerat reîncarnarea lui Butön Rinchen Drup. Inițial, a studiat învățăturile lui Buddha, îndeosebi Tantra Kalachakra, cu Nyabon Kunga, dar a primit învățături și de la mulți alți maeștri. Renunțând complet la atașamentul față de posesiunile lumești și la poziția socială, el s-a călugărit și a devenit ulterior succesorul lui Nyabon ca stareț al *mănăstirii Tsechen.* După ce a încercat fără succes să aducă pacea între două clanuri aflate în conflict, el a fost și mai mult dezamăgit de existența ciclică și a intrat într-o retragere care a durat aproape 50 de ani. În această perioadă a obținut măiestria nu

Drupchen Kunga Lodrö   *Jamyang Konchog Zangpo*   *Drenchog Namkha Tsenchan*   *Panchen Namkha Palzang*

numai în cele Șase Vajra Yoga, ci în toate sistemele tantrice de practică. Ca măreț maestru *rimé*, el a fost învățătorul a nenumărați discipoli din toate tradițiile majore.

Mă rog lui Jamyang Kunchog Zangpo.

Jamyang Konchog Zangpo s-a născut în Drakmar și se credea despre el că este reîncarnarea mărețului Sakyapa Drakpa Gyaltsen. El a studiat la *mănăstirea Zangden* și în multe alte mănăstiri aparținând diferitelor tradiții, în special tradiției Sakya. După ce a ajuns un mare învățat, el a primit transmisia Kalachakra de la Kunga Lodrö, aceasta devenind practica lui principală. S-a dus să primească transmisiile ezoterice de la toate tradițiile majore și a obținut rapid realizări. În timpul vieții a fost starețul multor mănăstiri, cum ar fi *Jonang, Tsenchen, Samding* și mănăstirea non-sectariană *Pelkhor Dechen.* Astfel, el a devenit un deținător important al liniei de descendență nu numai în tradiția Jonang, dar și în tradițiile Sakya și Shangpa Kagyu.

Mă rog lui Drenchog Namkha Tsenchan.

Namkha Chökyong a fost discipolul de suflet al lui Janyang Konchok și a studiat în diverse mănăstiri din centrul Tibetului. Ca rezultat al îndrumării primite de la învățătorii săi, el a obținut rapid măiestria în filosofia Zhentong și în practica celor Șase Vajra Yoga. A obținut mari realizări practicând Kalachakra și în cele din urmă a devenit starețul mănăstirii Tsechen. Ulterior și-a asumat tronul vajra *la mănăstirea Jonang*, el fiind cel care a construit un acoperiș aurit pentru marea stupă a lui Dolpopa. *Drenchog* înseamnă „salvatorul suprem".

Mă rog lui Panchen Namkha Palzang.

Mărețul Panchen Namkha Palzang provine din tradiția Sakya. El a devenit expert în Tantra Kalachakra după ce a primit împuternicirile și instrucțiunile de la Namkha Chökyong. A obținut mari realizări practicând cele Șase Vajra Yoga, a fost fondatorul *mănăstirii Drepung* (a nu se confunda cu universitatea monahală din Lhasa) și a devenit al nouălea stareț al *mănăstirii Jonang*. Timp de peste 18 ani a fost stareț la *Namgyal Draksang* în Jang, unde a devenit învățătorul a numeroase figuri proeminente din vestul Tibetului. Cuvântul *panchen* înseamnă „măreț pandit" sau „măreț învățat".

Mă rog lui Lochen Ratnabhadra.

Mărețul Rinchen Zangpo, cunoscut în special sub numele Lochen Ratnabhadra, a fost un practicant realizat al tantrelor Nyingma. Studiind la câteva mănăstiri importante, el a devenit un învățat respectat și a avut realizări deosebite după ce a primit învățăturile Kalachakra de la Namkha Palzang. Se spune că avea o conexiune directă cu zeitatea mânioasă Mahakala și că putea să pacifice mulți demoni. Mai târziu în timpul vieții sale a fondat mai multe mănăstiri și schituri, a compus un comentariu foarte important asupra celor Șase Vajra Yoga și a restaurat mănăstirea mărețului maestru Tangton Gyalpo din tradiția Shangpa. *Lochen* înseamnă „măreț traducător".

Mă rog lui Palden Kunga Drolchok.

Kunga Drolchok s-a născut în Ngari Gongtung și a trăit între anii 1507 și 1566. De la o vârstă fragedă, el a stăpânit multe învățături avansate și a

Lochen Ratnabhadra   *Palden Kunga Drolchok*   *Kenchen Lungrig Gyatso*

studiat cu mulți mari maeştri din centrul Tibetului. Având o conexiune strânsă cu iluminata dakini Niguma, a primit direct de la ea transmisia celor *Şase Dharme ale lui Niguma*. El stăpânea de asemenea învățăturile și practica Kalachakra pe care le-a primit de la Rinchen Zangpo și a obținut realizări extraordinare, având multe viziuni mărețe ale unor ființe iluminate. În timpul vieții sale a colecționat un număr mare de de învățături și practici, devenind un deținător important de linii de descendență în mai multe tradiții. A condus *mănăstirea Jonang* timp de aproape 20 de ani, timp în care a reunit toate învățăturile primite într-o singură carte cunoscută sub numele „*Chintesența instrucțiunilor lui Drolchok*". Ulterior, Kunga Drolchok a fost recunoscut în întreaga țară ca un măreț maestru *rimé*. Spre sfârșitul vieții, el a fondat *mănăstirea Cholung Jangtse*. Cuvântul *palden* înseamnă „glorios".

Mă rog lui Kenchen Lungrig Gyatso.

Kenchen Lungrig Gyatso a învățat inițial la Serdokchen, mănăstirea lui Shakya Chokden, un faimos maestru Zhentong. În acea perioadă, el a avut realizări în practica Vajrayogini, pe care a întâlnit-o în vis. Ulterior, când l-a întâlnit pe Kunga Drolchok, a primit împuternicirile complete, transmisia și instrucțiunile esențiale pentru cele Şase Vajra Yoga din Kalachakra. Când a pus în practică aceste învățături, a obținut realizări și

51

puteri remarcabile. De exemplu, putea citi instinctiv în sanscrită, fără să fi studiat vreodată limbile vorbite în India. De asemenea, el a avut multe viziuni cu *mahasiddha* indieni care i-au oferit transmisiuni pure ale învățăturilor. Lungrig Gyatso a devenit atât de respectat, încât chiar și Wangchuk Dorjé, cel de-al nouălea Karmapa, și Sakya Trizin l-au numit „Comoară Dharmei". Cuvântul *kenchen* înseamnă „măreț khenpo", adică învățat realizat sau lider monahal.

Rugăciuni către linia de descendență a maeștrilor de la mănăstirea Takten Damchö Ling

Mă rog lui Kyabdak Drolway Gonpo.

Kyabdak Drolway Gonpo, cunoscut în special sub numele de Jetsun Taranatha sau Kunga Nyingpo, a trăit între anii 1575 și 1635 și este considerat unul dintre cei mai importanți maeștrii ai liniei de descendență Jonang, fiind depășit doar de Kunkyen Dolpopa. Recunoscut de Lungrig Gyatso ca fiind reîncarnarea lui Kunga Drolchok, Taranatha a primit transmisia completă a învățăturilor și practicilor deținute de predecesorul său. După ce a fondat universitatea monahală Takten Damchö Ling, Taranatha a scris peste 40 de cărți, creând un ocean al Dharmei prin care detaliat fiecare aspect al înțelepciunii și practicii ezoterice. De asemenea, el a contribuit semnificativ la revigorarea filosofia Zhentong originală a lui Dolpopa, având convingerea că aceasta că a degenerat din cauza lipsei de claritate în mai multe puncte cheie. A condus *mănăstirea Jonang* timp de mulți ani, dar în același timp a și călătorit de la o mănăstire la alta, colectând învățături, participând la dezbateri cu învățații și practicând în retrageri. Ca rezultat, el a devenit un maestru non-sectarian adevărat, o sursă de inspirație și de binecuvântări pentru toți cei ce îl întâlneau. *Kyabdak* înseamnă „salvator omniprezent al ființelor".

Mă rog lui Ngongjang Rinchen Gyatso.

Ngonjang Rinchen Gyatso s-a născut în regiunea Tsang și a fost hirotonit de Taranatha. El a progresat rapid în practica Kalachakra și, ca un

Kyabdak Drolway Gonpo   *Ngonjang Rinchen Gyatso*   *Khidrup Lodrö Namgyal*   *Drupchen Ngawang Trinlé*

semn al realizărilor sale, a fost capabil să asimileze instantaneu volume mari de cunoștințe. Devenind stareț al *mănăstirii Takten Damchö Ling*, el a predat intensiv și a ghidat practici de retragere pentru cei din mănăstire timp de aproximativ 15 ani. Spre sfârșitul vieții, întrucât restricțiile față de practicanții Jonang erau tot mai mari, Rinchen Gyatso a decis să renunțe la poziția sa și să intre în retragere la Sangak Riwo Dechen. Acolo a continuat să ghideze un flux constant de practicanți dedicați care nu doreau decât să practice prețioasa Dharma. Cuvântul *ngonjang* înseamnă „realizat datorită practicii din viețile anterioare".

Mă rog lui Khidrup Lodrö Namgyal.

Khidrup Lodrö Namgyal a trăit între anii 1618 și 1683. El a fost recunoscut ca încarnarea mamei lui Dolpopa și, când avea 16 ani, a devenit studentul lui Taranatha. A primit hirotonirea completă de la Rinchen Gyatso după mulți ani practicare a Dharmei. După ce a primit împuternicirile, a fost adesea ghidat prin viziuni de Tara Albă. Se spune că odată l-a impresionat pe al cincilea Dalai Lama când au discutat despre realizarea pe care o obținuse în filosofiei Zhentong. Mai târziu, Lodrö Namgyal a fost invitat să predea Tantra Kalachakra la inaugurarea noii *mănăstiri Dzamthang Tsangwa*. Cuvântul *khidrup* înseamnă „erudit yoghin", cineva care este foarte învățat, dar are și realizări.

Mă rog lui Drupchen Ngawang Trinlé.

Drupchen Ngawang Trinlé a trăit între anii 1657 și 1713 și despre el Dolpopa a făcut o profeție că va avea un mare impact asupra răspândirii

Dharmei autentice. La 16 ani el a devenit regentul lui Lödro Namgyal şi a practicat cele Şase Vajra Yoga sub îndrumarea acestuia. A petrecut şase ani de retragere în peştera lui Amitabha şi apoi a călătorit şi a predat foarte mult. În acest timp a devenit stareţ la mai multe mănăstiri, conducând retrageri de practică Kalachakra şi compunând multe texte, cum ar fi pentru recitarea celor şapte preliminarii Kalachakra. A primit de asemenea învăţături de la mulţi maeştri din toate tradiţiile şi a devenit cunoscut ca un mare maestru *rimé*. Şi-a petrecut ultimii ani ai vieţii la *Dzamthang Tsangwa* unde a fost invitat să predea. A hirotonit o comunitate monahală numeroasă şi a fondat multe mănăstiri şi schituri în regiunile Ngawa şi Gyalrong. Cum pe drumul de întoarcere în Tibetul Central a călătorit prin Mongolia, la cererea împăratului a înfiinţat mai multe mănăstiri.

Rugăciuni către maeştrii Vajra de la mănăsitrea Dzamthang Tsangwa

Mă rog lui Ngawang Tenzin Namgyal.

Ngawang Tenzin Namgyal, cunoscut şi sub numele de Gawi Chöpel, s-a născut în 1690. A fost recunoscut ca fiind prima reîncarnare a faimosului Lodrö Namgyal. La numai 10 ani el a primit multe învăţături de la Chalongwa Ngawang Trinlé, inclusiv instrucţiunile esenţiale pentru cele Şase Vajra Yoga. Când avea 16 ani a fost hirotonit şi a continuat să se dedice practicii, obţinând multe realizări extraordinare. La cererea lui Chöje Gyalwa Lundrup, Tenzin Namgyal s-a mutat la *mănăstirea Dzamthang Tsangwa* unde a început să predea cele Şase Vajra Yoga, fiind primul Maestru Vajra stabilit permanent la această mănăstire. Mulţi studenţi au avut viziuni şi alte realizări sub îndrumbarea sa. Ca şi Dolpopa înaintea sa, el a fost extrem de influent în societate, dar, din nefericire, a murit în anul 1738 la numai 48 de ani, dizolvându-şi mintea în *dharmadhatu*. Cuvântul *ngawang* înseamnă „mare învăţat înzestrat cu o vorbire puternică", un epitet folosit pentru a asocia pe cineva cu înţelepciunea lui Manjushri.

Ngawang Tenzin Namgyal   *Ngawang Khetsun Dargyé*   *Kunzang Trinlé Namgyal*   *Nuden Lhundrub Gyatso*

Mă rog lui Ngawang Khetsun Dargyé.

Ngawang Khetsun Dargyé a fost al doilea deținător al liniei Kalachakra de la *mănăstirea Tsangwa*. El a fost renumit pentru vastele lui cunoștințe despre Dharma, conduita morală perfectă și realizarea sa interioară profundă. În particular, a avut o înțelegere clară asupra practicii celor Șase Vajra Yoga și a avut câțiva discipoli măreți, printre care se numără Kunga Chöpel și Chayun Chöjor.

Mă rog lui Kunzang Trinlé Namgyal.

Kunzang Trinlé Namgyal s-a născut în estul Tibetului și a fost recunoscut ca a doua reîncarnare a lui Lodrö Namgyal, fondatorul *mănăstirii Tsangwa*. De la o vârstă foarte fragedă el a creat conexiuni cu multe ființe sfinte, inclusiv cu Ngawang Khetsun Dargyé, maestrul său de rădăcină. A primit nenumărate împuterniciri și învățături și a obținut realizări remarcabile prin practica sârguincioasă a celor Șase Vajra Yoga. Chiar și Karmapa, unul dintre cei mai mari maeștri din întregul Tibet, a călătorit de la mare depărtare, din provincia Ü-Tsang, pentru a-l vizita și primi învățături de la el. Cuvântul *kunzang* înseamnă „cel care are toate însușirile bune".

Mă rog lui Nuden Lhundrub Gyatso.

Nuden Lhundrob Gyatso a fost cel mai influent discipol al lui Kunzang Trinlé Namgyal. El a avut realizări foarte înalte în practica focului interior – *tummo* – și a dezvoltat puternice puteri tantrice invincibile cu aspect mânios prin intermediul cărora putea controla toate zeitățile și demonii locali. El este cel care a fondat *mănăstirea Tsangwa de Jos* unde a desfășurat multe activități iluminate împreună cu Jinpa Gyatso (a doua reîncarnare a lui Ngawang Trinlé). Cuvântul *nuden* înseamnă „cel ce posedă o mare energie și putere vindecătoare".

Mă rog lui Konchok Jigmé Namgyal.

Konchok Jigmé Namgyal s-a născut în Valea Markok și se crede că a fost a treia reîncarnare a lui Lodrö Namgyal. El a avut o legătură deosebită cu mulți maeștrii și ființe sfinte, în special cu Lhundrub Gyatso, care i-a fost frate într-o viață anterioară. Pe lângă faptul că era maestru în învățăturile Kalachakra, el a primit învățăturile și de la daikini Niguma și a obținut multe calități excepționale, ca urmare a studiului și practicii sale fără cusur. Cuvântul *konchok* înseamnă „rar și sublim", iar *jigmé* înseamnă „neînfricat".

Mă rog lui Ngawang Chöpel Gyatso.

Ngawang Chöpel Gyatso, cunoscut și sub numele de Tsangwa Gelong, s-a născut în anul 1788 și s-a pregătit de la vârsta de 10 ani în *mănăstirea Dzamthang Tsangwa*. A studiat cu mulți învățători și a primit prima transmisie a celor Șase Vajra Yoga de la lama Ngawang Gyaltsen la vârsta de 22 de ani. Atingând mari realizări în primele două Yoga în timpul unei retrageri de trei ani, a primit ulterior transmisia completă de la Jigmé Namgyal. A primit de asemenea învățături cum ar fi *Dzogchen* și

Konchok Jigmé Namgyal   Ngawang Chöpel Gyatso.   Ngawang Chökyi Pakpa   Ngawang Chöjor Gyatso

cele Șase Dharme ale *lui Niguma* de la mulți alți maeștri și a devenit cunoscut pentru abilitățile sale extraordinare de clarviziune. Spre sfârșitul vieții, Chöpel Gyatso a călătorit și a predat foarte mult, devenind unul din principalii învățători ai măreților maeștri *rimé* Jamgon Kongtrul și Patrul Rinpoche. La momentul morții lui în 1865 au apărut pe cer nenumărate curcubee, mărturie a mărețelor sale realizări. Cuvântul *chöpel* înseamnă „înalt deținător al Dharmei".

Mă rog lui Ngawang Chökyi Pakpa.

Ngawang Chökyi Pakpa s-a născut în 1808 în regiunea Zuka și la vârsta de 7 ani a fost hirotonit de către Konchok Jigmé Namgyal. A fost expert în special în practica primelor două Vajra Yoga. În timpul unei retrageri, a avut viziuni cu regele Kalki Pundarika și cu Kunkyen Dolpopa, precum și viziuni cu Shambhala și cu tărâmul pur Sukhavati. La vârsta de 25 de ani a studiat peste 100 de mandale, memorându-le toate detaliile, ceea ce l-a făcut să devină un maestru de ritualuri foarte căutat. Multe din detaliile descrierilor mandalelor folosite în ritualurile Jonang în zilele noastre îi pot fi atribuite. Ca Maestru Vajra la Dzamthang Tsangwa, Chökyi Pakpa a construit o mare sală de rugăciune. A murit în 1877 fără vreun semn de boală sau durere, rămânând mai multe zile în lumina clară a uniunii mamei cu fiul.

Mă rog lui Ngawang Chöjor Gyatso.

Ngawang Chöjor Gyatso s-a născut în 1846 și a primit învățăturile și împuterniciri Kalachakra de la Chöpel Gyatso, cunoscut ca Tsangwa Gelong. Când a primit aceste împuterniciri, el l-a văzut pe maestru ca pe Kunkyen Dolpopa și a experimentat în același timp mintea non-duală a unui Buddha. A practicat cu sârguință cele Șase Vajra Yoga și a avut mari realizări, cum ar fi manifestarea puterilor magice în vis și percepția continuă a corpului său în starea luminii clare. La vârsta de 45 de ani a devenit Maestru Vajra Kalachakra la *mănăstirea Tsangwa*. A murit în 1910.

Rugăciuni către linia de maeştri de la mănăstirea Tashi Chöthang

Mă rog lui Ngawang Chözin Gyatso

Ngawang Chözin Gyatso, cunoscut şi sub numele de Lama Washul Lhazö, a fost considerat emanaţia lui Akashagarba, unul dintre cei opt mari bodhisattva. El a studiat la *mănăstirea Dzamthang Tsangwa* unde a primit toate instrucţiunile pentru cele Şase Vajra Yoga, în principal de la Tsangwa Gelong. A compus multe texte pentru practicarea ritualurilor şi comentarii şi odată a dezvăluit că milioane de zeităţi emanau din corpul său. Realizările lui au fost atât de profunde încât putea înfăptui lucruri

Ngawang Chözin Gyatso   Ngawang Tenpa Rabgyé   Lama Lobsang Trinley   Khentrul Jamphal Lodrö

miraculoase cum ar fi să treacă prin pereţi sau să călătorească în tărâmurile pure cum este Shambhala pentru a primi instrucţiuni. Multe din practicile ce i-au fost relevate în acest fel sunt folosite şi în zilele noastre în mănăstirile Jonang. După ce a petrecut un timp călătorind în calitate de reprezentant al *mănăstirii Tsangwa*, Chözin Gyatso a intrat într-o retragere într-un schit care a deveni ulterior *mănăstirea Tashi Chöthang*. Acolo, el a predat multor măreţi maeştri printre care Tenpa Rabgye şi Bamda Gelek Gyatso. După moartea sa, două seturi complete de oase au fost găsite în stupa în care a fost incinerat, ceea ce indică faptul că a obţinut cea mai înaltă realizare, uniunea dintre extazul imuabil şi forma-goală.

Mă rog lui Ngawang Tenpa Rabgyé.

Ngawang Tenpa Rabgyé s-a născut în anul 1875. El a primit toate instrucțiunile pentru cele Șase Vajra Yoga de la Ngawang Chözin Gyatso și a experimentat multe semne ale stăpânirii practicii. A practicat, de asemenea, multe alte tantre și a avut viziuni nenumărate cu diferite zeități tantrice. La 25 de ani a studiat și practicat la *mănăstirea Dzamthang Tsangwa*. La vârsta de 26 de ani a devenind starețul *mănăstirea Chayul* și mai târziu stareț și maestru Kalachakra la *mănăstirea Tashi Chöthang*. A dus o viață modestă, nefiind preocupat de bogăție sau de statut social. A murit la 76 de ani, rămânând în starea de lumină clară timp de șase zile.

Mă rog celui care îndepărtează întunericul, prețiosului Lama Lobsang Trinley.

Lama Ngawang Lobsang Trinley s-a născut în 1917 în Valea Zuka din regiunea Kha, în sud-estul Tibetului. La vârsta de 14 ani a studiat la mănăstirea Chayul sub îndrumarea lui Ngawang Tenpa Rabgyé. S-a concentrat intensiv pe practica Kalachakra, obținând cele zece semne ale realizării într-un interval de două săptămâni. În jurul vârstei de 30 de ani s-a îmbolnăvit de lepră și ca urmare a intrat într-o retragere solitară de cinci ani, practicând Vajrapani. În timp ce era în retragere, boala a apărut în forma a mii de viermi ce ieșeau din corpul lui, se dizolvau și se transformau în torme. Restul vieții și l-a petrecut tratând și vindecând mulți oameni bolnavi de lepră sau de alte boli. A muncit neobosit pentru restabilirea budismului Mahayana și Vajrayana în forma lor pură și pentru reconstruirea *mănăstirea Chöthang* care fusese grav afectată în urma conflictelor armate. Chiar dacă părea a fi perfect sănătos, a murit în 1999, împlinindu-și propria profeție. După 13 zile corpul lui nu avea nici un semn de alterare și multe alte manifestări miraculoase i-au însoțit moartea. Și-a trimis prețioase relicvele la Palatul Potala din Lhasa, nepăstrând nici măcar una în mănăstirea lui.

Mă rog războinicului Dharmei, Khentrul Jamphal Lodrö.

Khentrul Jamphal Lodrö s-a născut în a 18-a zi a lunii a 2-a din anul Iepurelui de Apă. Familia lui locuia într-o comunitate nomadă în provincia Golok din estul Tibetului. A fost recunoscut ca fiind reîncarnarea învățătorului mamei sale, Getse Khentrul, care în viața anterioară a fost Maestrul Kalachakra Ngawang Chözin Gyatso. La vârsta de 12 ani a început să studieze și să practice budismul intensiv sub îndrumarea lui Khenpo Sangten și a altor maeștri. A frecventat 11 mănăstiri din estul Tibetului studiind în întregime cele cinci tradiții și a făcut o retragere Kalachakra de trei ani sub îndrumarea principalului său maestru, Lama Lobsang Trinley. În 1997 Lobsang Trinley i-a acordat titlul de *khenpo*, autorizându-l astfel să predea, iar doi ani mai târziu a fost ales de către starețul *mănăstirii Dzamthang Tsangwa* să predea acolo. Curând însă, el a ales să abandoneze această poziție prestigioasă pentru a petrece mai mult timp într-o retragere solitară, înainte de a întreprinde un pelerinaj în India în anul 2000, pentru a practica în mai multe locuri sacre ale budismului.

După câteva audiențe private la Înălțimea Sa Dalai Lama, el a ajuns în Australia în anul 2003. Scopul său a fost să transmită rarele și prețioasele învățături Kalachakra și să răspândească tradiția Jonang în Occident. Titlul *khentrul* înseamnă „învățat Dharma" sau „stareț", dar și „reîncarnare recunoscută". Numele *Jamphal Lodrö* înseamnă „blândul și gloriosul Manjushri", bodhisattva al înțelepciunii. În perioada de când se află în Occident, Khentrul Jamphel Lodrö a depus un efort semnificativ pentru a învăța limba engleză astfel încât să poată transmite eficient discipolilor săi prețioasa Dharma a tradiției Jonang.

Rugăciuni suplimentare către maestru

Mă rog principalului meu maestru de rădăcină.
Mă rog gloriosului meu maestru.
Mă rog tuturor stăpânilor Dharmei.
Fie ca toți părinții spirituali și fiii lor să mă binecuvânteze!

Aceste versuri ne îndeamnă să avem o atitudine de adânc respect și să ne onorăm maestrul și pe toți maeștrii liniei de descendență, care sunt numiți și stăpânii Dharmei. În această categorie sunt incluși părinții spirituali și fii lor de suflet, întrucât linia de descendență a fost transmisă de la maestru la discipol, de la o generație la alta. Aici termenul de *lama* sau *maestru* nu se referă doar la un învățător de „rădăcină", ci la toți cei de la care ați primit învățături sau împuterniciri.

Oricine îl onorează și își menține întreaga viață devotamentul față de maestrul prețios,
Îi adresează constant rugăciuni și îi aduce omagiu în această viață.
Fie să primesc binecuvântarea înțelepciunii primordiale a războinicului plin de compasiune!

Acest vers este o reamintire a beneficiilor pe care le aveți amintindu-vă de acești maeștri și cultivând devotamentul și recunoștința față de ei. Doar amintindu-vă de ei, ivocați însușirile bune din voi înșivă și asta vă aduce o stare de pace. Totodată, dacă de-a lungul întregii voastre vieți manifestați recunoștință și devoțiune față de ei, veți obține beneficii și mai mari. Dintr-o perspectivă obișnuită, gratitudinea și aprecierea sunt cauze ale fericirii voastre. O astfel de recunoștință poate, de asemenea, să crească, devenind o devoțiune extraordinară care vă va conduce la iluminare. Aceasta este ceea ce numim înțelepciunea primordială a războinicului plin de compasiune.

În toate viețile mele viitoare, fie ca niciodată să nu fiu despărțit de maestrul meu cel glorios.
Fie să fiu fericit atunci când practic prețioasa Dharma.
Fie să realizez toate căile iluminate și să ating degrabă starea de Vajradhara!

Când vă rugați să nu fiți niciodată separați de gloriosul vostru maestru, vă onorați învățătorul și îi arătați profundă devoțiune. De asemenea, dacă aveți o conexiune puternică sau legături karmice cu învățătorul vostru și cu prietenii voștri Dharma, e posibil să îi întâlniți din nou, viață după viață. Dacă nu sunteți separați de Sangha (care include toate mărețele ființe Arya, dar și pe toți practicanții aspiranți care urmează învățăturile lui Buddha), nu veți fi niciodată separați de prețioasa Dharma și o veți practica cu mare bucurie. Astfel, veți urma treptat toate căile iluminate, trecând prin diferitele niveluri de realizare, și în final veți atinge starea de Vajradhara, iluminarea completă.

(Ai convingerea că maeștrii liniei sfinte se topesc în lumină și binecuvântează fluxul tău mental.)

Toate aceste practici preliminare au două etape: construirea unei vizualizări și conectarea la tema practicii, iar în final dizolvarea a ceea ce ați construit, recunoscând că totul este o creație a propriei voastre minți. În acest caz, v-ați concentrat vizualizarea asupra maeștrilor sfintei linii de descendență. Acum ei se dizolvă în lumină, binecuvântându-vă fluxul mental și devenind inseparabili de propria voastră minte. În timpul vizualizării vă antrenați mintea la nivelul adevărului relativ sau al manifestărilor. Când dizolvați vizualizarea învățați să recunoașteți natura goală a acestor manifestări sau adevărul ultim.

Preliminariile interne

— Câmpul de refugiu Jonang —
Adunarea tuturor obiectelor sublime de refugiu

CAPITOLUL 4

Refugiu și prosternări

Refugiul este prima practică din cele cinci preliminarii interne. După ce ați contemplat cele patru convingeri pentru renunțare, ați rămas cu un sentiment de teamă în fața perspectivei de a rămâne în *samsara* fie și o secundă mai mult decât este necesar, dar această teamă este însoțită de marea speranță că eliberarea este cu adevărat posibilă dacă vă bazați încrederea și credința pe cele Trei Giuvaieruri. Aceasta înseamnă mai exact să aveți încredere în *Buddha* – îndrumătorul vostru în *Dharma* – învățăturile oferite de el și în *Sangha* – tovarășii voștri spirituali. Fără luarea refugiului nu este posibil să urmăm calea spre iluminare a lui Buddha. Din acest motiv, refugiul este considerat fundamentul tuturor căilor budiste.

Luarea refugiului înseamnă crearea unei legături spirituale între voi și toate mărețele ființe sfinte care întruchipează calitățile stării de Buddha și faptul că vă angajați să urmați învățăturile care v-au fost transmise de acestea printr-o linie de descendență autentică. Ne putem gândi la Buddha ca la un doctor, la Dharma ca la medicamentul prescris de el, și la Sangha ca la asistentele medicale care vă îngrijesc când sunteți bolnavi. Sangha include atât Arya Sangha (formată din ființele care au realizat adevărul vacuității și se află pe calea obținerii iluminării), cât și ființele obișnuite care se manifestă ca prietenii voștri spirituali de-a lungul călătoriei. Deși Sangha vă oferă condiții favorabile pentru a crește, în ultimă instanță depinde numai de voi să luați medicamentul și să practicați instrucțiunile oferite de Dharma.

În general, putem vorbi despre două tipuri de refugiu: refugiul relativ și refugiul ultim. La nivel relativ, faceți rugăciuni și prosternări către cele Trei Giuvaieruri cu o credință puternică și cu motivația de a elibera toate ființele. Aici credință înseamnă că aveți încredere deplină în învățături, aceasta fiind baza care vă permite să primiți binecuvântările refugiului. În ceea ce privește motivația, cea mai bună motivație pentru luarea refugiului este eliberarea tuturor ființelor simțitoare din existența ciclică. La nivel ultim, vă refugiați în propria voastră natură de Buddha și în potențialul său de a se manifesta prin cele trei corpuri de Buddha. Astfel, folosim refugiul relativ ca pe o oglindă care reflectă refugiul ultim.

Practica este împărțită în trei părți: vizualizăriea câmpului de refugiu, recitarea rugăciunilor de refugiu în timp ce faceți prosternări și dizolvarea câmpului de refugiu.

VIZUALIZAREA CÂMPULUI DE REFUGIU

Ca orice lucru nou, detaliile vizualizării câmpului de refugiu pot părea descurajante la început. Totuși, trebuie să știți că fiecare detaliu are multe niveluri de semnificație și de aceea este important să păstrați neschimbate toate aceste caracteristici. Prin muncă susținut și practică îndelungată veți fi cu siguranță capabili să descoperiți aceste niveluri profunde de semnificație spirituală. Ar trebui să urmăriți să dezvoltați o vizualizare vibrantă, clară și vie, care este în același timp înrădăcinată în înțelegerea naturii sale non-duale. Dacă aveți dificultăți cu componenta vizuală, nu vă îngrijorați. Pur și simplu concentrați-vă atenția asupra senzației că toate obiectele de refugiu se manifestă cu adevărat în spațiul din fața voastră și simțiți că sunt prezente acolo. În cele din urmă, cel mai important este să dezvoltați conștientizarea a ceea ce înseamnă aceste obiecte în relație cu practica voastră.

Pentru luarea Refugiului, care este fundamentul oricărei practici Dharma, mai întâi mergi într-un loc izolat sau liniștit și lasă mintea în starea ei naturală, relaxată și concentrată. Vizualizează spațiul din fața ta ca fiind un tărâm pur sau iluminat, vast și nemărginit.

Primul pas este să încercați să dizolvați toate aparițiile obișnuite și să considerați că tot ce vă înconjoară este un tărâm pur sau iluminat, vast și nemărginit. Acest tărâm pur este liber de toate ideile conceptuale obișnuite, cum sunt noțiunile de mare și mic sau că lucrurile sunt limitate la un singur aspect. Acest lucru se realizează prin plasarea minții în starea ei naturală, relaxată și în același timp concentrată. Puteți crea acest sentiment de deschidere concentrându-vă asupra spațiului din jurul vostru sau vă puteți odihni mintea în centrul inimii voastre la sfârșitul fiecărei expirații.

În mijlocul acestui tărâm se află un palat măreţ, format din diverse substanţe preţioase, decorat cu nestemate şi ornamente uluitoare. În centrul palatului se află un copac enorm, care îndeplineşte dorinţele, ale cărui imense ramuri împodobite, frunze minunate, flori şi fructe iluminează întregul palat. În vârful copacului se află un tron magnific, susţinut de lei. Pe tron se află o floare de lotus multicoloră, cu discuri ale Lunii, Soarelui şi ale lui Rahu şi Kalagni.

Substanţele preţioase şi ornamentele care împodobesc măreţul palat simbolizează perfecţiunea şi puritatea împrejurimilor. Copacul care îndeplineşte dorinţele reprezintă fundaţia ferm înrădăcinată şi unitatea tuturor fiinţelor iluminate. Ramurile, frunzele şi florile sale reprezintă diferitele aspecte manifestate pentru îndeplinirea dorinţelor tuturor fiinţelor. Tronul susţinut de lei este un simbol al măreţiei şi al puterii, în timp ce lotusul reprezintă puritatea. Discurile Soarelui şi al Lunii simbolizează înţelepciunea şi compasiunea.

Maestrul de rădăcină este aşezat pe tron, sub forma lui Vajradhara de culoare albastră; el ţine un vajra şi un clopot încrucişate la nivelul inimii. Buddha Primordial stă deasupra coroanei maestrului de rădăcină.

Vajradhara reprezintă forma tantrică a iluminării, aşa cum a fost descris anterior în invocarea liniei de descendenţă. El reprezintă mintea ilumi-

Maestrul de rădăcină | Linia de maeştri

nată a maestrului vostru de rădăcină şi este poziţionat în centru, fiind conexiunea voastră directă pentru realizarea iluminării.

Împrejurul maestrului tău, pe ramurile copacului, se află toţi maeştrii liniei, cei treizeci şi cinci de regi Dharma ai Shambhalei şi zeităţile Yidam ale Tantrei Cele Mai Înalte, precum Kalachakra. Împrejurul lor se află zeităţile Yidam ale celor patru clase de tantra.

În rugăciunile anterioare ne-am concentrat în special asupra liniei de maeştri. Acum includem şi zeităţi *yidam*, care sunt forme tantrice de

Zeităţile yidam *Buddha nirmanakaya*

Buddha, în mare parte având înfăţişări înfricoşătoare. Acestea vă ajută să obţineţi realizarea tantrică. Fiecare *yidam* reprezintă o colecţie diferită de calităţi luminate pe care le puteţi folosi pentru a vă concentra mintea şi pentru a vă activa potenţialul ascuns.

Buddha Shakyamuni se află sub zeităţile Yidam.

Acele fiinţe deplin luminate care sunt atotcunoscătoare şi omniprezente sunt cunoscute sub numele de Buddha. Ele apar în funcţie de meritul fiinţelor din cele trei timpuri – trecut, prezent şi viitor – şi din cele zece direcţii – patru direcţii cardinale, patru direcţii intermediare, deasupra şi dedesubt. În această categorie este inclus Buddha Shakyamuni – Buddha al acestei ere, dar şi toţi Buddha anteriori şi viitori – Dipankara şi Maitreya.

La dreapta sa, pe ramurile copacului, este Arya Sangha Mahayana a celor opt Bodhisattva, inclusiv Maitreya, Manjushri şi Avalokiteshvara.

Bodhisattva din Arya Sangha sunt acele fiinţe care se află pe calea spre starea de Buddha şi care au realizat direct viziunea profundă a vacuităţii,

Arya Bodhisatva   Shravaka şi arhaţi pratyeka

cum ar fi Bodhisattva Avalokiteshvara al compasiunii sau Bodhisattva Manjushri al înţelepciunii. Singura intenţie a acestor fiinţe sublime este de a conduce toate fiinţele spre starea de Buddha. Din acest motiv le puteţi privi ca pe ghizii şi protectorii voştri personali.

La stânga sa, se află Arya Sangha Hinayana a shravaka şi pratyeka, precum Shariputra.

Ne refugiem, de asemenea, în Arya Sangha formată din *shravaka* şi *pratyeka*. *Shravaka* – sau cei care ascultă – au auzit învăţăturile lui Buddha şi au atins starea de arhat sau eliberarea individuală urmând calea care se practică astăzi în tradiţia Theravada. *Pratyeka* – sau realizaţii solitari – îşi găsesc eliberarea prin analizarea adevărului originii dependente fără a se baza direct pe învăţăturile unui Buddha.

La baza copacului se află un ocean de dakini şi protectori ai Dharmei înzestraţi cu vedere divină, care protejează preţioasele învăţături. Ei sunt aşezaţi astfel încât să te protejeze.

Dakini ale înțelepciunii   *Protectori ai Dharmei mânioși*

Dakini sau *khandro*, în tibetană, înseamnă „călătoare pe cer". Ele sunt forme feminine divine care au capacitatea de a-i ajuta pe practicanții autentici. Acestea întruchipează un tip de energie spirituală care vă protejează progresul spiritual și îndepărtează obstacolele interioare de pe calea practicii voastre. Protectorii Dharmei sunt forme mânioase care vă protejează de obstacolele externe și de forțele dăunătoare. Ei întruchipează un tip de energie spirituală care împiedică pătrunderea negativității, ca un gard de fier în jurul vostru. *Dakini* și protectorii Dharmei vă înconjoară precum un ocean, asigurându-se ca întotdeauna primiți protecție spirituală.

În spatele ramurilor, sfânta Dharma apare sub forma unor texte aurii, prețioase.

În sfârșit, giuvaierul Dharmei este reprezentat de texte prețioase de culoare aurie pe care vi le puteți imagina că vibrează la minunatul sunet al Dharmei, în special la învățăturile definitive despre natura de Buddha și glorioasa Tantra Kalachakra.

Ai convingerea că totul este așa cum vizualizezi. În același timp, să ai convingerea că te refugiezi în numele tuturor ființelor simțitoare, cu ardoare puternică și devotament față de Maestru, cele Trei Giuvaieruri și oceanul de protecție spirituală.

Chiar dacă nu vă puteți aminti toate detaliile, trebuie să fiți convinși că tot ce vizualizați este real și că nu este doar de un exercițiu menti să vă facă să credeți aceasta. La fel ca toți cei intrați pe calea Mahayana, nu vă luați refugiul singuri, ci împreună cu toate ființele, cu care aveți o conexiune strânsă deoarece acestea au fost mamele, partenerii, prietenii și rudele voastre în nenumăratele vieți anterioare. Astfel, vă puteți vizualiza tatăl în partea dreaptă, mama în partea stângă, adversarii în față (oferindu-le o poziție de onoare pentru că v-au ajutat să vă dezvoltați răbdarea) și forțele ascunse și dăunătoare în spatele vostru. Extinzând această vizualizare pentru a include toate ființele din *samsara* pe care vi le puteți imagina, le ghidați pe toate în luarea refugiului în cele Trei Giuvaieruri. Oceanul protecției spirituale se referă la întreaga adunare a câmpului de refugiu: maestrul de rădăcină, maeștrii linei de descendență, *yidami, dakini*, protectorii Dharmei și Arya Sangha.

În timp ce dezvoltați vizualizarea trebuie să fiți siguri că vă amintiți că maeștrii, *yidamii*, toți Buddha și așa mai departe nu sunt ceva în exteriorul vostru, ca un fel de zei. Mai degrabă, fiecare dintre aceștia este o reflectare a unui aspect important al naturii voastre de Buddha, care se manifestă în diferite forme pentru a vă ghida, rămânând în același timp inseparabili în natura înțelepciunii lor.

Apoi, roagă-te mânat de compasiune puternică și hotărâre neabătută pentru a elibera toate ființele, dorind din adâncul sufletului ca acestea să găsească protecție împotriva suferinței din Samsara.

Pe calea Mahayana nu vă luați refugiul doar pentru a vă elibera din *samsara*, ci și pentru că doriți ca toate ființele să-și găsească protecție în fața suferinței samsarice. Pe măsură ce faceți practica de luare a refugiului, puteți să vă rugați cu ardoare, compasiune puternică și intenție fermă: „Cât de minunat ar fi dacă toți ar putea fi eliberați! Fie ca ei toți să fie liberi! Îi voi ajuta să-și găsească libertatea. Mă rog celor Trei Giuvaieruri ca ei să găsească libertatea!"

RECITAREA RUGĂCIUNILOR DE LUARE A REFUGIULUI ÎN TIMP CE FACEȚI PROSTERNĂRI

(În timp ce menții această vizualizare cât de bine poți, recită o dată rugăciunea lungă pentru Refugiu, apoi repetă rugăciunea scurtă pentru Refugiu de trei sau mai multe ori în timp ce faci prosternări complete.)

Odată ce ați stabilizat vizualizarea, recitați rugăciunea lungă de refugiu o dată în timp ce mențineți vizualizarea în minte, apoi repetați rugăciunea scurtă de refugiu cel puțin de trei ori, în timp ce faceți prosternări complete. Pe măsură ce vă prosternați ar trebui să mențineți mintea plină de gânduri extraordinare, amintindu-vă de toate calitățile uimitoare ale celor Trei Giuvaieruri prețioase.

Rugăciunea lungă de refugiu

Pentru binele tuturor ființelor, asemănătoare mamelor noastre, nelimitate precum spațiul, începând de acum și până realizez esența iluminării, mă refugiez în nobilii stăpâni ai Dharmei, cei de rădăcină și ai liniei, maeștri puri și glorioși, întrupări ale corpului, vorbirii, minții, calităților și activităților tuturor Buddha ai celor trei timpuri și celor zece direcții și care sunt sursa celor 84.000 de colecții Dharma și regi ai nobilei Arya Sangha.

Nu există nicio singură ființă în *samsara* care, din vremuri fără de început, să nu ne fi fost mamă și care, să nu ne fi iubit cu toată bunătatea, sensibilitatea, grija și afecțiunea. Așa cum spațiul este nelimitat, la fel este și numărul ființelor asemănătoare mamelor noastre care se află peste tot. De dragul lor, vă luați refugiu până veți ajunge la iluminare.

În această practică, îl considerăm pe maestru – învățătorul nostru în formă umană care este conexiunea noastră directă cu iluminarea – ca fiind obiectul perfect de refugiu deoarece întruchipează calitățile și acțiunile tuturor Buddha și este vasul prin care noi auzim Dharma. El este, prin urmare, legătura noastră cu cele 84.000 de învățături Dharma pe care Buddha le-a predat ca remediu pentru cele 84.000 de perturbări mentale care apar din cele trei iluzii de bază: atașamentul, aversiunea și ignoranța. Maestrul este, de asemenea, regele Nobilei Arya Sangha deoarece el este legătura noastră cu nenumărate ființe de nivel înalt care au puterea de a ne proteja și îndruma.

Rugăciunea scurtă de refugiu

Mă refugiez în stăpânii Dharmei, maeștri glorioși.
Mă refugiez în mandala iluminată a yidam-ilor.
Mă refugiez în bhagavani, perfecții Buddha.
Mă refugiez în imaculata sfântă Dharma.
Mă refugiez în nobila Arya Sangha.
Mă refugiez în dakini și în atotvăzătorii protectori ai Dharmei.

(Recită de trei sau de mai multe ori dacă practica ta principală este Refugiul.)

Recitați fiecare vers din nou și din nou, în timp ce faceți câte o prosternare. De exemplu, în timp ce repetați „*Mă refugiez în stăpânii Dharmei, maeștri glorioși*" faceți o prosternare completă. Apoi, în timp ce recitați „*Mă refugiez în mandala iluminată a yidam-ilor*", faceți o altă prosternare. Continuați în timp ce recitați și celelalte versuri.

În timp ce faceți prosternările puteți să vă gândiți la suferința tuturor ființelor care sunt asemenea mamelor noastre și să aspirați să munciți neobosit în beneficiul lor. Pentru fiecare vers ar trebui să faceți câte șase prosternări. Totuși, cel mai important este ceea ce simțiți, nu numărul exact de prosternări.

În tradiția Jonang, sesiunile de practică a refugiului au o durată de până la două ore, iar rugăciunile însoțite de prosternări se fac, de regulă, de 100.000 de ori. Această practică susține capitularea și angajamentul nostru față de cele Trei Giuvaieruri, dar este și o modalitate eficientă de eradicare a trufiei.

Dizolvarea câmpului de refugiu

După încheierea unei sesiuni, se recită de trei ori următoarele versuri:

Aduc omagiu și mă refugiez în maestru și în cele Trei Giuvaieruri prețioase. Vă rog, binecuvântați-mi fluxul mental!

Prin aceste versuri faceți tranziția către partea finală a practicii, cerând maestrului și celor Trei Giuvaieruri prețioase să vă binecuvânteze fluxul mental și astfel să vă umple cu toate calitățile lor. Aceste calități vor continua să crească în fluxul vostru mental până când atingeți iluminarea. Spre deosebire de cele cinci conștiințe senzoriale, conștiința mentală poate fi dezvoltată în moduri nelimitate, aceasta făcând posibilă iluminarea.

Când refugiul este practica principală, ultimul pas este să dizolvați câmpul de refugiu, să vizualizați că toate obiectele se topesc în lumină și că se dizolvă în fluxul vostru mental, dar și în mintea tuturor celorlalte ființe simțitoare. Aceasta este practica ultimă a refugiului, prin care învățați să recunoașteți că nu mai există „tu" și „ei" în mod independent.

Acest proces se desfășoară de regulă în patru etape: (1) Mai întâi, maestrul de rădăcină și maeștri liniei de descendență vă binecuvântează cu raze orbitoare de lumină. Apoi primiți binecuvântări de la *yidami*, de la toți Buddha, de la textele Dharma, de la Sangha, de la *dakini* și de la protectorii Dharmei. (2) Lumina strălucește din întregul câmp de refugiu pentru a purifica întunecările tuturor ființelor și radiază apoi spre exterior spre tărâmurile de Buddha, pe măsură ce toți devin Buddha. (3) *Dakini* și protectorii Dharmei se dizolvă apoi în Sangha, care se dizolvă în textele Dharma. Aceste texte se dizolvă în toți Buddha, iar aceștia se dizolvă în *yidami*. *Yidamii* se dizolvă în maeștrii liniei de descendență, și, în cele din urmă, maeștrii liniei se dizolvă în maestrul de rădăcină, Vajradhara. Palatul vast și copacul care îndeplinește dorințele se dizolvă, de asemenea, în Vajradhara. (4) În cele din urmă, Vajradhara vine deasupra creștetului vostru, se dizolvă prin chakra coroanei și coboară să se odihnească în chakra inimii voastre.

Ideea este să priviți pur și simplu ce se întâmplă și să încercați să recunoașteți că toate aceste obiecte sunt, de fapt, inseparabile de propria voastră minte. Acest proces este asemănător cu apa care se toarnă în apă, deşi la început totul poate să vi se pară mult mai solidă decât apa. După ce practicați o vreme, soliditatea vizualizării cedează și, în cele din urmă, veți putea simți că e ca atunci când se sparge o vază și puteți vedea cum spațiul din interiorul vazei și spațiului din exteriorul ei se amestecă.

Dacă refugiul nu reprezintă practica principală, păstrați vizualizarea câmpului de refugiului în timp ce continuați cu următoarea practică preliminară și dizolvați câmpul de refugiu la sfârșitul practicii Bodhicitta.

Dedicare

Fie ca prin puterea acestei virtuți să finalizez acumularea de merite și înțelepciune Și astfel să realizez cele două kaya ale iluminării, pentru binele tuturor ființelor.

Ca în orice practică Mahayana, încheiați prin dedicarea virtuții sau a meritului pe care le-ați acumulat pentru ca toate ființele să poată atinge iluminarea. Meritul reprezintă energia pozitivă creată prin realizarea acestei practici sau prin orice faptă virtuoasă făcută cu o motivație bună. Înțelepciunea, pe de altă parte, înseamnă să realizezi că natura ultimă a tuturor fenomenelor relative este goală de existență adevărată, iar acest lucru se realizează printr-o practică profundă de contemplare și meditație. Înțelepciunea și meritul sunt cauzele pentru atingerea celor două *kaya* sau corpuri ale iluminării: *dharmakaya*, înțelepciunea primordială care vede adevărata natură a tuturor fenomenelor, și *rupakaya*, manifestarea plină de compasiune a formei iluminate, în folosul tuturor ființelor. *Rupakaya* include aspectele *sambhogakaya* și *nirmanakaya* ale unui Buddha.

Dacă nu dedicați meritului practicii voastre, este ca și cum ați lăsa bani pe pervazul unei ferestre de unde pot fi cu ușurință furați sau împrăștiați de vânt. A dedicarea meritului pentru atingerea iluminării este ca și cum ați investi acești bani într-o bancă. Meritul nu va fi niciodată distrus și va continua să crească până când atingeți iluminarea.

— *Avalokiteshvara, Manjushri și Vajrapani* —
Cei trei mari Bodhisattva ai compasiunii, înțelepciunii și puterii

CAPITOLUL 5

Generarea minții iluminării

Bodhicitta reprezintă intenția altruistă extraordinară de a obține iluminarea de dragul tuturor ființelor. Această atitudine este esența căii Mahayana. Măreața compasiune este sămânța pentru bodhicitta și ea începe prin contemplarea profundă a naturii relației voastre cu ființele simțitoare și este cultivată apoi prin dezvoltarea legăturii pe care simțiți că o aveți față de ele. Acest proces conduce la o formă de bodhicitta cunoscută sub numele de *bodhicitta de aspirație*. Când această aspirație este întărită, mintea va da naștere în mod firesc dorinței de a acționa în folosul ființelor. Această formă proactivă de bodhicitta este numită *bodhicitta de angajare*. Această motivație puternică oferă baza pentru a atinge cele mai înalte țeluri spirituale.

Pentru a genera bodhicitta de aspirație trebuie să înțelegeți în primul rând că toate ființele sunt exact ca voi: doresc să fie fericite și să evite suferința. Această egalitate fundamentală constituie baza pe care putem să dezvoltăm dragostea și compasiunea necondiționate pentru toate ființele simțitoare, indiferent de rasă, culoare sau credință. Ea îi include pe oameni, dar și vasta diversitate de animale și formele de viață non-umane.

Mai mult decât atât, din timpuri fără de început tot renaștem în *samsara* și de fiecare dată am fost sprijiniți și hrăniți de ființe simțitoare care ne-au fost mame, iubiți, prieteni sau rude. Chiar dacă nu le putem recunoaște în această viață, putem fi siguri că am primit de la ele o bunătate imensă și că avem o legătură foarte strânsă cu ele. Recunoscând această conexiune și dezvoltând un profund sentiment de recunoștință pentru bunătatea lor, este firesc să dezvoltați dorința de a le răsplăti în orice fel posibil.

Dacă priviți starea dragelor ființe simțitoare, mamele voastre, puteți vedea că sunt prinse într-un ciclu perpetuu al suferinței. Este ca și cum ar fi prinse într-un coșmar fără să știe că au posibilitatea să se trezească. Reflectând cu atenție asupra acestei situații dificile, veți realiza că singura modalitate de a le ajuta cu adevărat este să le arătați cum să-și depășească iluziile și să practice o cale care să le conducă la fericirea de lungă durată. Când vă asumați această sarcină ca fiind responsabilitatea voastră personală, vă dezvoltați intenția altruistă a bodhicitta: dorința de a realiza mintea omniscientă a iluminării astfel încât să le puteți ajuta cel mai bine pe dragele voastre mame în toate situațiile posibile, îndrumându-le pas cu pas până când și ele vor obține pacea supremă. Prin dezvoltarea acestei intenții ample, realizați mult mai mult decât simpla vindecare a unei dureri temporare, oferindu-le ființelor o metodă autentică pentru a obține eliberarea permanentă de suferință.

Atât bodhicitta de aspirație, cât și bodhicitta de angajare au o natură provizorie. Ele sunt măsuri temporare care vă oferă combustibilul necesar pentru a vă atinge obiectivul. În cele din urmă însă, iluminarea se obține prin realizarea directă a naturii realității. Aceasta este cunoscută sub numele de *bodhicitta absolută* și este ca un gard care vă înconjoară și vă protejează compasiunea. Când vă dați seama că, deși urmăriți să conduceți nenumărate ființe simțitoare către iluminare, acestea nu au existat niciodată cu adevărat, atunci compasiunea voastră este liberă să se manifeste spontan și imparțial. Mintea voastră este capabilă să se odihnească în înțelesul definitiv și, din această perspectivă, să se angajeze în acțiuni care sunt libere de conceptele referitoare la persoana care efectuează acțiunea, acțiunea realizată și obiectului asupra căruia este îndreptată acțiunea. Fiecare dintre acestea este recunoscută ca fiind o manifestare a minții și, de vreme ce concepte cum ar fi succesul sau eșecul sunt și ele parte din minte, nu există niciodată posibilitate de a fi epuizați sau blocați în idei preconcepute, orientate excesiv spre rezultat sau prea moraliste. Această perspectivă incredibil de flexibilă vă permite să deveniți un războinic neînfricat și plin de compasiune, adică un *bodhisattva*.

Odată ce atitudinea voastră începe să se transforme prin puterea bodhi-cittei, în mod natural practica vi se va transforma într-un angajament din ce în ce mai mare față de ființele simțitoare din viața voastră. Aceasta înseamnă să profitați de numeroasele oportunități care apar pentru a vă oferi timpul și resursele în beneficiul celorlalți. Puteți face aceasta ca voluntar în comunitatea voastră locală sau prin munca voastră cotidiană de a aduce mai multă iubire și compasiune în relațiile pe care le aveți. În acest context vă angajați în antrenamentul unui bodhisattva, concentrându-vă în special asupra *celor șase perfecțiuni*: generozitatea, disciplina etică, răbdarea, sârguința, concentrarea meditativă și înțelepciunea.

Pe măsură ce ne angajăm în activități care au mai mult sens, începem să ne lărgim conștientizarea cu privire la diferitele forme de suferință ale oamenilor. Începem să vedem că suferințele evidente – cum ar fi suferința provocată de cancer, suferința de a trăi având o dizabilitate sau suferințele din apropierea morții – reprezintă doar un nivel al suferinței. Când privim mai atent, putem vedea că există și o formă mai subtilă de suferință pe care o experimentează chiar și cei pe care în mod normal îi considerăm înstăriți și plini de succes. Este vorba de suferințe cum sunt teama, anxietatea și stresul. Provocarea pentru antrenamentul nostru este să privim adânc în natura experiențelor ființelor simțitoare și să dezvoltăm o compasiune profundă pentru fiecare dintre ele. Această compasiune ne va conduce practica și ne va inspira în acțiunile noastre.

Pentru practica preliminară a bodhicitta recitați și contemplați semnificația diferitelor rugăciuni care sunt concepute pentru a vă ajuta să generați aspirația de a obține iluminarea. În această practică, cerem celor Trei Giuvaieruri să ne fie martori când dezvoltăm o convingere fermă de a acționa în beneficiul ființelor simțitoare. Pentru a da cu adevărat putere acestor meditații, ideal este ca, în plus față de recitare, să studiați și să reflectați îndelung asupra unor teme cum sunt bodhicitta, jurămintele unui bodhisattva și cele șase perfecțiuni. Acest material vă va oferi un context clar pentru practică, precum și mai multe unghiuri diferite de luat în considerare. Dacă vă angajați cu sinceritate în acest proces, veți dori să petreceți cel puțin câteva luni de practică intensă asupra acestor contemplări sau atât timp cât este necesar pentru a vă familiariza cu punctele esențiale.

Amintiți-vă că această practică nu se referă la repetarea rugăciunilor de mii de ori. Nu le acumulați ca și cum ați face prosternări sau cum ați spune mantre. Este vorba mai degrabă despre a fi perseverenți și a integra cu adevărat această atitudine în comportamentul vostru. Această practică preliminară are trei părți: generarea bodhicittei de aspirație, întărirea aspirației voastre prin cele patru nemăsurabile și reînnoirea jurământului vostru de a vă angaja în antrenamentul unui bodhisattva.

Generarea bodhicittei de aspirație

Începeți prin a vizualiza câmpul de refugiu ca suport pentru practica bodhicitta. De obicei, rugăciunile de refugiu se recită înaintea acestei practici, deci vizualizarea ar trebui să fie proaspătă în mintea voastră. În caz contrar, pur și simplu petreceți un timp restabilind detaliile vizualizării. În această practică este foarte important să simțiți cu claritate că sunteți înconjurați de nenumărate ființe simțitoare. În definitiv, suferința lor este principalul sprijin pentru dezvoltarea calității compasiunii. Odată ce v-ați adus în minte vizualizarea și v-ați luat refugiul de cel puțin trei ori, continuați să recitați această rugăciune:

Pentru a elibera toate ființele, voi atinge starea completă de Buddha. De aceea, voi medita asupra profundei căi Vajra Yoga.

(Repetă de trei sau mai multe ori.)

Prin această rugăciune dați naștere aspirației de a ajunge la starea completă de Buddha, astfel încât să aduceți beneficii tuturor ființelor simțitoare în modul cel mai măreț și vast cu putință. Acest prim verset pune în evidență cele două componente cheie ale motivației: scopul și metoda. Scopul este de a aduce beneficii ființelor simțitoare, în baza unui sentiment copleșitor de conexiune cu ceilalți și a unei dorințe puternice de a-i elibera de toate formele de suferință. Metoda reprezintă ceea ce trebuie să faceți pentru a vă îndeplini scopul. Cum doar mintea atotcunoscătoare a unui Buddha este complet liberă de orice limitare, numai un Buddha poate aduce cu adevărat beneficii tuturor ființelor simțitoare, fără excepție. Prin atingerea celor două *kaya* ale stării de Buddha, veți obține beneficiul suprem nu doar pentru voi, ci și pentru ceilalți.

Aroma acestei dorințe este minunat surprinsă de Shantideva în *Calea vieții unui Bodhisattva:*

Fie să fiu pavăză celor fără de protecție
Și ghid pentru toți cei care călătoresc și sunt pe drum.
Fie să devin o barcă, o plută sau un pod
Pentru toți cei care doresc să treacă dincolo de apă.

Fie să fiu o insulă pentru aceia care doresc să acosteze
Și o lampă pentru cei care năzuiesc spre lumină.
Fie să fiu un pat pentru cei care au nevoie de odihnă
Și un servitor pentru cei care trăiesc în nevoi.

Fie să devin un giuvaier al dorințelor, o vază magică,
O mantra plină de putere și un remediu miraculos.
Fie să fiu un copac miraculos care îndeplinește toate dorințele
Și o vacă a abundenței care susține întreaga lume.

Asemenea pământului și celorlalte elemente mărețe,
Și asemenea spațiului însuși, fie să rămân pentru totdeauna
Și să susțin fără limite viața nenumăratelor ființe,
Oferindu-le orice le poate fi necesar.

Doar așa, în toate tărâmurile în care trăiesc ființe,
Atât de departe cât pătrunde spațiul însuși,
Fie să fiu sursa a tot ce viața cere
Până când ființele vor trece dincolo de suferința samsarei.

Pentru a realiza starea de Buddha cât mai repede cu putință, sunt necesare metode puternice pentru a tăia iluziile și pentru a vă purifica mintea de toate condiționările karmice. Din acest motiv, aspirăm să medităm la profunda cale Vajra Yoga a stadiul de întregire Kalachakra. Aceasta este metoda supremă folosită în tradiția Jonang pentru a dezvolta un nivel profund de concentrare și de înțelegere a naturii realității. Având motivația pură a bodhicitta, muncind din greu și cu o dăruire neclintită, realizarea iluminării într-o singură viață este cu siguranță posibilă.

Pe măsură ce recitați această rugăciune, oferiți-vă timp să reflectați la ce înseamnă pentru voi aceste cuvinte. Gândiți-vă de ce este atât de important pentru voi să ajutați ființele simțitoare. Ce este nevoie să faceți pentru a le îndeplini dorințele? Care sunt avantajele obținerii stării de Buddha? Care sunt beneficiile practicării căii Kalachakra? Dacă puteți răspunde sincer la aceste întrebări, această aspirație va dobândi o semnificație profundă și vă va oferi o bază solidă pentru dezvoltarea voastră spirituală continuă.

CULTIVAREA CELOR PATRU NEMĂSURABILE

La începutul acestei practici, aspirația noastră de a obține iluminarea este destul de slabă. Este precum o singură sămânță pe care tocmai am îngropat-o în pământ. Dacă sperăm să experimentăm vreodată rodul acestei semințe, va trebui să ne cultivăm aspirația pentru ca ea să ne dea puterea de a ne angaja în acțiuni virtuoase. Acest proces prin care sămânța ajunge să dea roade este realizat prin *cele patru nemăsurabile*: iubirea, compasiunea, bucuria și echilibru sufletesc. Cultivăm aceste calități prin recitarea acestor patru aspirații fundamentale în care fiecare vers coincide cu una din cele patru nemăsurabile

Fie ca toate ființele să fie fericite și să aibă parte de cauzele fericirii.
Fie ca toate ființele să fie libere de suferință și de cauzele suferinței.
Fie ca toate ființele să fie inseparabile de fericirea sublimă, care este lipsită de suferință.

Fie ca toate ființele să trăiască în echilibru sufletesc, libere de atașament și de aversiune.

La început, bodhicitta noastră este destul de limitată datorită prejudecăților pe care le avem față de anumite ființe simțitoare. Pe măsură ce cultivăm aceste patru calități, dărâmăm barierele părtinirii noastre, ceea ce ne ne permite să cuprindem din ce în ce mai multe ființe în aspirația noastră. Atunci când părtinirea este complet îndepărtată, aceste calități sunt libere să devină *„nemăsurabile"*, în sensul că motivația noastră este îndreptată direct către nenumărate ființe simțitoare. „Nemăsurabile" pentru că suntem dispuși să dedicăm nenumărate vieți viitoare pentru a ne atinge scopul. „Nemăsurabile" pentru că rezultatul realizării stării de Buddha este înzestrat cu infinite calități iluminate.

Poate fi util atunci când meditați asupra celor patru nemăsurabile să începeți prin a reflecta asupra naturii relațiilor voastre cu ființele simțitoare. În special, încercați să stabiliți o conexiune luând în considerare modurile în care cu toții suntem egali. Luați în considerare, de asemenea, bunătatea incredibilă pe care ființele simțitoare au manifestat-o față de voi în această viață și, prin deducție, și în viețile anterioare, din timpuri fără de început. Încercați să cultivați un sentiment de iubire afectuoasă, percepând ființele simțitoare ca pe persoane dragi, cum ar fi mama voastră sau alți membri apropiați din familie. Cu cât afecțiunea voastră pentru ființele simțitoare este mai puternică, cu atât va fi mai puternică dorința voastră de a le elibera de suferință.

Având această bază, puteți începe să recitați rugăciunea celor patru nemăsurabile. Cu fiecare vers încercați să cultivați progresiv o intenție din ce în ce mai puternică. Începeți prin a vă obișnuiți cu posibilitatea ca ființele simțitoare să experimenteze de fapt aspirația voastră. De exemplu, puteți înlocui cuvântul „Fie ..." cu „Cât de minunat ar fi dacă ..." și creați versul „Cât de minunat ar fi dacă toate ființele simțitoare ar putea să fie fericite și ar avea parte de cauzele fericirii!"

După stabilirea acestei posibilități, puteți repeta versul din nou, dorind de data aceasta din toată inima ca aspirația să se îndeplinească cu adevărat. Așadar, pentru prima nemăsurabilă, cea a iubirii, recitați „Fie ca toate ființele să fie fericite și să aibă parte de cauzele fericirii!" Aici cheia este să credem cu adevărat că acest rezultat este ceva valoros și dezirabil.

Apoi reciti versul din nou, dar de data aceasta recunoașteți că ființele simțitoare suferă în *samsara* din timpuri fără început și că dacă cineva nu face un efort, această aspirație nu va fi realizată. Apoi dezvoltați un sentiment al responsabilității de acționa. De exemplu, vă puteți gândi: „Fie ca eu să fiu cauza pentru ca toate ființele simțitoare să fie fericite și să aibă parte de cauzele fericirii!" Când această aspirație apare cu adevărat în mintea voastră, veți fi generat intenția altruistă care marchează trecerea de la bodhicitta de aspirație la bodhicitta de angajament.

În cele din urmă, trebuie să recunoaștem că pentru a avea succes în aspirația noastrp, aveam nevoie de un ajutor considerabil. Din acest motiv, amintiți-vă de obiectele de refugiu și rugați-vă lor din adâncul inimii să vă dea puterea și determinarea de care aveți nevoie. Dacă puteți integra aceste patru aspecte în fiecare din cele patru nemăsurabile, convingerea și încrederea voastră vor crește treptat.

Pentru a cultiva cele patru nemăsurabile puteți folosi fie versiunea cu patru versuri a rugăciunii din *Scara Divină*, fie următoarea versiune extinsă:

Cât de minunat ar fi dacă toate ființele simțitoare
ar fi fericite și ar avea cauzele fericirii!
Fie ca ele să aibă fericirea și cauzele ei!
Eu însumi voi fi cauza pentru ca ele să aibă această fericire!
Guru Buddha, te rog să-mi acorzi
binecuvântarea să pot îndeplini aceasta.

Cât de minunat ar fi dacă toate ființele simțitoare
ar fi libere de suferință și de cauzele ei!
Fie ca ele să fie libere de suferință și de cauzele suferinței!
Eu însumi le voi elibera de suferință și de cauzele ei!
Guru Buddha, te rog să-mi acorzi
binecuvântarea să pot îndeplini aceasta.

Cât de minunat ar fi dacă toate ființele
simțitoare nu ar fi niciodată separate de fericirea
unei renașteri mai înalte și de eliberare!
Fie ca ele să nu fie niciodată despărțite de fericirea
unei renașteri mai înalte și de eliberare!
Eu însumi voi fi cauza pentru ca ele să nu
fie niciodată despărțite de acestea!
Guru Buddha, te rog să-mi acorzi
binecuvântarea să pot îndeplini aceasta.

Cât de minunat ar fi dacă toate ființele
simțitoare ar rămâne în echilibru sufletesc,
libere de ură și atașament!
Fie ca ele să rămână în starea de echilibru sufletesc!
Eu însumi voi fi cauza pentru ca ele să rămână
în starea de echilibru sufletesc!
Guru Buddha, te rog să-mi acorzi
binecuvântarea să pot îndeplini aceasta.

LUAREA JURĂMÂNTULUI DE BODHISATTVA

La sfârșitul sesiunii, daca anterior ați primit jurământul de bodhisattva de la un învățător autentic, acum este un moment foarte bun pentru a vă reînnoi acel jurământ. Având câmpul de refugiu proaspăt în minte, cu un genunchi la pământ și cu palmele împreunate, recitați următoarele două strofe din *Calea vieții unui Bodhisattva*:

Așa cum realizații din timpurile trecute
au trezit bodhicitta și apoi, treptat,
S-au pregătit în practica iscusită,
pe calea autentică a Bodhisattva,

La fel ca ei, fac acest jurământ sacru:
să trezesc bodhicitta aici și acum
Și să mă pregătesc pentru binele celorlalți,
treptat, așa cum ar trebui să o facă un bodhisattva.

(Repetă aceste versuri de trei ori și apoi dezvoltă convingerea că ai generat jurămintele Bodhisattva.)

Deși această secțiune nu face parte în mod tradițional din *Scara Divină*, eu am introdus-o aici deoarece cred că este important să vă reînnoiți zilnic jurămintele. Acest lucru vă ajută să vă păstrați jurămintele pure și să vă întăriți angajamentul de a practica cele șase perfecțiuni. Dacă nu ați primit aceste jurăminte, puteți sări peste această secțiune.

ÎNCHEIERE

Pentru a încheia sesiunea trebuie să dizolvați câmpul de refugiu așa cum este descris în capitolul precedent, *Refugiu și prosternări*. Mai întâi *dakini* și *dharmapala* se dizolvă în Arya Sangha, Sangha se dizolvă în Dharma, Dharma se dizolvă în Buddha și Buddha se dizolvă în *yidami* și în maeștri. În cele din urmă, maeștrii și întreaga vizualizare se dizolvă în Vajradhara care se așază deasupra capului vostru și se dizolvă în voi. Odihniți-vă pentru o vreme în această stare și apoi încheiați dedicând toate meritele acumulate pentru iluminarea tuturor ființelor simțitoare.

CAPITOLUL 6

Purificarea Vajrasattva

Practica Vajrasattva vă permite să descoperiți realitatea naturii voastre de Buddha, care este în prezent ascunsă de întunecările create de atașament, agresiune și iluzie. Situația noastră actuală se poate asemăna cu un vas de sticlă murdar. Această practică vă oferă o metodă puternică de îndepărtare a murdăriei având totodată încredere că sub aceasta se află un cristal transparent, cu desăvârșire pur și imaculat. Prin practica Vajrasattva, această încredere vă va crește constant, pe măsură ce vă apropiați tot mai mult de descoperirea purității înnăscute a naturii voastre celei mai profunde.

Ce trebuie să purificăm? În prezent suntem dominați de emoțiile noastre negative și suntem controlați de condiționarea karmică pe care am dezvoltat-o în nenumărate vieți. Majoritatea oamenilor rareori iau în considerare rolul pe care karma negativă îl joacă în experiențele lor nefericite sau în obstacolele cu care se confruntă. Cum influența karmei este ascunsă pentru conștiința noastră obișnuită, de obicei nu ne dăm seama că ceea ce considerăm a fi cauzele fericirii sau suferinței noastre reprezintă doar condiții temporare pentru acestea și nicidecum rădăcina lor.

Mai mult, în cadrul fluxului nostru mental actual purtăm anumite înclinații karmice care ne blochează, împiedicându-ne să dezvoltăm o bună înțelegere a Dharmei sau să ne angajăm în mod eficient în anumite practici. Acest lucru este valabil îndeosebi pentru practicile profunde cum sunt cele Șase Vajra Yoga. Potrivit budismului Vajrayana, toate aceste înclinații negative sunt strânse energetic în canalele corpului nostru subtil sub formă de „noduri". De vreme ce mintea este strâns legată de mișcarea energiei, până când aceste noduri nu sunt eliminate, nu veți reuși să obțineți realizări mai înalte. Din acest motiv, folosim practica unică de vizualizare a lui Vajrasattva pentru a „spăla" toată această energie negativă și pentru a ne vindeca corpul subtil, aducându-l într-o stare potrivită pentru a practica.

Prin purificarea acestor înclinații karmice, preveniți ca acestea să se coacă în viitor, asigurându-vă astfel că veți avansa eficient pe calea voastră spirituală. Purificarea se realizează prin utilizarea a patru componente cunoscute sub numele de *cele patru puteri:*

1. **Puterea sprijinului.** Pentru a ne depăși propriile limitări, este important să ne bazăm pe obiecte care au cu adevărat capacitatea de a ne oferi refugiu în fața suferinței. În general, principalul obiect al refugiului nostru este reprezentat de cele Trei Giuvaieruri: Buddha, Dharma și Sangha. Totuși, în această practică ne bazăm în mod specific pe puterea vindecătoare și pe puritatea naturii noastre de Buddha care se manifestă sub forma unei zeități albe, strălucitoare, cunoscută sub numele de Vajrasattva. Numele „Vajrasattva" înseamnă „războinicul iluminat" sau „întruparea energiei indestructibile a iluminării."

   În această practică construim treptat vizualizarea lui Vajrasattva prin recitarea mai multor detalii. Este esențial să vă aduceți aminte să simțiți prezența lui Vajrasattva în spațiul de deasupra voastră. Vă puteți întări conexiunea personală cu Vajrasattva prin recunoașterea faptului că natura lui este inseparabilă de natura maestrului vostru și deci inseparabilă de propria voastră natura. Conexiunea voastră cu această natură este cea care vă va purifica mintea și vă va ghida spre iluminare. Dacă încrederea voastră în Vajrasattva este puternică și stabilă, puteți fi siguri că purificarea ulterioară va fi la fel de puternică.

2. **Puterea regretului.** Luându-l pe Vajrasattva ca martor, următorul pas este să vă recunoașteți sincer înclinațiile negative, fără a ascun-

de nimic. Abandonați complet orice simț al mândriei și dezvăluiți-vă greșelile în prezența lui Buddha Vajrasattva. Recunoașteți că din cauza lăcomiei, a urii sau a neglijenței v-ați comportat fără înțelepciune, iar înclinațiile create de aceste acțiuni vor aduce cu siguranță suferința în viitor. Vă puteți gândi la aceste acțiuni negative ca la o otravă letală pe care tocmai ați înghițit-o. Astfel, veți dezvolta dorința puternică de a scăpa de otravă și de a vă purifica pe deplin de orice negativitate.

Cei ce aparțin culturii occidentale trebuie să facă atent distincția între regretul sincer și sentimentele de vinovăție sau de auto-critică. Purificarea se referă la reamintirea faptului că natura noastră de bază este pură și fără impurități, plină de calități iluminate cum sunt dragostea și compasiunea necondiționate. Asupra acestei naturi trebuie să ne concentrăm noi.

3. **Puterea remediului.** Având în minte acest regret puternic, trebuie să vă angajați apoi într-o acțiune virtuoasă care vă va ajuta să creați o contrapondere pozitivă la înclinațiile pe care încercați să le purificați. În această practică „remediul" este reprezentat de recitarea mantrei lui Vajrasattva în timp ce vizualizați cum corpul vă este curățat de un nectar alb, radiant, care îl spală de toate impuritățile. Ambele tehnici sunt mijloace iscusite care vă ajuta să vă amintiți puritatea naturii voastre.

Deși această practică specială este o metodă deosebit de puternică de purificare, există multe alte lucruri pe care le puteți face. De exemplu, ați putea să vă străduiți să faceți fapte bune, să fiți amabili și plini de compasiune față de ceilalți, să oferiți compensații celor pe care i-ați rănit, să cultivați răbdarea în fața adversităților sau să vă cereți iertare atunci când este cazul. Indiferent de metoda pe care o alegeți ca remediu, trebuie să vă asigurați că dedicați meritele pentru a vă purifica mintea.

4. **Puterea înfrânării.** Pentru a încheia procesul de purificare trebuie să luați hotărârea fermă să vă abțineți să mai repetați aceste acțiuni negative. Dacă ați identificat clar comportamentul greșit sau jurământul încălcat, ar trebui să încercați să generați hotărârea de a nu mai repeta niciodată acea acțiune, chiar cu prețul vieții voastre. Dezvoltarea acestei forme puternice de înfrânare este ceea ce dă putere purificării voastre, făcând posibilă curățarea a vieți întregi de karmă negativă.

Dacă totuși din punct de vedere practic nu vă simțiți capabili să abandonați complet un comportament specific, puteți începe prin a vă întări hotărârea să vă abțineți de la o acțiune pentru o anumită perioadă de timp. De exemplu, ați putea să vă gândiți: „Săptămâna viitoare nu voi face acest lucru". Ideea principală este să dezvoltați o aspirație puternică de a vă abține de la un comportament negativ și apoi, în timp, această decizie va deveni suficient de puternică pentru a putea renunța complet la acțiunile non-virtuoase.

Următoarea practică a fost concepută în mod special pentru a asigura o purificarea puternică și eficientă, ajutându-ne să generăm aceste patru puteri. Puteți să o folosiți fie ca pe o practică de sine stătătoare, fie ca parte a recitării zilnice a *Scării divine*.

O SCURTĂ PRACTICA VAJRASATTVA CU COMENTARII

Înainte de a începe această practică, ar trebui să vă refugiați în cele Trei Giuvaieruri și să generați bodhicitta, așa cum a fost descris în capitolele anterioare. Având această fundație, puteți începe practica propriu-zisă.

Vizualizare

Începeți prin a stabili vizualizarea în mintea noastră. Înainte de a genera vizualizarea, ar trebui să dizolvați orice manifestare obișnuită prin recitarea mantrei următoare:

OM SVABHAVA SHUDDHA SARVA DHARMA SVABHAVA SHUDDHO HAM

Toate fenomenele, inclusiv tu însuți, pătrund în starea naturală de vacuitate.

Scopul acestei mantre este de a purifica toate manifestările în starea naturală pură a vacuității – adevărul ultim – care este goală de toate fenomenele înșelătoare. Ar trebui să vă vizualizați corpul și toate manifestările ca pe o reflecție goală, așa cum se reflectă luna într-un lac.

Din starea naturală de vacuitate, deasupra coroanei mele, apare silaba PAM (᠄) care se transformă într-o floare de lotus albă. Silaba AH (᠄) apare deasupra florii de lotus și se transformă într-un disc de Lună plină. Deasupra discului de Lună apare silaba HUNG (᠄) care se transformă într-un vajra alb cu cinci brațe, având silaba HUNG (᠄) în centru.

Încet, starea naturală de vacuitate devine vie, ca o reflecție într-o oglindă, și de aici apare silaba PAM și se transformă într-o floare de lotus albă, care simbolizează lipsa de atașament înnăscută a naturii de Buddha. Silaba AH reprezintă vorbirea tuturor Buddha, iar discul de Lună plină este un simbol al compasiunii. Silaba HUNG reprezintă mintea tuturor Buddha, iar vajra reprezintă puterea și înțelepciunea lor spirituală, care sunt indestructibile și imuabile. De obicei, vajra este din metal și are cinci proeminențe la fiecare capăt, reprezentând cele cinci familii de Buddha sau cele cinci înțelepciuni ale unui Buddha.

Pentru a dezvălui *dharmakaya* sau natura de Buddha în interiorul nostru, avem nevoie să acumulăm merite și să purificăm toate impuritățile la nivel relativ. Lotusul, vajra și silabele sămânță reprezintă astfel generarea meritului și procesul de purificare în diferitele stadii ale existenței: nașterea, viața naturală, moartea, *bardo*-ul și renașterea.

Silaba HUNG (𑀤) radiază lumină strălucitoare către toate universurile aducând ofrande nesfârșite tuturor ființelor Arya. Apoi lumina strălucește către toate ființele, purificându-le toate negativitățile și obscuritățile. Pe urmă lumina revine și se dizolvă în silaba HUNG (𑀤), iar vajra cu cinci brațe se dizolvă complet în lumină.

Silaba HUNG este esența minții tuturor Buddha. Când radiați lumină aducând ofrande tuturor ființelor Arya, voi invocați binecuvântările tuturor Buddha. Vizualizarea luminii acestor binecuvântări care se dizolvă în voi este o modalitate tantrică de a întări puterea practicii. Purificați apoi negativitățile și întunecările tuturor ființelor cu aceeași lumină, aceasta fiind o metodă unică de acumulare de merite. Oferirea de ofrande nelimitate către ființele iluminate și purificarea negativităților și întunecărilor ființelor simțitoare sunt activități care reprezintă fundamentul pentru atingerea realizării corpurilor-formă ale unui Buddha sau rupakaya. Fără să ne angajăm în astfel de acțiuni nu vom obține niciodată merite suficient pentru a obține o iluminare completă.

Lumina se transformă instantaneu în Vajrasattva, cu corpul de culoare albă, cu o față și două brațe, ținând în mâna dreaptă un vajra și în stânga un clopot. Își îmbrățișează consoarta Vajratopa în Yab-yum.

Formele lui Vajrasattva și Vajratopa sunt aspecte ale iluminării rupakaya în această practică, reprezentând toate meritele pe care aveți nevoie să le acumulați pentru a putea să aduceți spontan beneficii celorlalți.

Vajrasattva are corpul strălucitor, de culoare albă, radiant, cu aspect tineresc, translucid, cu proporții perfecte și atrăgător. Aceste trăsături simbolizează purificarea tuturor negativităților și obscurităților. În prac-

— Vajrasattva Yab-Yum —
Puritatea naturii-de Buddha simbolizate prin uniunea metodei cu înțelepciunea

tica Vajrayana, atribute cum sunt vajra și clopotul reprezintă suporturi specifice care vă conectează cu calitățile iluminării. Aceste conexiuni se formează pe baza principiilor interdependenței.

Vajra întruchipează calitatea de a fi indestructibil asemenea diamantului și reprezintă mintea unui Buddha. Clopotul, purtând imaginea chipului lui Buddha și inscripția unei mantre, reprezintă corpul și vorbirea iluminate. Vajra este și simbolul măreţului extaz spontan și al calităților spirituale masculine, cum ar fi compasiunea, iar clopotul reprezintă forma goală și calitățile spirituale feminine, cum ar fi înţelepciunea.

Chiar dacă practica funcţionează și dacă îl vizualizaţi pe Vajrasattva ca figură solitară, este mai eficient să îl vizualizaţi pe Vajrasattva împreună cu consoarta sa, Vajratopa, în îmbrăţişare iluminată. Această formă este cunoscut sub numele de Vajrasattva Yab-yum și semnifică uniunea calităților masculine și feminine în natura ultimă a realităţii.

Vajratopa are corpul de culoare albă, ţinând în mâna dreaptă un cuțit încovoiat și un craniu-potir în cea stângă. Amândoi sunt împodobiţi cu ornamente din os și nestemate și stau cu picioarele încrucişate în postura vajra – lotus.

Cuţitul încovoiat reprezintă metoda sau capacitatea de a opri mintea dualistă, iar craniul-potir reprezintă înţelepciunea sau „consumarea" gândirii dualiste impure. Atât Vajrasattva, cât și Vajratopa sunt împodobiţi cu cinci veşminte de mătase și opt bijuterii ornamentale.

Cele *cinci veşminte de mătase* include: (1) o eşarfă de mătase albastră, (2) cinci pietre preţioase colorate pe coroană, (3) haine de mătase albă în partea de sus a corpului, (4) un veşmânt asemănător cu o fustă în partea inferioară și (5) mâneci lungi. Aceste veşminte simbolizează cele cinci înţelepciuni.

Cele *opt bijuterii ornamentale* include: (1) o coroană, (2) cercei, (3-5) un colier scurt, unul mediu și unul lung, (6) ornamente pentru umăr, (7) brăţări și (8) brăţări pentru gleznă. Acestea semnifică cele opt conştiinţe pure.

Încrucişarea picioarelor lor în poziţiile vajra şi lotus simbolizează indivizibilitatea *samsarei* şi *nirvanei*.

În zona frunţii celor doi aflaţi în Yab-yum apare silaba OM (ༀ), în zona gâtului, AH (ཨཱཿ), în zona inimii, HUNG (ཧཱུྃ) şi în zona ombilicului, HO (ཧོཿ).

Din silaba HUNG (ཧཱུྃ) aflată în zona inimii celor doi în Yab-yum, radiază lumină în cele zece direcţii şi puterea de purificare a tuturor Buddha şi Bodhisattva radiază înapoi sub formă de nectar alb.

Slabele OM, AH şi HUNG de la fruntea, gâtul şi inima lor reprezintă corpul, vorbirea şi mintea indestructibilă ale lui Vajrasattva, în timp ce silaba HO de la nivelul ombilicului reprezintă înţelepciunea primordială indestructibilă. Lumina care radiază către toţi Buddha şi Bodhisattva adună binecuvântările lor şi împuterniceşte inima lui Vajrasattva cu puterea de purificare a tuturor Buddha (ceea ce reprezintă Vajrasattva). Aceasta ia forma unui nectar alb luminos, translucid şi strălucitor.

DZA (ཛཿ) HUNG (ཧཱུྃ) VAM (ཝཾ) HO (ཧོཿ)
Nectarul devine inseparabil de Vajrasattva Yab-yum.

Cu DZA, nectarul este adus deasupra coroanei lui Vajrasattva, cu HUNG, nectarul se dizolvă în Vajrasattva, iar cu VAM nectarul pătrunde în întregul Vajrasattva *Yab-yum*. În cele din urmă, după ce este recitat HO, nectarul devine complet inseparabil de Vajrasattva *Yab-yum*. Odată cu finalizarea acestei vizualizări, aţi generat *puterea sprijinului*.

Cererea de purificare

Vajrasattva Yab-yum, te rog, purifică şi curăţă toate negativităţile, obscurităţile şi încălcarea jurămintelor pe care eu şi toate fiinţele le-am acumulat din timpuri fără de început.

Având-l pe Vajrasattva *Yab-yum* ca martor, acum ar trebui să generaţi *puterea regretului*. Prin acest verset îi cereţi ajutorul lui Vajrasattva *Yab-*

yum să vă ajute să vă purificați și să vă curățați toate negativitățile, întunecările și încălcările. Începeți prin a vă aminti toate acțiunile negative, obiceiurile și energiile nesănătoase ale corpului, vorbirii și minții voastre și după ce ați recunoscut că aceste acțiuni au fost dăunătoare pentru voi și pentru ceilalți, cereți-i lui Vajrasattva din adâncul inimii să vă ajute să vă purificați fluxul mental.

Purificarea propriu-zisă

După ce ați făcut această solicitare, imaginați-vă corpul lui Vajrasattva și al consoartei sale pline cu nectar ce se revarsă, ieșind prin fiecare por al corpului lor, mai ales în punctul lor de uniune. Nectarul curge apoi în jos ca o cascadă sau ca o ploaie blândă. Imaginați-vă că nectarul vă spală corpul și că intră prin creștetul capului vostru. Pe măsură ce își croiește drumul prin corpul vostru, imaginați-vă că toate bolile, energiile negative și stările mentale perturbate vă sunt curățate și împinse afară prin deschiderile inferioare ale corpului, sub forma unui lichid negru și dens, format din sânge și puroi. Acest lichid se dizolvă în pământul de sub voi.

Dacă puteți, este util să vă imaginați și cum câmpul de nectar purificator al lui Vajrasattva se extinde către toate ființele simțitoare, purificându-le în același mod. Păstrați această vizualizare în minte în timp ce recitați mantra lungă a lui Vajrasattva:

OM SHRI VAJRA HERUKA SAMAYA MANUPALAYA | VAJRA HERUKA TENOPA | TISHTHA DRIDHO ME BHAVA | SUTOKAYO ME BHAVA | ANURAKTO ME BHAVA | SUPOKAYO ME BHAVA | SARVA SIDDHI MAME PRAYATSA | SARVA KARMA SU TSA ME | TSITAM SHREYANG KURU HUNG | HA HA HA HA HO | BHAGAVAN VAJRA HERUKA MAME MUNTSA | HERUKA BHAVA MAHA SAMAYA SATTVA AH HUM PHET

Ar trebui să recitați această mantră de câte ori puteți, în funcție de timpul pe care îl aveți la dispoziție. Semnificația acestei mantre este următoarea:

OM	Aduc omagiu
SHRI VAJRA HERUKA	Potrivit angajamentului sacru al gloriosului Vajrasattva în formă mânioasă
MANUPALAYA VAJRA HERUKA TENOPA	Oh, Vajrasattva, protejează *samaya*
TISHTHA DRIDHO ME BHAVA	Rămâi cu fermitate în mine
SUTOKAYO ME BHAVA	Acordă-mi fericirea completă
ANURAKTO ME BHAVA	Fii iubitor față de mine
SUPOKAYO ME BHAVA	Crești în interiorul meu (sporește-mi virtutea)
SARVA SIDDHI MAME PRAYATSA	Binecuvântează-mă cu toate *siddhi*-urile
SARVA KARMA SU TSA ME	Arată-mi toate karmele
TSITTAM SHREYANG KURU	Fă-mi mintea bună, virtuoasă și de bun augur
HUNG	Esența lui Vajrasattva (sau silaba sămânță)
HA HA HA HA	Cele patru nemăsurabile, patru împuterniciri, patru bucurii și cele patru *kaya*
HO	Exclamație de bucurie
BHAGAVAN	Oh, tu cel binecuvântat, întruparea tuturor Buddha
VAJRA HERUKA MA ME MUNTSA	Nu mă abandona niciodată
HERUKA BHAVA	Arată-mi natura vajra a celor cinci înțelepciuni
MAHA SAMAYA SATTVA	Oh, măreață ființă de înțelepciune
AH HUNG PHET	Fă-mă una cu tine!

Mantra vă conectează cu puterea vindecătoare divină a lui Vajrasattva și face procesul de purificare mai eficient decât simpla vizualizare, cu condiția să invocați toate cele patru puteri și să aveți o bună concentrare într-un singur punct.

Când aceasta este practica esențială, există multe opțiuni pe care vă puteți concentra atenția în timp ce recitați mantra. De exemplu, puteți alege să vă concentrați asupra înțelesului mantrei, asupra senzației de regret și a hotărârii, asupra formei Vajrasattva *Yab-yum* sau asupra fluxului de nectar care curge prin corpul vostru subtil.

Dacă sunteți copleșiți de toate aceste detalii, cel mai important este să vă amintiți cele patru puteri și pur și simplu să încercați să simțiți prezența lui Vajrasattva. Dacă timpul este limitat, puteți folosi versiunea mai scurtă a mantrei:

OM VAJRASATTVA HUNG

Chiar dacă această mantră scurtă este utilă pentru curățarea rapidă a acțiunilor negative, când vă concentrați asupra practicii Vajrasattva, ca parte a preliminarilor Kalachakra, ar trebui să dedicați sesiuni formale pentru acumularea mantrei lungi. Scopul este de a acumula cel puțin 100.000 de mantre, ceea ce se realizează de obicei în aproximativ trei luni atunci când se practică intens. Alternativ, puteți pur și simplu să continuați să practicați atât timp cât este necesar pentru a experimenta semnele purificării.

Mărturisirea tuturor greșelilor

După ce ați terminat sesiunea, puteți încheia cu generarea *puterii înfrânării* prin recitarea următoarei confesiuni:

Măreț protector! Din cauza ignoranței și a confuziei mi-am încălcat legămintele și le-am lăsat să degenereze. Lama Vajrasattva Yab-yum plin de compasiune, te rog, purifică-mi toate negativitățile și protejează-mă. În tine mă refugiez, purtător suprem de Vajra, tu, comoara compasiunii și salvatorul tuturor ființelor.

În acest verset mărturisiți toate situațiile în care v-ați încălcat angajamentele sau le-ați lăsat să decadă din cauza ignoranței și a confuziei, indiferent dacă ați fost sau nu conștienți de acest lucru. Aceasta se referă în principal la orice jurăminte sau la angajamentele sacre (*samaya*) pe care le-ați primit de la un Maestru Vajra. Ele includ acțiuni precum cultivarea permanentă a respectului și a devotamentului față de învățătorii voștri și menținerea unei percepții pure față de experiențele pe care le aveți. Deși acest verset este relevant în special pentru practicanții tantrici, el se aplică de fapt la orice nivel de disciplină etică pe care încercați acum să o dezvoltați, cum ar fi jurămintele de Bodhisattva sau preceptele de eliberare personală.

În prima parte a versetului invocați *puterea regretului*, gândindu-vă intens la toată negativitatea pe care ați acumulat-o. În cea de-a doua parte, invocați din nou *puterea sprijinului*, rugându-vă lui Lama Vajrasattva cel plin de compasiune și luându-vă refugiu în el. În același timp aplicați *puterea remediului* deoarece, prin recitarea acestei rugăciuni, creați o energie pozitivă care va contracara negativitatea acțiunilor voastre anterioare.

Mărturisesc și regret toate excesele realizate cu corpul, vorbirea și mintea mea, inclusiv toate încălcările jurămintelor de rădăcină și de ramură. Te rog să purifici și să cureți toate impuritățile, negativitățile, obscuritățile și încălcările acumulate de-a lungul existenței ciclice fără de început.

Aceast paragraf este similar cu cel precedent, doar că acum vă amintiți cu exactitate toate greșelile pe care le-ați făcut cu corpul, vorbirea și mintea, precum și toate încălcările jurămintelor de rădăcină și de ramură. În Tantra Kalachakra există paisprezece jurăminte de rădăcină și opt jurăminte de ramură. Totuși, pentru a puteai să păstrați jurămintele tantrice, trebuie să păstrați cât mai bine posibil jurămintele de Bodhisattva care includ optsprezece jurăminte de rădăcină și patruzeci și șase de jurăminte de ramură.

La final îi cereți din nou lui Vajrasattva să purifice și să curețe toate petele, negativitățile, întunecările și încălcările acumulate pe parcursul existenței ciclice fără de început. Am dezvoltat multe obiceiuri puternice de-a lungul a nenumărate vieți și ne bazăm pe Vajrasattva să ne ajute la îndepărtarea tuturor acestor straturi de tipare de obișnuință, să ne purificăm toate emoțiile negative, faptele negative și tendințele de a ne încălca promisiunile, dar și întunecările intelectuale care ne împiedică să vedem adevărul ultim. În acest moment ar trebui să invocați puterea înfrânării, luând decizia fermă să nu vă mai lăsați niciodată influențați de aceste obiceiuri negative și să vă abțineți de la săvârșirea faptelor negative, chiar cu prețul vieții voastre.

Dizolvarea vizualizării

Precum Luna s-ar topi în mine, Vajrasattva Yab-yum mă privește zâmbind și începe să se topească cu bucurie, dizolvându-se prin coroana ca-

pului meu. Corpul, vorbirea și mintea lui Vajrasattva Yab-yum devin inseparabile de corpul, vorbirea și mintea mea.

După ce ați finalizat nivelul relativ al practicii de purificare, Vajrasattva vă privește zâmbind ca și cum v-ar spune „Foarte bine!". El se dizolvă apoi în voi, devenind inseparabil de corpul, vorbirea și mintea voastră, iar voi realizați că la nivel absolut Vajrasattva nu este altceva decât natura voastră de Buddha. Astfel, recunoașteți că mintea voastră a fost dintotdeauna pură.

Când vă concentrați pe acumularea de mantre Vajrasattva, este bine să practicați dizolvarea și reconstruirea vizualizarea la intervale regulate, de exemplu după recitarea fiecărei male. Acest lucru vă reamintește de natura goală a vizualizării și vă împiedică să fiți fixați pe manifetări, pe măsură ce observați din nou și din nou inseparabilitatea dintre voi și Vajrasattva.

Dedicarea meritelor

Încheiați sesiunea cu următorul verset de dedicare:

Fie ca prin acest merit să realizez degrabă starea iluminată a lui Vajrasattva Yab-yum și să conduc toate ființele, fără nicio excepție, spre acest tărâm al purității. Fie ca în baza acestei virtuți, toate ființele să finalizeze acumularea de merite și înțelepciune primordială și astfel să realizeze cele două kaya ale iluminării.

Această dedicare este similară rugăciunii pe care o recitați la sfârșitul practicilor anterioare. De data aceasta însă accentul se pune pe puritate ca aspect al iluminării. Din acest motiv, aspirați să ajungeți la starea iluminată a lui Vajrasattva și să conduceți toate ființele la această stare. Odată ce ele ajung la iluminare, vor fi atins cele două corpuri de Buddha: corpul *dharmakaya* al realității iluminării și corpurile formă, *rupakaya*. Aceste corpuri sunt rezultatul acumulării de înțelepciune, respectiv de merite.

CAPITOLUL 7

Ofranda mandalei

Scopul practicii de ofrandă a mandalei este acumularea de merit prin aducerea celor mai extinse și vaste ofrande cu putință, cu cea mai bună motivație posibilă. Aducem aceste ofrande către cei mai buni destinatari posibili: cele Trei Giuvaieruri sublime. Această combinație de acțiune, motivație și sprijin face din ofranda mandalei o metodă extraordinar de eficientă pentru acumularea unor vaste cantități de merite într-o perioadă relativ scurtă de timp.

Meritul este energia pozitivă generată atunci când ne angajăm în acțiuni virtuoase. Această energie pozitivă vă obișnuiește mintea cu virtutea, creând astfel baza pentru ca fericirea să apară în viitor. De exemplu, dacă vă obișnuiți să practicați generozitatea, veți crea cauze pentru a vă bucura de o mare bogăție în viitor; dacă sunteți obișnuiți cu răbdarea, veți avea un aspect plăcut și dacă vă obișnuiți să depuneți efort pentru realizarea iluminării, atunci rezultatul va fi că veți experimenta toate condițiile și oportunitățile necesare care vă vor ajuta să progresați pe calea spirituală. Meritul este, prin urmare, o componentă esențială care vă ajută să cultivați calitățile virtuoase de care aveți nevoie. În special, meritul vă sporește capacitatea de a înțelege corect Dharma, vă ajută să vă dezvoltați entuziasmul pentru practică și vă oferă puterea de a depăși toate obstacolele de-a lungul căii.

Cuvântul „mandala" este un termen sanscrit care se referă la o reprezentare simbolică a universului. Spre deosebire de hărțile care prezintă cu precădere poziția corpurilor cerești, mandalele simbolizează întreaga gamă a experiențelor noastre mentale. Această sferă, mult mai largă, permite mandalelor să surprindă multiplele dimensiuni ale experienței noastre într-un mod vizual. Deși mandalele sunt cunoscute în mod obișnuit ca fiind picturi bidimensionale, aceasta nu este singura formă pe care o pot lua. O mandala poate fi realizată din nisip colorat sau poate fi construită în trei dimensiuni. Tipul de mandală folosit în această practică este cunoscut ca „ofranda mandalei" și este conceput special pentru a facilita procesul de a oferi. O astfel de mandală este construită prin aranjarea unor grămăjoare de substanțe de ofrandă (cum ar fi bijuteri, pietre sau semințe) în straturi așezate unul deasupra celuilalt. Fiecare strat constă dintr-un inel care este recipientul pentru substanțele de ofrandă. Oda-tă ce un strat este umplut, un alt inel

Ofranda mandalei tradițională

este așezat deasupra lui și umplut la rândul său cu ofrande. La final, un giuvaier care îndeplinește dorințele este așezat în vârf. Cea mai simplă formă a ofrandei mandalei poate fi realizată folosirea mâinilor pentru a crea „mudra" mandalei, care este un gest simbolic.

Diferitele substanțe oferite în mandală reprezintă toate lucrurile prețioase care pot fi experimentate în această lume. Ca surse infinite de bucurie și fericire, ele sunt daruri demne să fie oferite celor iluminați și includ tot ce vă puteți imagina, în formă fizică sau mentală. De exemplu, puteți oferi câmpuri de flori frumoase, dar și înclinațiile karmice pozitive pe care voi și ceilalți le-ați generat în mintea voastră, întrucât și acestea sunt baza bucuriei și fericirii.

Aceste substanțe sunt oferite câmpului de refugiu care include tot sprijinul necesar pentru a obține iluminarea reprezentat de maeștrii, toți

Buddha, bodhisattva și așa mai departe. Noi le aducem ofrande nu pentru că au nevoie de acestea, ci pentru că ei reprezintă calitățile iluminate pe care aspirăm să le realizăm și noi. Venerându-i și oferindu-le tot ceea ce experimentăm, creăm cu ei o puternică legătură karmică, iar aceasta devine o bază pentru ca și în noi să apară calitățile lor.

Ultimul pas în această practică este să vă amintiți de ce faceți această ofrandă. Nu încercăm să acumulăm meritul pentru propriul nostru câștig. Dorim să acumulăm merite pentru a putea obține iluminarea și pentru a aduce beneficii tuturor ființelor simțitoare. Cu alte cuvinte, facem ofranda motivați de bodhicitta. Cum există nenumărate ființe simțitoare, orice ofrandă făcută în numele lor va genera merite nelimitate. De aceea ofranda este atât de vastă și de eficientă.

PRACTICA OFRANDEI MANDALEI CU COMENTARII

Vom descrie acum practica ofrandei mandalei din tradiția Jonang. Ca orice practică budistă Mahayana, începeți prin a vă lua refugiu și apoi generați aspirația de a obține iluminarea pentru beneficiul tuturor ființelor.

Vizualizare

Vizualizează, în spațiul imediat din fața ta, pe maestrul tău de rădăcină în forma lui Vajradhara de culoare albastră. Este înconjurat de cele Trei Giuvaieruri, zeitățile Yidam și Dakini. Toți apar magnifici și reali.

Primul pas constă în vizualizarea câmpului de refugiu așa cum este descris în practica refugiului. Odihniți-vă o vreme mintea într-o stare de vastitate și deschidere, apoi permiteți detaliilor vizualizării să apară din acest spațiu. Amintiți-vă că elementul esențial este să simțiți prezența diferitelor obiecte de refugiu, acest sentiment fiind cel care ne permite să ne conectăm cu calitățile iluminate reprezentate de aceste obiecte.

Invocarea câmpului de merit

Tu ești maestrul asemenea unei nestemate, cel a cărui bunătate duce la apa-
riția fericirii extatice într-o singură clipă. La picioarele tale de lotus mă în-
chin, Lama Vajradhara.

După ce ați dezvoltat vizualizarea, veți recita o serie de versuri concepute
pentru a genera devotamentul față de câmpul de merit căruia îi aduceți
ofrandele. Acest câmp este întruchipat de către maestrul asemenea unei
nestemate, care este legătura noastră umană cu iluminarea și reprezintă
totodată cele Trei Giuvaieruri. Ne amintim în mod special de incredibila
bunătate pe care ne-o arată maestrul prin învățăturile și îndrumarea pe
care ni le oferă de-a lungul călătoriei noastre spirituale. Din cauza merite-
lor noastre insuficiente, niciun Buddha nu ne pot călăuzi direct, în schimb
o pot face în forma maestrului. Din acest motiv se consideră că bunătatea
maestrul este mai mare decât bunătatea tuturor Buddha. Gândindu-ne la
maestru în acest fel, putem fi conduși către realizări spirituale incredibile,
cum ar fi experimentarea într-o singură clipă a conștientizării mărețului
extaz care transcende mintea conceptuală obișnuită. Deși vorbim despre
maestru la singular, trebuie să ne amintim în permanența că el îi reprezin-
tă pe toți învățătorii noștri, bărbați și femei, el fiind o întruchipare unică a
tuturor celor care ne-au sprijinit în călătoria noastră spre iluminare.

Prosternarea la picioarele de lotus ale maestrului este un mod poetic
de a spune că fiecare parte a corpului acestuia posedă o mare frumusețe.
Totodată, ne referim și la floarea de lotus pe care maestrul este așezat
în vizualizările tradiționale. În cultura budistă, se consideră în general
drept o mare onoare să atingi punctul punctului cel mai de jos al corpului
maestrului (picioarele) cu cel mai înalt punct al corpului tău (capul). În
această strofă ne referim la maestru ca find Vajradhara deoarece corpul
său iluminat este indestructibil, reprezentând *dharmakaya* sau corpul
realității iluminării.

Aduc omagiu maestrului față de care recunoștința mea este dincolo de
orice comparație. Lumina adevărului tău iluminat îmi îndepărtează în-

tunericul. Eşti ochiul înţelepciunii lipsite de greşeală, maestru asemenea Soarelui, al fericirii extatice permanente.

În budismul Vajrayana, progresul vostru spiritual depinde de capacitatea de a vă arăta recunoştinţa şi aprecierea faţă de maestrul vostru şi pentru lumina „adevărului său iluminat", adevăr pe care îl descoperiţi practicând Dharma predată de el. „Ochiul înţelepciunii lipsite de greşeală" se referă la capacitatea maestrului de a vedea şi de a vă arăta slăbiciunile ascunse, în timp ce „asemenea Soarelui" înseamnă că maestrul este asemenea unei surse de lumină strălucitoare care ne permite să vedem tot ceea ce este în jurul nostru.

Eşti tatăl şi mama noastră. Eşti maestrul tuturor fiinţelor, un adevărat şi nobil prieten. Eşti măreţul protector care acţionează pentru binele tuturor fiinţelor simţitoare. Eşti măreţul salvator care îndepărtează toate obscurităţile negative. Eşti cel care perseverează în excelenţă, deţinător al tuturor calităţilor supreme, cel eliberat de defecte. Eşti protector al celor umili, cuceritor suprem al preţuirii de sine şi al suferinţei. Eşti sursă a întregii abundenţe, o nestemată care îndeplineşte toate dorinţele, un maestru al Dharmei suprem victorios. În tine mă refugiez.

Învăţătorul Dharma este ca un părinte în sens spiritual. El este ca o „mamă" care vă oferă iubire şi hrană spirituală şi ca un „tată" care vă călăuzeşte şi vă protejează în călătoria voastră spirituală. El este „maestrul tuturor fiinţelor" întrucât nu face deosebiri între cei pe care îi îndrumă spre iluminare şi acceptă toate fiinţele, indiferent de castă, rasă sau statutul social. Fiind un „prieten nobil", el împărtăşeşte preţioasa Dharma cu voi şi vă oferă dragostea şi sprijinul său necondiţionate, având grijă de voi până când atingeţi iluminarea. Mai mult decât atât, el vă protejează de suferinţele *samsarei* şi vă salvează arătându-vă cum se obţineţi calităţile iluminate.

În plus, învăţătorul Dharma „îndepărtează obscurităţile negative" învăţându-vă cum să depăşiţi toate însuşirile negative. Doar urmând învăţăturile sale puteţi atinge „calităţile supreme" ale stării de Buddha.

Ca o manifestare a tuturor Buddha în formă umană, maestrul este şi „măreţul protector" care acţionează pentru beneficiul tuturor fiinţelor simţitoare, cuceritorul suprem al preţuirii de sine şi al suferinţei, cel care a atins iluminarea de dragul tuturor fiinţelor. La sfârşit, el este descris ca o „nestemată care împlineşte dorinţele" deoarece este capabil să manifeste calităţi iluminate nelimitate în beneficiul discipolilor săi.

Mă refugiez în tine, imaculat şi sfânt maestru de rădăcină, stăpân suprem victorios al Dharmei. Întruparea tuturor Buddha ai celor trei timpuri.

Dacă doriţi, puteţi să recitaţi doar acest verset în locul strofelor anterioare, amintindu-vă că luarea refugiului în cele Trei Giuvaieruri este fundamentul tuturor practicilor Dharma. Aici, luarea refugiului în maestru este echivalentă cu luarea refugiului în cele Trei Giuvaere, maestrul fiind considerat întruchiparea tuturor Buddha din cele trei timpuri: trecut, prezent şi viitor. Toţi Buddha din trecut au atins iluminarea bazându-se pe învăţătorii lor Dharma, toţi Buddha din prezent se manifestă sub forma învăţătorilor Dharma şi toţi Buddha din viitor sunt pregătiţi de către învăţătorii Dharma. Acesta este motivul pentru care maestrul, care vă predă preţioasa Dharma, este văzut ca fiind sfânt şi imaculat.

Versiunea medie a ofrandei mandalei

OM VAJRA BHUMI AH HUNG.
Baza este puternicul pământ pur, auriu.

Aici începem versiunea de lungime medie a ofrandei mandalei, o practică unică specifică tradiţiei Jonang. Aceasta implică plasarea a nouă grămăjoare de orez sau de bijuterii pe o placă circulară care reprezintă universul pe care îl oferim câmpului de refugiu. Această versiune este mult mai scurtă decât versiunea lungă, tradiţională, a ofrandei mandalei care implică treizeci şi şapte de obiecte de ofrandă.

Cu mantra „*OM VAJRA BHUMI AH HUNG*" începeţi să construiţi mandala, creând o fundaţie – pământul pur, puternic, auriu – pe care puteți clădi o imagine fizică și mentală a universului. Pentru a reprezenta această fundație este utilizată o placă circulară. Înainte să începeți să faceți ofranda, frecați suprafața acestei plăci de câteva ori cu încheietura mâinii, in sensul acelor de ceasornic.

OM înseamnă „perfect" sau „excelent". Această silabă este folosită la începutul fiecărei activități pentru a ne ghida spre perfecțiune. *VAJRA* înseamnă „indestructibil". *BHUMI* înseamnă „pământ, fundament sau bază." *AH* înseamnă „originea fundamentală" sau „vacuitate". *HUNG* înseamnă „esențial" sau „deplinătate". Împreună, aceste silabe formează o mantră care ne conduce la excelență și glorie în orice activitate și ne susține să atingem iluminarea.

Modelul universului utilizat aici este diferit de modelul științific convențional. Potrivit Tantrei Kalachakra, universul s-a format din cele patru mari elemente unite prin karma colectivă a ființelor. Din interiorul spațiului a apărut mai întâi elementul negru al vântului, urmat de elementul roșu al focului, de elementul alb al apei și în final de elementul galben al pământului. Fiecare dintre aceste elemente este reprezentat de discuri concentrice având diametrul descrescător, așezate unul peste celălalt. Placa circulară simbolizează această fundație a elementelor.

OM VAJRA REKHE AH HUNG.

Universul este împrejmuit de un gard măreț de fier, alcătuit din munți, iar în centru se află Muntele Meru, regele munților.

Recitând această mantră, vizualizați cum apare mărețul Munte Meru în centrul discului galben al pământului, înconjurat de un gard măreț de fier format din munți sau creste muntoase care reprezintă granițele exterioare ale universului sau ale sistemului lumii. Muntele Meru are o formă circulară și în vârful său sunt cinci piscuri. Fiecare din aceste caracteristici reprezintă diferite aspecte ale universului nostru, experimentate diferit de către ființele simțitoare. De exemplu, baza Muntelui Meru simbolizează tărâmurile grosiere ale experienței ființelor simțitoare, în timp ce nivelurile aflate mai sus reprezintă tărâmuri din ce în ce mai subtile ale experienței.

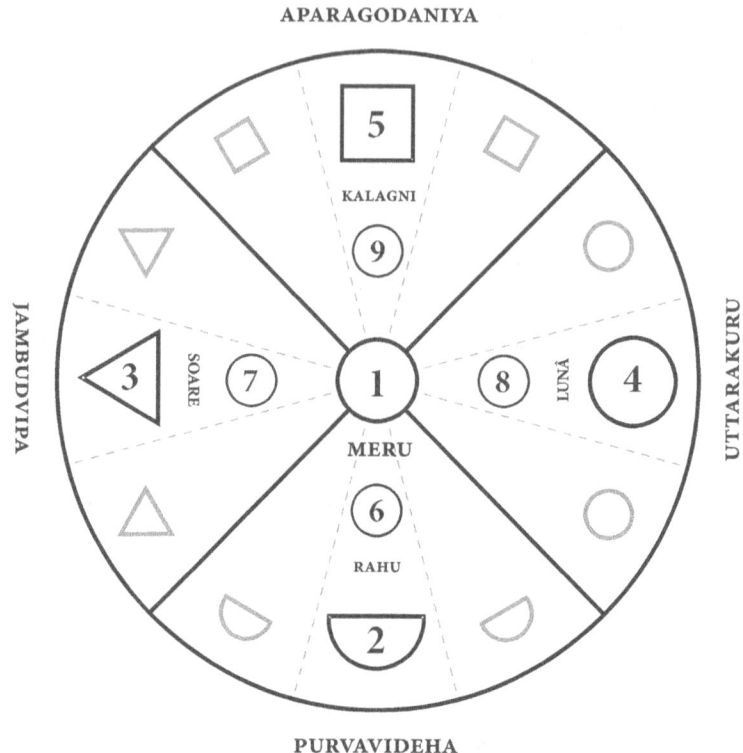

Ofranda mandalei cu nouă grămăjoare potrivit cosmologiei Kalachakra

În timp ce creați în minte această vizualizare, ar trebui să luați inelul cel mai mare din setul pentru ofranda mandalei și să îl așezați peste placa circulară. Luați un pumn de ofrande (de exemplu orez, pietre sau bijuterii) și plasați o singură grămăjoară în centrul plăcii pentru a simboliza Muntele Meru.

La est se află Purvavideha, la sud Jambudvipa,
la nord Uttarakuru și la vest Aparagodaniya.

Acestea sunt cele patru continente care înconjoară Muntele Meru. La est este Purvavideha (înseamnă „măreața prosperitate fizică") cu trei in-

sule în formă circulară. La sud este Jambudvipa („locul sunetului Dzam",
asemănător sunetului frunzelor din copaci care cad în mare) cu trei in-
sule în formă triunghiulară. Se spune că acesta este tărâmul experienței
noastre. La nord este Uttarakuru (care înseamnă „vești ascunse și sunet
neplăcut") cu trei insule în formă de semicerc. În sfârșit, la vest este Apar-
agodaniya (care înseamnă „măreața prosperitate materială") cu trei insule
în formă pătrată. Este important să înțelegem că aceste „continente" și
„insule" nu sunt o reprezentare geografică a suprafețelor de pământ fizic,
ci reprezintă diverse tărâmuri ale experienței care se află pe diferite nive-
luri de subtilitate. Lumea, așa cum o cunoaștem noi, descrisă de știința
modernă, este pur și simplu o descriere a uneia din insulele din conti-
nentul Jambudvipa. Atunci când ne dăm seama că universul nostru este
doar o mică parte dintr-un univers multidimensional mult mai amplu,
începem să realizăm cât de vastă este de fapt cosmologia budistă.

Pe măsură ce adăugați detalii vizualizării, ar trebui să plasați pa-
tru grămăjoare de ofrande în cele patru direcții, respectând ordinea
menționată în text. Atunci când lucrăm cu seturi pentru ofranda manda-
lei, direcția est este considerată a fi la marginea cea mai apropiată de voi.
Așadar plasați o grămăjoară în est (înspre voi), apoi una în sud (în partea
stângă a plăcii), una în nord (în partea dreaptă a plăcii) și una în vest (în
partea cea mai îndepărtată a plăcii).

*Rahu, Soarele, Luna, Kalagni, iar în mijloc toate minunatele posesiuni
ale zeilor și ale oamenilor, complete și fără nicio lipsă.*

Ne îndreptăm acum atenția spre toate corpurile celeste care alcătuiesc
universul nostru, așa cum îl cunoaștem. În cosmologia descrisă de Tantra
Kalachakra, acesta include Soarele, Luna și două „planete" cunoscute sub
numele de Rahu și Kalagni. Mișcarea acestor patru corpuri joacă un rol
esențial în ciclurile timpului pe care le experimentăm ca ființe simțitoare.
Datorită influenței lor asupra minții noastre, ele au o semnificație
spirituală și astrologică profundă. Planeta Rahu (reprezentată printr-un
disc negru) se referă la eclipsele de Lună și este asociată cu Nodul Nord

al Lunii. Planeta Kalagni (reprezentată printr-un disc galben) se referă la eclipsele de Soare și este asociată cu Nodul Sud al Lunii. Adăugați patru grămăjoare de ofrandă pentru a reprezenta cele patru planete.

Deși este bine să cunoști cosmologia tradițională și să vizualizezi universul în acest fel, în această practică puteți fi creativi și să aduceți în minte tot ceea ce este plăcut în lumea oamenilor și a zeilor, inclusiv lacuri, păduri, munți, palate, bijuterii și opere de artă. Puteți de asemenea să oferiți Asia, Europa, Africa, America de Sud și America de Nord, parcuri naționale, cascade, bani, covoare zburătoare, telefoane mobile, bănci și chiar obiecte mentale cum sunt calitățile virtuoase și realizările spirituale. Cu fiecare obiect de ofrandă la care vă gândiți adăugați în mandală câte o grămăjoară de ofrande până când primul inel este complet plin. Amintiți-vă că tot ceea ce percepeți ca fiind frumos sau valoros reprezintă un obiect demn să fie oferit. Nu vă limitați doar la lucruri materiale pe care le dețineți. Toate experiențele voastre vă aparțin și, prin urmare, reprezintă ceva demn de ofrandă, nu numai obiectele însele.

Toată această avuție o dăruiesc cu mare devotament imaculaților mei maeștri de rădăcină și ai liniei, precum și mandalei aparținând tuturor Yidam, tuturor Buddha, Bodhisattva, Pratyeka, Shravaka, Dakini și atotvăzătorilor protectori ai Dharmei.

Apoi plasați următorul inelul deasupra primului și, în timp ce generați mental diverse obiecte de ofrandă, plasați în mandală mai multe grămăjoare de ofrande. Observați cum mișcarea orezului este similară cu apariția și dizolvarea gândurilor într-o succesiune rapidă. Imaginați-vă că odată cu fiecare grămăjoară oferiți din ce în ce mai multe dintre experiențele voastre. Continuați astfel până când cel de-al doilea inel este complet plin.

Așezați cel de-al treilea inel deasupra celui de-al doilea, imaginându-vă că odată cu fiecare grămăjoară de ofrande oferiți un nivel tot mai subtil al experienței voastre. Acestea includ toate tendințele karmice virtuoase pe care le-ați acumulat din timpuri fără de început și toate calitățile virtuoase pe care le-ați dezvoltat. Oferiți cele mai bune părți din ceea ce sunteți ca persoană.

Atunci când ultimul inel s-a umplut, plasați deasupra lui giuvaerul care îndeplinește dorințele pentru a reprezenta realizarea deplină și completă a iluminării voastre. Gândiți-vă la beneficiile nelimitate pe care le veți aduce ființelor simțitoare în viitor și oferiți această virtute ca parte a mandalei. După ce întreaga mandală este complet plină, ar trebui să o ridicați făcând cu mare devotament gestul de a oferi toată bogăția pe care o conține câmpului de refugiu, imaculatului maestru de rădăcină, maeștrilor liniei de descendență și așa mai departe.

Din compasiune, acceptați această ofrandă mandala pentru binele tuturor ființelor, și acceptând-o, binecuvântați-mă!

După ce ați făcut această ofrandă, cereți câmpului de refugiu să accepte mandala. Cum compasiunea tuturor Buddha este nelimitată, binecuvântările lor vor apărea natural în noi atunci când facem ofranda. Oferirea ca ofrandă a universului nostru ar trebui să includă și meritul acumulat de toate ființele simțitoare și de toate ființele iluminate. A oferi în acest fel crește meritul tuturor ființelor, astfel încât acestea să poată ajunge la iluminare. Astfel, ofranda este făcut de dragul tuturor ființelor.

Amintindu-mi toate meritele realizate prin corpul, vorbirea și mintea mea și ale tuturor ființelor de-a lungul celor trei timpuri, alături de ofrandele excelente ale lui Samantabhadra, adunate în această mandală prețioasă, atât reale, cât și vizualizate, le ofer pe toate maestrului meu și celor Trei Giuvaieruri. Prin compasiunea voastră, vă rog să le acceptați și să mă binecuvântați!

Colecția de virtuți din cele trei timpuri se referă la meritul care a fost acumulat cu corpul, vorbirea și mintea din timpuri fără de început dar și la meritul creat acum și în viitor, până când vom atinge starea de Buddha. Ca și în versetul precedent, cereți câmpului de refugiu, întruchipat de maestru şi de cele Trei Giuvaieruri, să vă accepte ofranda şi să vă binecuvânteze fluxul mental, consolidându-vă astfel practica spirituală.

Acesta este versetul final al versiunii medii a ofrandei mandalei. Dacă doriţi, puteţi repeta aceste strofe iar şi iar, numărându-le ca acumulări de merit. Totuşi, atunci când ne concentrăm asupra acumulărilor, se obişnuieşte să fie folosită ofranda scurtă a mandalei, cu nouă grămăjoare, aşa cum este explicată în continuare.

Versiunea scurtă a ofrandei mandalei

Pământul este parfumat şi presărat cu flori. Centrul este împodobit cu Muntele Meru, înconjurat de cele patru continente, Soarele şi Luna. Toate acestea le ofer ca pe un tărâm-Buddha, pentru ca toate fiinţele să se bucure de el.

Versiunea scurtă a ofrandei mandalei este folosită în general pentru acumulări, deşi este bine să recitaţi în prealabil versiunea de lungime medie. Aveţi nevoie doar de baza din setul pentru ofranda mandalei sau de o farfurie pentru cele nouă grămăjoare de ofrande.

Mai întâi ar trebui să curăţaţi baza sau farfuria de ofrandă cu încheietura mâinii cu o mişcare circulară, în sensul acelor de ceasornic. Dacă doriţi, înainte de a face acest lucru puteţi stropi farfuria cu apă parfumată. Aceasta simbolizează pământul care este purificat cu parfum şi deasupra căruia sunt împrăştiate flori. Apoi, puneţi o grămăjoară de orez în centru, simbolizând Muntele Meru. Urmează o grămăjoară în faţă, una în stânga, una în dreapta şi una în partea din spate. Ultimele patru grămăjoare reprezintă cele patru pătrimi ale universului sau cele patru continente. Încheiaţi cu încă patru grămăjoare: una între grămăjoara din faţă şi cea centrală, una între grămăjoara din stânga şi cea centrală, una între grămăjoara din dreapta şi cea centrală, şi una între grămăjoara din spate şi grămăjoara centrală. Acestea reprezintă planetele Rahu, Soarele, Luna şi Kalagni.

Vizualizarea este similară cu cea descrisă în practica precedentă. În special, vizualizaţi că baza mandalei de ofrandă este făcută din material auriu și stropită cu parfum, reprezentând multitudinea de parfumuri naturale, plantele și florile de pe acest pământ. Apoi vizualizați tot felul de lucruri plăcute cum sunt bijuteriile, cristalele, florile, ierburile și cereale, dar și Soarele, Luna, râurile, lacurile, mineralele, creaturile de toate formele și dimensiunile, precum și alte obiecte care au frumusețe naturală. La final, vizualizați cum întreaga ofrandă se transformă într-un tărâm Buddha pur, locuit de ființe iluminate, cu copaci magnifici, palate și ființe nobile, ca în practica refugiului. Acest tărâm Buddha are puterea de a aduce beneficii ființelor în moduri nelimitate și, prin urmare, îl oferiți tuturor ființelor ca să se bucure de el. Pentru a realiza o conexiune de bun augur puteți să vă aduceți în minte caracteristicile Tărâmului Sublim al Shambhalei și să vă imaginați că toate ființele sunt suficient de norocoase să se nască acolo.

GURU IDAM RATNA MANDALA KAM NIRYA TAYAMI
(Recitând aceasta, oferiți mandala.)

După fiecare rugăciune recitați această mantră a ofrandei imaginându-vă că mandala vizualizată se dizolvă în voi. Odihniți-vă pentru o clipă în conștientizarea naturii ultime a ofrandei pe care ați făcut-o. Apoi curățați repede farfuria și recitați din nou rugăciunea, plasând cele nouă grămăjoare de orez pe farfurie pentru ofranda următoare.

Atunci când acumularea de merit reprezintă practica voastră principală, acest proces se repetă destul de rapid. Cea mai scurtă variantă posibilă este ca pur și simplu să repetați mantra în timp ce creați și apoi dizolvați mandala. Dacă practicați în acest mod comprimat, este important să fiți întotdeauna conștienți de semnificația practicii, astfel încât ea să nu degenereze într-un ritual lipsit de substanță. Puteți, de asemenea, să alternați această ofrandă scurtă cu o versiune mai lungă, făcând de exemplu o ofrandă de lungime medie după douăzeci și una de ofrande scurte.

— Kyabje Lama Lobsang Trinlé —
Renumit stareț al mănăstirii Chöthang și Maestru Vajra Kalachakra

CAPITOLUL 8

Guru yoga de bază

Scopul *guru yoga*, a cincea practică preliminară, este de a vă unifica mintea cu mintea sfântă a învățătorului vostru. La nivel relativ recitați diferite rugăciuni și implorări pentru a vă deschide mintea și inima ca să primiți binecuvântările maestrului și să generați o măreață devoțiune. La nivelul absolut, învățați să recunoașteți că maestrul ultim nu este altceva decât înțelepciunea minții voastre. Aceasta înseamnă că maestrul nu este doar o persoană importantă în viața voastră, ci este și calea voastră personală spre iluminare. Deoarece nu putem să primim îndrumare directă de la ființele iluminate, avem nevoie să ne bazăm pe o formă umană pentru a ne conecta cu înțelepciunea iluminată a tuturor Buddha. Acest învățător exterior este persoana căreia îi cereți să vă ajute să vă anihilați egoul. Procesul de disoluție a ego-ului conduce la descoperirea învățătorului vostru interior, propria voastră înțelepciune iluminată. Practica *guru yoga* este absolut esențială dacă doriți să urmați calea tantrică spre iluminare deoarece binecuvântarea maestrului este cea care vă permite să dezvoltați o percepție pură și să deschideți ușa către toate celelalte realizări tantrice.

Dacă mintea voastră este sceptică, s-ar putea să fiți foarte suspicioși în ce privește ideea de devotament față de un maestru. Acest lucru poate părea ceva fabricat, teist sau nedemocratic. La un nivel de bază, în budism totul are o logică solidă și cuprinde metode practice pe care oricine le poate testa cu ușurință. Este foarte asemănător cu un manual bun care te învață cum să conduci o mașină. Însă, practici cum sunt devotamentul față de un maestru și *guru yoga* te conduc dincolo de acest nivel de bază al budismului, ele fiind mult mai asemănătoare cu sfaturile personale pe care le poți primi de la un instructor care te învață să conduci. Aceste sfaturi vă asigură cunoștințe esențiale acumulate din experiența generațiilor de maeștri ai liniei de descendență. Pe această înțelepciune ne bazăm pentru a practica în mod eficient.

Recitarea rugăciunilor din practica *guru yoga* nu presupune să aveți o devoțiune oarbă. Aceste versete sunt concepute pentru a vă ajuta să pătrundeți în profunzimea fluxului vostru mental și să va conducă la înțelegerea adevărului dincolo de cuvinte și concepte. Trebuie să vă amintiți că adevăratul devotament față de guru nu este teist sau dictatorial, ci mai degrabă onorarea înțelegerii stabilite între voi și învățătorul vostru de a lucra pentru iluminare.

Se spune că primim binecuvântările maestrului conform atitudinii noastre față de el. Noi putem vedea în el om plin de compasiune, un nobil arhat sau un Buddha complet iluminat. Aceste atitudini vor conduce la binecuvântările primite de la un om plin de compasiune, un nobil arhat sau un Buddha complet iluminat.

Pe calea tantrică lucrăm să dezvoltăm percepția pură prin care îl vedem pe maestrul nostru ca fiind inseparabil de Buddha. Începem prin a ne concentra asupra calităților externe ale maestrului pentru ca acestea să ne inspire mintea, apoi ne concentrăm pe realitatea internă a maestrului care este inseparabilă de natura de Buddha. În final recunoaștem că natura noastră de Buddha este inseparabilă de natura de Buddha a maestrului și, prin urmare, nu există niciun maestru undeva „acolo" care să fie separat de noi. Aceasta este în esență transformarea pe care o facilitează practica *guru yoga*. În acest moment simțim că noi suntem aici, în timp ce natura de Buddha se află în altă parte. Lucrând cu maestrul, noi creăm o punte ce ne conectează cu natura noastră internă și ne ajută să îi deblocăm capacitatea nelimitată.

Practica guru yoga cu comentarii

Următoarea practică este prima din cele trei practici *guru yoga* tradiționale ale liniei Jonang. Fiecare practică pune accentul pe o conexiune ușor diferită ce vă ajută să vă întăriți legătură cu linia de descendență. În practica *guru yoga de bază* accentul se pune pe inseparabilitatea dintre maestrul de rădăcină și Vajradhara. Celelalte două practici *guru yoga* – care sunt prezentate la sfârșitul acestei cărți – se concentrează pe doi dintre cei mai importanți maeștri din linia de descendență a tradiției: Kunkyen Dolpopa Sherab Gyaltsen și Jetsun Taranatha. Toate practicile *guru yoga* au aceeași structură: stabilirea vizualizării, implorarea maestrului (și a altor obiecte de refugiu), primirea celor patru împuterniciri și fuzionarea minții voastre cu înțelepciunea minții maestrului.

Vizualizare

Vizualizează-te într-un palat magnific și vast, în centrul unui tărâm pur. Maestrul tău vajra apare în fața ta, în centrul palatului, sub forma lui Vajradhara. El stă deasupra unui lotus pe care sunt discurile Lunii, ale Soarelui, ale lui Rahu și Kalagni*, ce sunt așezate pe un tron sprijinit de lei.

Maestrul are corpul albastru, o față și două brațe, ținând un vajra și un clopot încrucișate la nivelul inimii. Are picioarele încrucișate în postura de lotus completă. Este împodobit cu veșminte din mătase și ornamente din nestemate, având semnele și simbolurile complete, cu corpul luminos și strălucitor. Îți zâmbește, mulțumit de tine.

Vajradhara este înconjurat de zeitățile celor patru clase de Tantra, de toți maeștrii liniei și întreaga adunare de zeități yidam, toți Buddha, Bodhisattva, Shravaka, Pratyeka, Dakini și protectorii Dharmei. Fii convins că toți sunt prezenți cu adevărat.

Practica *guru yoga* începe cu invocarea maestrului vostru vajra, în forma divină a lui Vajradhara, care este întruchiparea tuturor maeștrilor liniei, a

Guru Vajradhara

tuturor Buddha, bodhisattva şi aşa mai departe. Ca şi în practica de luare a refugiului, gândiţi-vă că toate aparenţele se dizolvă în vacuitate, iar din vacuitate apare un tărâm pur cu un palat vast, magnific, precum reflectarea lunii pline într-un lac. Maestrul apare în spaţiul din faţa voastră ca Vajradhara – Buddha primordial – aşezat pe un tron susţinut de lei, pe un lotus şi discuri de Soare, Lună, Rahu şi Kalagni, şi vă priveşte cu afecţiune, ceea ce semnifică legătura voastră personală strânsă cu el. Detaliile privind modul de aranjare a adunării şi semnificaţia fiecărui tip de fiinţe iluminate sunt descrise în practica de luare a refugiului. Spre deosebire de vizualizarea refugiului, în practica *guru yoga* câmpul ființelor iluminate este vizualizat ca o mulțime care îl înconjoară pe maestrul de rădăcină. Vizualizarea trebuie să fie clară, strălucitoare și vibrantă, totuși să apară ca o reflecție, întrucât nici unul dintre obiectele vizualizate nu are o natură externă care există cu adevărat. Dacă sunteți familiarizați cu poveștile maeștrilor din linia de descendență, v-ar putea fi de folos să vi le reamintiți pentru a-i evoca. Ca în orice practică de vizualizare, ar trebui să încercați să vizualizați obiectele cât puteți de bine. Cu toate acestea, detaliile sunt mai puțin importante decât ceea ce simțiți când practicați sau înțelesul practicii.

Odată vizualizată întreaga adunare, adu ofrande mărețe, atât în formă concretă, cât și vizualizate. Pe măsură ce începi să practici, trebuie să ai încredere că deții natura de Buddha și că aceasta poate fi dezvăluită prin devoțiune sinceră, nestrămutată, față de imaculatul tău maestru de rădăcină.

După ce ați vizualizat câmpul de merit, imaginați-vă că aduceți mărețe ofrande maestrului Vajradhara și însoțitorilor săi iluminați. Puteți de asemenea să faceți ofrande către maestru, așezând, de exemplu, obiecte prețioase în fața unui altar. Un mod mai practic este să vă angajați să îi oferiți maestrului timpul vostru, diferite servicii, asistență financiară sau orice alt tip de sprijin, în funcție de capacitatea pe care o aveți.

Când începeți această practică trebuie să aveți un devotament sincer și statornic, ceea ce înseamnă încredere totală în adevărul căii pe care o urmați și convingerea că dețineți natura de Buddha și că aceasta poate fi, fără nicio îndoială, descoperită. În esență, credința este încrederea în procesul cauzei și efectului. Așa cum aveți încredere în rezultat atunci când faceți o prăjitură și aveți toate ingredientele potrivite, tot așa puteți avea încredere în calea iluminată atunci când sunt prezente anumite condiții. Aceste condiții includ renunțarea, compasiunea, devotamentul și, mai presus de toate, recunoașterea faptului că aveți natura de Buddha.

Rugăciuni către linia de maeștri

Binevoitor și prețios maestru de rădăcină, tot ceea ce este bun și virtuos
în Samsara și în Nirvana a apărut prin puterea ta iluminată.

Protector al meu, sursă care îndeplinește toate dorințele, din adâncul ini-
mii, mă rog ție.

În budismul Vajrayana, bunul și prețiosul vostru maestru de rădăcină – a
cărui natură este inseparabilă de toți Buddha – este sursa a tot ce se poate
imagina că este virtuos, bun și benefic. Chiar dacă este egal în înțelepciune
cu măreții Buddha, bunătatea lui o depășește pe a acestora deoarece el
vi se înfățișează chiar acum. El este cel care se manifestă efectiv în viața
voastră. Amintindu-vă de măreața sa bunătate, inclusiv de toate împre-
jurările în care învățăturile lui v-au ajutat și de toate actele mărunte de
bunătate și de compasiune pe care vi le puteți aminti, ar trebui să vă rugați
lui din adâncul inimii. În acest fel invocați de fapt aspectul înțelepciunii
propriei voastre minți.

Mă rog atotcuprinzătorului corp de adevăr al fericirii extatice,
lui Buddha Vajradhara primordial, care sălășluiește în Akanishta.
Mă rog lui Kalachakra, corpul desfătării.
Mă rog lui Buddha Shakyamuni, corpul emanat, cel mai înalt dintre
Shakya.
Mă rog maestrului meu, întruparea celor patru kaya de Buddha.

Linia de pe care o întruchipează maestrul de rădăcină, începe cu Buddha
primordial, Vajradhara, a cărei formă reprezintă atotpătrunzătorul corp
al realității iluminării, *dharmakaya*, care este neschimbător și dincolo de
formă. Akanishta înseamnă la propriu „cel mai înalt", iar în acest caz se
referă la tărâmul lui Vajradhara, sfera iluminată a corpului de Buddha,
dharmakaya. Kalachakra reprezintă *sambhogakaya*, corpul iluminat al
desfătării, iar Buddha Shakyamuni reprezintă corpul emanat. Împreună,
ultimele două corpuri sunt manifestarea plină de compasiune a energiei
iluminate de dragul altora. Ne rugăm maestrului care întruchipează cele

patru *kaya* de Buddha – care includ cele trei corpuri menționate anterior și *svabhavikakaya*, care este unirea celor trei.

Mă rog regilor Dharma, traducătorilor și pandita: celor treizeci și cinci de regi ai Shambhalei, emanații ale celor victorioși; Celor doi Kalachakrapada, Cel Vârstnic și Cel Tânăr și celor doi neîntrecuți cărturari, Nalendrapa și Somanatha.

Acest verset ne conectează cu câțiva dintre cei mai importanți maeștri ai liniei Jonang-Shambhala. Regii Dharma, traducătorii și învățații *pandita* îi includ pe cei treizeci și cinci de Regi Dharma care au păstrat învățăturile Kalachakra în Shambhala, pe cei doi Kalachakrapada, care au adus învățăturile Kalachakra în lumea oamenilor, și pe cei doi măreți cărturari din Nalanda, Nalendrapa și Somanatha, care au răspândit pe scară largă învățăturile Kalachakra.

Mă rog celor trei maeștri care au obținut siddhi-uri supreme: Protector al tuturor ființelor Konchokgsung; Măreț și realizat meditator Droton Namseg; Măreț Mahasiddha Drupchen Yumo Chöki Rachen, măreț povestitor al Dharmei.

Acum începem să îi invocăm pe maeștrii liniei în grupuri de câte trei, în ordine cronologică aproximativă, amintindu-ne de calitățile lor unice. Siddhi-urile supreme se referă la realizări spirituale extraordinare. Konchoksung, cunoscut și ca Lama Lhaje Gompa, a fost un mare *nagpa* (practicant tantric laic) care a răspândit învățăturile Kalachakra pe scară largă. Despre Droton Namseg, de asemenea un *nagpa*, se spune că a dezvoltat o conexiune directă cu multe zeități iluminate printr-o excepțională practică meditativă. Drupchen Yumo Chöki Rachen a fost un călugăr complet hirotonit, faimos pentru puterile sale spirituale extraordinare și recunoscut pe scară largă ca un măreț *mahasiddha*.

Mă rog celor trei minunate surse de refugiu: Nirmanakaya Seachok Dharmeshvara, fiul cel mai măreț;

Khipa Namkha Oser, cărturar al Dharmei fără de cusur;
Semochen, maestru al puterilor magice și al clarviziunii.

Seachok Dharmeshvara a fost considerat o emanație a lui Manjushri și a fost fiul lui Drupchen Yumo. Khipa Namkha Öser a fost un cărturar extraordinar, fără cusur, un mare yoghin tantric și un maestru în interpretarea scrierilor lui Asanga și a Tantrei Kalachakra. Semochen a atins o realizare rapidă după ce a practicat cele Șase Vajra Yoga, obținând clarviziune și alte abilități supranaturale.

Mă rog celor trei salvatori supremi: Jamsar Sherab, cel care îndepărtea-
ză întunericul; Atotcunoscătorul Kunkhyen Chöku Öser;
Kunphang Thukje Tsondru, cel care a desăvârșit fericirea extatică con-
stantă.

Jamsar Sherab (cunoscut și sub numele de Chöje Jamyang Sarma) a fost un maestru înalt realizat care s-a vindecat de lepră după ce s-a angajat într-o lungă retragere de practică. Chöku Öser a fost un mare cărturar al sutrelor și al tantrelor, considerat atotcunoscător și totodată un yogin înalt realizat. Kunpang Thukje Tsondru a fost privit ca o emanație a unuia dintre Regii Kalki ai Shambhalei. El este cel care a unificat toate liniile Kalachakra din Tibet și care a realizat fericirea imuabilă perfectă prin practica celor Șase Vajra Yoga.

Mă rog celor trei incomparabili maeștri: Jangsem Gyalwa Yeshe, cuceri-
tor al măreței înțelepciuni;
Khetsun Zangpo, ocean de calități mărețe; Dolpopa, Buddha atotcunos-
cător al celor trei timpuri.

În ciuda succesului limitat în practicarea Dharmei la începutul vieții sale, Jangsem Gyalwa Yeshe a obținut o realizare incomparabilă și o măreață înțelepciune după ce a practicat cele Șase Vajra Yoga sub îndrumarea lui Thukje Tsondru. Khetsun Zangpo (cunoscut și sub numele de Khetsun Yonten Gyatso) a fost cunoscut pentru multe calități deosebite, cum ar fi conduita morală impecabilă, cât și pentru realizarea extraordinar de rapidă a practicilor vajra yoga. Maestrul cel mai faimos al tradiției Jonang,

Dolpopa, este cel care a unificat linia tantrică Kalachakra cu linia sutrei Zhentong. El a fost considerat emanația tuturor Buddha din cele trei timpuri datorită realizărilor sale și stăpânirii învățăturilor lui Buddha, fiind atât un erudit cât și un sfânt deosebit de profund.

Mă rog celor trei rădăcini ale Dharmei vii: Choklé Namgyal, atotbiruitorul; Nyabonpa, izvor universal de fericire;
Kunga Lodrö, tezaur al cunoașterii și al compasiunii.

Choklé Namgyal a fost cunoscut drept „cel invincibil" întrucât era capabil să memoreze toate textele mărețe și a fost neînvins în dezbateri, încheindu-le pe toate triumfător. Nyabonpa (cunoscut și ca Tsungmed Nyabon Kunga) a fost un scriitor prolific și un învățător Dharma foarte respectat. Învățăturile lui erau o sursă universală de bucurie. La începutul vieții sale Kunga Lodrö a studiat intens, mintea lui devenind o comoară a cunoașterii. Mai târziu a devenit un yoghin rătăcitor, animat de renunțarea supremă și de compasiune.

Mă rog celor trei minunați maeștri: Trinlé Zangpo, întrupare a celor
Trei Giuvaieruri;
Nyeton Damcho, protector al Dharmei definitive și atotcuprinzătoare;
Namkha Palzangpo, măreț maestru al sutrelor și al tantrelor.

Trinley Zangpo (cunoscut și ca Jamyang Konchog Zangpo) s-a pregătit în multe mânăstiri din toate tradițiile, încorporând astfel toate învățăturile celor Trei Giuvarieruri. Nyeton Damcho (cunoscut ca Drenchog Namkha Tsenchan) a obținut mărețe realizări prin practicarea celor Șase Vajra Yoga, iar ca abate a două mari mânăstiri a fost protectorul învățăturilor definitive atotcuprinzătoare ale Dharmei. Namkha Palzangpo (cunoscut și ca Panchen Namkha Palzang) s-a pregătit inițial în tradiția Sakya și a devenit un eminent învățat al sutrelor și tantrelor, în special al glorioasei Tantre Kalachakra.

Mă rog celor trei care au realizat beneficii neîntrecute pentru alții: Ratnabhadra, măreț traducător;

Lama Kunga Drolchok, sursă a fericirii pentru toate ființele; Lungrig
Gyatso, martor al adevăratului înțeles nenăscut.

Se spune că Ratnabhadra a adus un mare beneficiu celorlalți prin ca-
pacitatea sa de a pacifica demonii datorită conexiunii pe care o avea cu
zeitatea amenințătoare Mahakala. De asemenea, el a înființat mai multe
mănăstiri. Lama Kunga Drolchok a fost un mare maestru *rimé* care a avut
o strânsă conexiune cu Dakini Niguma și care a adus multă bucurie tu-
turor ființelor prin munca sa privind Dharma. Lungrig Gyatso a obținut
realizări extraordinare practicând cele Șase Vajra Yoga, inclusiv controlul
complet al stării de vis, fiind astfel un martor al adevăratei și nenăscutei
semnificații a adevărului ultim.

Mă rog celor trei înzestrați cu bunătate inegalabilă: Drolway Gonpo,
măreț eliberator; Kunga Rinchen, comoară de calități vaste precum
oceanul; Khidrup Namgyal, întrupare a tuturor ființelor sfinte.

Drolway Gonpo (cunoscut și ca Taranatha sau Kunga Nyingpo) a fost un
măreț eliberator al ființelor care a predat Dharma pe scară largă, a fost un
scriitor prolific și a revitalizat tradiția Jonang. Kunga Rinchen (cunoscut
și ca Ngonjang Rinchen Gyatso) a fost un mare erudit și un învățător cu-
noscut pentru capacitatea sa de a absorbi o cantitate mare de cunoștințe,
dar și pentru alte calități vaste precum oceanul datorită realizărilor sale
din viețile anterioare. Khidrup Lodrö Namgyal a fost considerat reîncar-
narea mamei lui Dolpopa și este considerat întruparea tuturor ființelor
sfinte, el obținând mari abilități spirituale însoțite de semne miraculoase
care apăreau ori de câte ori practica anumite ritualuri.

Mă rog celor trei deținători ai tezaurului sfintelor învățături:
Thugye Trinlé, maestru al vorbirii;
Tenzin Chogyur, cel victorios;
Ngawang Chöjor, ornament al practicii Dharma.
Ornament of Dharma practice Ngawang Chöjor.

Ngawang Thugye Trinlé (cunoscut și sub numele de Chalongwa) s-a născut în Chosang în anul calului de lemn și a avut de la o vârstă fragedă multe puteri spirituale, cum ar fi pacificarea demonilor. El a primit instrucțiuni de la mulți maeștri, inclusiv de la Panchen Lama Lobsang Chogyen. În mod special, a primit cele Șase Vajra Yoga din Kalachakra de la Chöjé Kunsang Wangpo. A avut mulți discipoli, din Golok până în Zuka Ta Tse. Tenzin Chogyur (cunoscut și ca Ngawang Tenzin Namgyal) a avut multe realizări mărețe prin practicarea celor Șase Vajra Yoga, fiind astfel victorios în practica Dharmei. Ngawang Chöjor (numit de asemenea Ngawang Khetsun Dargye) a fost considerat un ornament al practicii Dharmei datorită mărețelor sale realizări printre care includeau puteri magice în vis și percepția continuă a propriului corp în starea de lumină clară.

Mă rog celor trei maeștri care îndeplinesc fără efort activități sfinte:
Trinlé Namgyal, ornament al conduitei desăvârșite;
Chökyi Peljor, măreață comoară și siddha a Dharmei;
Gyalwe Tsenchang, deținător al instrucțiunilor esențiale perfecte.

Trinlé Namgyal a primit instrucțiuni de la diferiți maeștri și obținut realizări profunde prin practicarea celor Șase Vajra Yoga, fiind respectat ca deținătorul multor însușiri bune, inclusiv conduita perfectă. Chokyi Peljor a primit instrucțiunile pentru cele Șase Vajra Yoga de la maestrul său, Khetsun Dargye. El a obținut rapid semnele adevăratei realizări a stadiului de întregire din Kalachakra și a devenit un autentic deținător al liniei de descendență. A fost cunoscut drept Shayul Chögor și era clarvăzător, având abilitatea de a citi în mințile celorlalți. Gyalwe Tsenchang (cunoscut de asemenea ca Nuden Lhundrup Gyatso) s-a născut în Zuka Yakdo. A fost considerat reîncarnarea lui Tsangwa Ngawang Trinlé. A devenit rezident în Palatul Yakdo și a fost un maestru spiritual renumit, respectat în multe locuri. El a fost recunoscut ca un mare lider spiritual de către monarhul Ahkyong, patronul său.

Mă rog celor trei lama care eliberează ființele prin sunet și vedere:
Jigme Namgyal, chintesență a celor Trei Giuvaeruri;

Chöpel Gyatso, întrupare a tuturor salvatorilor;
Chözin Gyatso, cel care a realizat corpul uniunii iluminării.

Jigme Namgyal, considerat a treia reîncarnare a lui Khidrup Lodrö Namgyal, a obţinut multe calităţi extraordinare ca rezultat al studiului şi practicii sale impecabile. Chöpel Gyatso a devenit cunoscut pentru abilităţile sale extraordinare de clarvăzător. În momentul morţii sale, au apărut multe curcubeu ca dovadă a măreţei sale realizări. Chözin Gyatso a fost considerat emanaţia lui Akashagarbha. Realizările sale erau atât de profunde încât el putea să realizeze fapte miraculoase uluitoare, cum ar fi să treacă prin pereţi sau să călătorească în tărâmuri pure cum e Shambhala unde a primit instrucţiuni pe care le-a adus cu el în Tibet.

Mă rog celor trei ornamente ale Dharmei sacre:
Tenpa Rabgye, cel care expune Dharma de aur;
Lobsang Trinlé, înţelepciune incomparabilă în activităţi sfinte;
Jamphel Lodrö, înflorind pe continent cu înţelepciunea lui Manjushri.

Tenpa Rabgye a primit toate instrucţiunile pentru cele Şase Vajra Yoga de la Ngawang Chözin şi a experimentat multe semne care indicau stăpânirea practicii. El a trăit o viaţă foarte modestă şi a murit la vârsta de şaptezeci şi şase de ani, rămânând în starea de lumină clară timp de şase zile. Lobsang Trinlé s-a concentrat intens asupra practicii Kalachakra. După ce s-a îmbolnăvit de lepră în jurul vârstei de treizeci de ani, el a intrat într-o retragere solitară de practică a lui Vajrapani timp de cinci ani. După aceea şi-a dedicat restul vieţii tratând şi vindecând oamenii de lepră şi de alte boli. El a lucrat neobosit şi pentru a reclădi budismul Mahayana şi Vajrayana în forma sa pură. Jamphel Lodro a fost recunoscut ca fiind reîncarnarea lui Getse Khentrul, cel care în viaţa sa anterioară a fost maestrul Kalachakra Chözin Gyatso. El a studiat cele cinci tradiţii budiste tibetane în unsprezece mănăstiri din Tibet. După un pelerinaj în India unde a practicat în principalele locuri sacre budiste, a călătorit în Australia dedicându-se predării Dharmei şi traducerii acesteia în limba engleză.

Rugăciunea cu șapte ramuri și implorări

Mă prosternez ție, refugiu ultim, etern și infailibil, cu corpul, vorbirea și mintea.
Ofer nenumărați nori de ofrande atât reale, cât și generate mental.

Acest verset este începutul a ceea ce este cunoscut sub numele de rugăciunea cu șapte ramuri. În tradiția budistă tibetană, cele șapte practici din această colecție de rugăciuni sunt recitate de obicei ca preliminarii ale multor practici deoarece oferă o versiune condensată a multor instrucțiuni esențiale pentru acumularea de merit și înțelepciune.

Prima ramură este similară cu practica refugiului în care te prosternezi cu corpul, vorbirea și mintea ca o modalitate de a *aduce omagiu* și de a-ți exprima respectul față de refugiul ultim, infailibil și etern reprezentat de maestru și de cele Trei Giuvaieruri care au puterea de a elibera toate ființele din *samsara*. Aceasta acționează precum un antidot pentru mândria noastră. A doua ramură a rugăciunii implică *dăruirea* de nori nelimitați de ofrande, atât reale, cât și generate mental, ca o modalitate de a acumula merite. În timp ce recitați aceste rugăciuni, ar trebui să vizualizați câmpul de refugiu, așa cum este descris mai devreme, și pe voi împreună cu toate ființele simțitoare prosternându-vă și oferind alte obiecte prețioase, ca în practica ofrandei mandalei. Acest lucru servește ca antidot pentru zgârcenie sau lipsa de generozitate.

Mărturisesc toate negativitățile și încălcările adunate din timpuri fără de început.
Mă bucur pentru toate virtuțile din Samsara și Nirvana.
Mă rog să învârți fără încetare roata Dharmei.

A treia ramură a practicii presupune *mărturisirea* tuturor negativităților și încălcărilor, având-i ca martori pe maestru și cele Trei Giuvaieruri. La fel ca și în practica Vajrasattva, toate cele patru puteri trebuie să fie prezente. Cu sprijinul oferit de maestru și de cele Trei Giuvarieruri, ar trebui să cultivați un regret sincer pentru toate negativitățile pe care le-ați acumulat prin corpul, vorbirea și mintea voastră, ca și cum tocmai ați fi înghițit otravă, și să decideți să nu mai repetați aceasta în viitor. Ca antidot, puteți vizualiza raze de lumină care emană din cele Trei Giuvarieruri și care vă curăță toate negativitătile, acestea adunându-se sub forma unei grămezi negre pe vârful limbii voastre.

După această practică a confesiunii urmează a patra ramură. Acum vă *bucurați* pentru toate virtuțile din *samsara* și *nirvana*, care includ toate meritele acumulate de voi înșivă și ceilalți, ființe simțitoare obișnuite sau iluminate. Aceasta vă permite să acumulați fluxuri mari de merite și acționează ca antidot împotriva geloziei.

Trecând la a cincea ramură, adresați maestrului și celor Tei Giuvarieruri rugămintea *să întoarcă fără încetare roata Dharmei*, deoarece fără cineva care să ne predea Dharma nu am avea nicio șansă să obținem eliberarea din *samsara* și am fi asemenea unui orb părăsit în mijlocul deșertului. După obținerea iluminării, Buddha a decis inițial să nu predea învățături, dar s-a răzgândit după ce zeii Brahma și Indra i-au adus ofrande și i-au cerut să întoarcă roata Dharmei. În mod similar, noi ar trebui să cerem tuturor celor care dețin învățăturile lui Buddha să continue să le predea în această lume ca antidot împotriva iluziilor noastre.

Te implor să rămâi cu noi, fără să treci în parinirvana. Fie ca toate meritele să fie dedicate, astfel încât eu și toți ceilalți să obținem rapid iluminarea supremă!

După ce ne-am rugat pentru ca maestrul și cele Trei Giuvarieruri să întoarcă roata Dharmei, în această a șasea ramură ne rugăm maestrului *să rămână cu noi în samsara pentru totdeauna*, fără a trece în *parinirvana*, starea de dincolo de orice suferință în care a intrat Buddha când a murit. Deși în realitate Buddha este dincolo de naștere și de moarte, capacitatea noastră de a-l percepe depinde de meritele noastre. Prin urmare, când facem această cerere ne rugăm să avem meritele de a continua să primim învățăturile sale.

Cea de-a șaptea și ultima ramură a practicii este *dedicarea* prin care ne oferim toată virtutea pentru ca noi și toți ceilalți să atingem rapid iluminarea supremă. Ca și în cazul practicilor anterioare de dedicare, nu numai că ar trebui să vă oferiți propria virtute, ci și toate meritele acumulate de voi și de ceilalți în trecut, prezentul și viitor. Această intenție vastă va conduce fără îndoială la un rezultat vast.

Mă rog maestrului meu prețios și glorios, maestru al Dharmei și întrupare a tuturor Buddha.
Mă rog maestrului meu prețios și glorios, care deține cele patru kaya de Buddha.

Acest verset ne reamintește din nou că în practica Vajrayana maestrul este cel mai important obiect de refugiu deoarece el este întruchiparea tuturor Buddha sau legătura noastră vie cu energia universală a iluminării. Învățând să ne vedem maestrul drept o ființă iluminată care deține cele patru *kaya* de Buddha avem o cale prin care să descoperim cele patru *kaya* interioare ale naturii noastre iluminate.

Mă rog maestrului meu prețios și glorios, maestru al Dharmei, refugiul meu ultim și de neegalat.
Mă rog maestrului meu prețios și glorios, maestru al Dharmei, salvatorul meu ultim și de neegalat.

Maestrul este refugiul vostru ultim de neegalat și salvatorul ultim de neegalat, deoarece el este întruparea refugiului ultim în cele Trei Giuvarieruri care ne oferă o cale fără greșeală și inegalabilă prin care putem fi salvați din suferința *samsarei* și astfel să ajungem la iluminarea perfectă.

Mă rog maestrului meu prețios și glorios, maestru al Dharmei, care predă calea supremă spre eliberare.

Mă rog maestrului meu prețios și glorios, maestru al Dharmei, izvorul tuturor realizărilor sublime.

Mă rog maestrului meu prețios și glorios, maestru al Dharmei,
care înlătură întunericul ignoranței.

În acest verset ne exprimăm imensa recunoștință față de maestru, amintindu-ne că el ne învață calea supremă spre eliberare, că ne înfățișează toate realizările sublime, acestea reprezentând legătura noastră personală cu toți Buddha și că ne îndepărtează întunericul ignoranței care ne împiedică să atingem iluminarea.

Te rog, acordă-mi împuternicirea!
Te rog, binecuvântează-mă cu puterea de a practica cu dedicare totală!

Acum îl implorăm pe maestru să ne ofere împuternicirea, care este un ritual simbolic de conectare a noastră cu înțelepciunea lui iluminată, așa cum este descris în secțiunea care urmează. În budismul Mahayana, natura goală a minții este prezentată prin analiză filosofică și contemplativă, astfel încât mintea înțelege mai întâi vacuitatea și apoi o descoperă. Prin împuternicire (*abhisheka* în sanscrită), nu doar mintea, ci și corpul și vorbirea sunt prezentate drept manifestări ale naturii noastre de Buddha, ca și cum am spune „tu ai acest lucru!" Noi primim ceva din exterior, ci mai degrabă activăm recunoașterea a ceea ce se află în noi.

De asemenea, ne rugăm maestrul să ne ofere împuternicirile pentru a fi capabili să ne angajăm în practicarea Dharmei cu o dedicare completă. Această cerere este un mod puternic de a crea condițiile favorabile pentru practica autentică a Dharmei.

Fie ca toate obstacolele să fie îndepărtate, astfel încât să îmi dedic viața
practicii!
Fie să experimentez esența practicii!

Obstacolele din calea practicii spirituale includ obstacole externe, cum sunt probleme financiare sau adversarii care acționează împotriva noastră, dar și obstacole interne, cum sunt gândurile ce apar datorită zgârceniei sau dorințelor care ne îndepărtează de la practica Dharmei. Ne rugăm, de asemenea, să experimentăm esența practicii, ceea ce presupune obținerea adevăratei realizări, nu doar a înțelegerii intelectuale.

Fie ca practica mea să atingă perfecțiunea ultimă!
Fie ca eu să eman în mod natural iubire, compasiune și Bodhicitta!

Pentru a ne asigura succesul în practicarea Dharmei avem nevoie de dedicare sau de devotament pentru Dharma, dar și de o bună concentrare într-un singur punct. Avem nevoie de asemenea de abilitatea de a cultiva iubirea, compasiunea și bodhicitta, care ar trebui să devină parte din noi, astfel încât să putem emana în mod natural aceste calități.

Fie să unific concentrarea perfectă și cunoașterea interioară!
Fie să obțin experiența adevărată și realizarea supremă a Dharmei!

Putem experimenta realitatea naturii noastre de Buddha și să eradicăm complet întunecările noastre mentale dacă suntem capabili să unificăm concentrarea și cunoașterea interioară. De aceea ne rugăm să realizăm *shamatha*, starea perfectă de concentrare într-un singur punct prin care mintea poate fi focalizată puternic pe orice obiect alegem, ceea ce ne va conduce la *vipashyana*, starea de înțelegere clară a naturii adevărate a realității.

Fie să desăvârșesc practica profundei căi vajra yoga!
Fie să fiu împuternicit cu puterile siddhi ale măreței peceți chiar în această viață.

La sfârșit, ne rugăm maestrului ca să fim capabili să practicăm și să obținem realizarea căii profunde Vajra Yoga, extraordinara metoda tantrică a tradiției Jonang Kalachakra cunoscută sub numele de cele Șase Vajra Yoga.

Primirea celor patru împuterniciri

Prin cele patru împuterniciri facem cunoștință cu corpul divin, vorbirea, mintea și înțelepciunea primordială ale maestrului, manifestarea propriei noastre naturi de Buddha. „Corpul, vorbirea și mintea" ne sunt prezentate ca având mai multe niveluri diferite de semnificație, dar putem spune simplu că ne purificăm corpul subtil (format din canale și chakre), vorbirea subtilă (sau vântul interior), mintea subtilă (sau esențele) și, în final, ceea ce rămâne din combinarea celor trei (cunoscută sub numele de conştiinţa fundament). Conform sistemului Kalachakra, cele patru împuterniciri adevărate se realizează prin intermediul unei consoarte secrete de înţelepciune. Aici, practica primirii împuternicirilor este o reprezentare simbolică a acestui nivel mai profund.

Din silaba OM (ॐ) aflată în zona frunţii maestrului meu de rădăcină, măreţul Vajradhara, lumină albă izvorăşte şi se dizolvă în chakra frunţii mele, purificând negativităţile şi obscurităţile corpului. Fie ca eu să primesc împuternicirea vazei şi să fiu binecuvântat de corpul iluminat!

Prin prima împuternicire – cunoscută sub numele de împuternicirea vazei – lumină albă radiază din fruntea maestrului şi se dizolvă în chakra frunţii voastre, situată la jumătatea distanţei dintre ochi, la aproximativ un centimetru deasupra rădăcinii nasului. Aceasta purifică întunecările corpului legate de acţiuni negative cum ar fi furtul sau rănirea fizică a altcuiva şi dizolvă impurităţile canalelor şi chakrelor. Sunteţi astfel binecuvântaţi de corpul-vajra iluminat, devenind un vas receptiv pentru practicile de vizualizare şi sunteţi împuterniciţi cu tendinţele pentru atingereacorpurilor emanate ale unui Buddha, *nirmanakaya.*

Din silaba AH (अः) aflată în zona gâtului maestrului, lumină roşie izvorăşte şi se dizolvă în chakra gâtului meu, purificând negativităţile şi obscurităţile vorbirii. Fie să primesc împuternicirea secretă şi să fiu binecuvântat de vorbirea iluminată!

Prin a doua împuternicire – cunoscută ca împuternicirea secretă – lumină roşie radiază din gâtul maestrului şi se dizolvă în chakra gâtului vostru, situată chiar deasupra mărului lui Adam. Aceasta purifică negativităţile şi întunecările vorbirii legate de acţiuni negative cum ar fi vorbele aspre sau neadevărate. De asemenea, dizolvă întunecările vânturilor voastre interne. Sunteţi astfel binecuvântaţi de vorbirea-vajra iluminată, devenind un vas receptiv pentru recitarea mantrelor şi sunteţi împuterniciţi cu tendinţele de atingere a corpurilor desfătării ale unui Buddha, *sambhogakaya.*

Din silaba HUNG (ཧཱུྃ) aflată în zona inimii maestrului, lumină albastră izvorăşte şi se dizolvă în chakra inimii mele, purificând negativităţile şi obscurităţile minţii. Fie să primesc împuternicirea înţelepciunii şi să fiu binecuvântat de mintea iluminată!

Prin a treia împuternicire – cunoscută sub numele de împuternicirea înţelepciunii – lumină albastru-închis radiază din inima maestrului şi se dizolvă în chakra inimii voastre, situată în centrul pieptului. Aceasta purifică întunecările minţii, legate de acţiuni negative cum ar fi lăcomia, ura şi ideile preconcepute şi dizolvă întunecările esenţelor subtile. Sunteţi astfel binecuvântaţi cu mintea-vajra iluminată, devenind un vas receptiv pentru practicile ce implică vânturile subtile şi canalele – cum este *tummo* – şi sunteţi împuterniciţi cu tendinţele de a atinge corpul de adevăr al înţelepciunii al unui Buddha, *dharmakaya*.

Din silaba HO (ཧོཿ) aflată în zona ombilicului maestrului, lumină galbenă izvorăşte şi se dizolvă în chakra ombilicului meu, purificând toate înclinaţiile către gândire conceptuală şi ataşament. Fie ca eu să obţin cea de-a patra împuternicire sacră. Fie să se întipărească în mine cele patru kaya de Buddha şi să fiu bincuvântat de înţelepciunea primordială indestructibilă!

Prin a patra împuternicire – cunoscută sub numele de împuternicirea cuvântului – lumină galbenă radiază din ombilicul maestrului şi se dizolvă în chakra ombilicului vostru, situată la aproximativ patru lăţimi de deget sub ombilic. Aceasta purifică toate înclinaţiile către gândire conceptuală şi ataşament, care se referă la întunecările cognitive şi la amprentele karmice stocate în conştiinţa fundament, „baza tuturor lucrurilor". Aceasta dezmembrează întunecările care rămân ca reziduuri ale celor trei otrăvuri deja menţionate. Sunteţi astfel binecuvântaţi cu înţelepciunea-vajra primordială indestructibilă, devenind un vas receptiv pentru meditaţia directă asupra adevărului ultim şi sunteţi împuterniciţi cu tendinţele de atingere a sublimului corp-natură al unui Buddha, *svabhavikakaya*.

Fuzionarea minții cu înțelepciunea minții maestrului

Maestrul se topește în lumină și se dizolvă în mine. Mintea mea devine inseparabilă de mintea dharmakaya a maestrului. Fie ca eu să rămân fără niciun efort în această stare naturală, non-conceptuală.

Ca și în practicile anterioare, încheiați practica *guru yoga* dizolvând întreaga vizualizare, observând și contemplând inseparabilitatea dintre voi și maestru. Astfel, maestrul se topește în lumină și se dizolvă în voi. Pe măsură ce se întâmplă acest lucru, mintea voastră devine inseparabilă de mintea *dharmakaya* a maestrului. Când începeți practica, există încă noțiunea de separare dintre „voi" și maestru, la fel cum orezul și grâul încă pot fi separate, chiar dacă sunt amestecate împreună. Pe măsură ce avansați pe această cale, nu mai există noțiunea de a fi separat, iar mintea voastră se contopește complet cu mintea înțelepciunii maestrului. Precum apa turnata peste apă, ele devin inseparabile. În cele din urmă, realizați că nu există nicio separare între mintea voastră și mintea maestrului, aceasta nefiind altceva decât propria voastră natură de Buddha. Nu vă contopiți doar mintea cu cea a maestrului, ci întreaga voastră ființă, inclusiv corpul și vorbirea, deși în realitate nu a existat nimic care să fuzioneze deoarece acestea nu au fost niciodată separate.

După ce mintea voastră a fuzionat cu mintea înțelepciunii Maestrului, ar trebui să rămâneți fără efort în această stare non-conceptuală și nefabricată cât de mult puteți. Lăsați-vă mintea să fuzioneze cu mintea maestrului atât timp cât puteți susține această stare. După ce ați pierdut sentimentul de unitate, puteți să recitați rugăciunile timp de câteva minute și apoi să simțiți cum maestrul se dizolvă din nou, privind pur și simplu, fără să aveți idei preconcepute.

S-ar putea să avem nevoie de timp până înțelegem sau până ne obișnuim cu această practică și nu ar trebui să ne plângem dacă nu se întâmplă nimic imediat. Pentru a avea succes în această practică, trebuie să fie prezente multe condiții legate de cel care oferă, cel care primește și de conexiunea dintre ei. Maestrul trebuie să aibă o conexiune pură cu o linie autentică, iar noi trebuie să generăm o mare acumulare de merite, păstrând în același timp devoțiunea corespunzătoare. Este de asemenea necesar să avem o relație bună sau o conexiune karmică apropiată cu maestrul.

Dedicare

Fie ca eu să ajung asemenea vouă, glorioși maeștri de rădăcină și ai liniei.
Fie ca adepții mei, durata vieții, titlul meu nobil și tărâmul meu pur să devină precum ale voastre!

Dedicăm virtutea acestei practici *guru yoga* aspirând să îi imităm pe glorioșii maeștri de rădăcină și ai liniei. Percepția noastră limitată ne împiedică să vedem adevărul că acești maeștrii sunt de fapt niște Buddha complet iluminați. De aceea trebuie să aspirăm să le urmăm exemplul, astfel încât să ne putem dezvălui natura noastră de Buddha.

În al doilea rând, dezvoltăm aspirația de a obține toate calitățile iluminate ale maestrului nostru. Acestea includ un anturaj al „adepților" noștri pe care să avem puterea de a-i influența în mod iluminat pentru ca astfel să ne atingem scopul iluminat. Acesta este rezultatul meritului nostru. „Durata vieții" se referă la o viață lungă, astfel încât să putem aduce beneficii ființelor cât mai bine posibil. „Titlul nobil" se referă la modul în care ne manifestăm pentru beneficiul altora, fie că este vorba despre un Rege Kalki din Shambhala, de un simplu călugăr sau de un pustnic rătăcitor. În sfârșit, „tărâmul pur" se referă la manifestarea meritului pe care maestrul l-a acumulat pe când se afla pe calea către starea de Buddha, așa cum Buddha Amitabha a dedicat oceane de merit pentru ca ființele să poată să renască în regatul său pur dacă își amintesc numele lui în momentul morții.

Prin puterea rugăciunilor mele către tine,
Fie ca toate bolile, sărăcia și conflictele să fie pacificate, oriunde ne-am afla!

Fie ca preţioasa Dharma şi tot ceea ce este de bun augur să sporească în tot universul!

Prin acest verset noi dedicăm virtutea acestei practici pentru ca toate bolile, sărăcia şi conflictele să fie pacificate în această lume şi pentru ca tot ceea ce este virtuos şi de bun augur, în special Dharma cea preţioasă, să sporească în univers şi să conducă toate fiinţele spre fericirea supremă a iluminării.

* * *

Preliminările unice detaliate în următoarea secţiune sunt rezervate doar celor care şi-au asumat angajamentele *Celei mai înalte tantra yoga.* Dacă nu aţi primit încă aceste împuterniciri, ar trebui să vă opriţi practica la sfârşitul secţiunii *guru yoga.* În viitor, când condiţiile vor fi prezente, veţi putea primi împuternicirile şi să vă angajaţi în practici fără restricţii.

Preliminariile unice Kalachakra și practica principală

— Kalachakra Yab-Yum —
Zeitatea Kalachakra Înnăscut în uniune cu Vishvamata

CAPITOLUL 9

Practica Kalachakra Înnăscut

În următoarea practică ne vizualizăm pe noi înșine în forma iluminată a divinității Kalachakra cu două brațe, cunoscută sub numele de Kalachakra Înnăscut. Aceasta este prima dintre cele două preliminarii unice ale celor Șase Vajra Yoga din tradiția Jonang și este cunoscută și ca stadiul de generare în cea mai înaltă tantra yoga. În această practică ar trebui să ne angajăm doar după ce am primit o împuternicire în cea mai înaltă tantra yoga, ideal în conformitate cu tradiția Kalachakra. În tradiția Jonang, stadiul de generare este o practică preliminară a stadiului de întregire al celor Șase Vajra Yoga. Pentru aceste practici, primirea împuternicirilor Kalachakra este esențială.

Atunci când „vă generați" ca divinitate iluminată nu generați o realitate fabricată sau imaginară, ci folosiți o metodă iscusită extraordinară pentru a vă apropia de realitatea non-duală a iluminării, care este natura voastră cea mai profundă. Prin această metodă învățați să vedeți universul ca fiind pur și pe toate ființele din el ca fiind iluminate, chiar dacă ele pot apărea minților obișnuite ca având multe întunecări care nu au fost încă depășite. Privind prin realitatea convențională și îmbrățișând natura sa ultimă, puteți să experimentați toate nivelurile realității cu o viziune mult mai clară și mai plină de compasiune.

În prezent suntem blocați în tot felul de noțiuni dualiste, diferențieri și emoții negative. Să meditați asupra voastră înșivă ca la o zeitate vă ajută să destrămați acest cocon al iluziilor, introducându-vă într-un tărâm Buddha pur, liber de toate limitările dualiste. Acest lucru vă permite să vă transformați toate experiențele impure în percepție pură, până când realizați că totul a fost în permanență pur. Deși această percepție pură nu este încă experiența reală a vacuității, voi vă apropiați de ea și de aceea ea este folosită ca o bornă provizorie pentru a ajunge la o realitate mult mai profundă. Odată ce vă familiarizați complet cu natura pură a experienței pe care o aveți, veți fi calificați să practicați stadiul de întregire în care meditați direct asupra sublimei vacuități.

În timp ce vă antrenați pentru a vă vedea pe voi înșivă ca zeitatea iluminată Kalachakra, vă transformați lumea în mandala sacră Kalachakra, care reprezintă relația profundă dintre Kalachakra Externă a universului, Kalachakra Internă a ființelor conținute de acesta și Kalachakra Alternativă a naturii lor iluminate. Familiarizându-vă cu următoarea vizualizare și cu mantra, mai ales în timpul practicii de retragere intensă, puteți câștiga convingerea în această realitate iluminată în care toate aparențele devin zeități iluminate ale mandalei Kalachakra, toate sunetele devin vorbirea iluminată Kalachakra și toate gândurile apar și se dizolvă în tărâmul nenăscut al minții iluminate Kalachakra. Oriunde te duci, întreaga ta experiență este pătrunsă de esența Kalachakra.

PRACTICA SCURTĂ KALACHAKRA ÎNNĂSCUT CU COMENTARII

Ca în oricare practică Mahayana, ar trebui să vă luați refugiul și să cultivați intenția supremă către bodhicitta. Începeți această practică stabilind vizualizarea și apoi recitați mantra. Această practică de vizualizare ar trebui să aibă trei caracteristici esențiale: (1) prezența, (2) claritatea și (3) puritatea percepției. *Prezența* sau mândria divină este legată de intensitatea a ceea ce simțiți sau conexiunea emoțională pe care o aveți cu vizualizarea. *Claritatea* reprezintă conștientizarea detaliilor care, prin practică, ni se imprimă treptat în minte. Ele trebuie să fie vibrante și diafane ca un curcubeu, nu rigide sau fixe. *Percepția pură* apare atunci când realizați adevărata semnificație a simbolurilor pe care le vizualizați. Dacă sunteți copleșiți de toate aceste detalii, amintiți-vă că sentimentul de prezență și de încredere este cel mai important.

Vizualizare

OM SHUNYATA JNANA VAJRA SVABHAVA ATMAKO HAM
OM, sunt alcătuit din natura conștienței vajra a vacuității.

Recitând această mantră, imaginați-vă rapid cum voi înșivă și toate fenomenele vă dizolvați în starea naturală, dincolo de concepte, și rămâneți pentru o vreme în această stare. Ar trebui să vă gândiți cu încredere absolută: „Eu sunt starea naturală, primordială, a realității, dincolo de subiect și de obiect". Încercați să stați cât mai mult posibil în această stare non-conceptuală.

Apărând din vacuitate, instantaneu și spontan, sunt Kalachakra Înnăscut. Stau pe o bază formată dintr-un lotus și discuri de Lună, Soare, Rahu și Kalagni*, care sunt așezate pe vârful Muntelui Meru și pe universul celor patru elemente. Corpul meu este albastru, cu o față, două brațe și trei ochi. Îmi îmbrățisez consoarta Vishvamata și țin un vajra și un clopot în dreptul pieptului.

Din starea de vacuitate de dincolo de concepte, sunteți impregnați cu intenția bodhicitta și apăreți instantaneu în forma lui Kalachakra Înnăscut, cunoscut sub numele de „Dukor Langkye" în tibetană. În mintea iluminată a lui Kalachakra Înnăscut apar, de jos în sus, o serie de patru discuri concentrice, reprezentând universul celor patru elemente: vasta mandală a vântului, mandala focului, mandala apei și mandala pământului. În centrul mandalei pământului apare Muntele Meru în vârful căruia apare o floare de lotus multicoloră și apoi un disc alb al Lunii, un disc roșu al Soarelui, un disc negru Rahu și un disc galben Kalagni. Discul Lunii simbolizează bodhicitta, discul Soarelui simbolizează realizarea vacuității, discul Rahu reprezintă extazul imuabil și discul Kalagni simbolizează forma-goală.

Kalachakra stă maiestuos pe această bază. El are corpul de culoarea albastru închis, simbolizând puritatea ultimă a canalului central, și o singură față care simbolizează unicul adevăr ultim natural al tuturor fenomenelor. Cele două brațe ale sale simbolizează metoda și înțelepciunea stării primordiale sau inseparabilitatea dintre mărețul extaz și forma-goală. Cei trei ochi simbolizează percepția directă a trecutului, prezentului și viitorului. Își îmbrățișează consoarta, Vishvamata, cu mâinile întinse, ținând un vajra în mâna dreaptă și un clopot în mâna stângă, simbolizând unitatea ultimă a metodei și a înțelepciunii sau aspectele masculin și feminin ale iluminării.

Gâtul lui Kalachakra are trei culori: albastru-închis în centru, roșu în partea dreaptă și alb în partea stângă, simbolizând eliminarea a trei calități cunoscute sub numele de cele *trei guna*: (1) *tamas*, (2) *rajas* și (3) *sattva*. În Kalachakra aceste trei însușiri reprezintă cele *trei otrăvuri*: (1) ignoranța, (2) atașamentul și (3) aversiunea. Acești trei termeni sunt familiari adepților sistemului hindus samkhya și sunt folosiți special pentru a-i ajuta pe acei practicanți să fie îndrumați spre o cale benefică.

Piciorul meu stâng alb este retras și calcă pe inima zeului alb al creației. Piciorul meu drept roșu este întins și calcă pe inima zeului roșu al dorinței. Capul îmi este împodobit cu un coc din păr împletit, o nestemată care îndeplinește dorințele și o semilună.

Kalachakra are două picioare și calcă peste doi zei samsarici din tradiția hindusă, simbolizând eliberarea atât de *samsara*, cât și de *nirvana*. Piciorul stâng alb este ușor îndoit și strivește pieptul lui Ishvara, reprezentat ca un zeu alb, mânios, cu o față și trei ochi, care poartă o piele de tigru și un ornament în formă de șarpe și zace pe spate, leșinat. Aceasta semnifică transformarea canalului stâng, *lalana,* și eliminarea celor patru perturbări: atașamentul, aversiunea, ignoranța și mândria. Piciorul drept roșu este întins și zdrobește pieptul zeului roșu al dorinței, Kamadeva, care are o față pașnică și două brațe, e împodobit cu bijuterii și este și el întins cu fața în sus, leșinat. Aceasta semnifică transformarea canalului drept, *rasana*, și eliminarea celor patru *mara* (amăgiri): agregatele, perturbarea, moartea și obiectele plăcute.

Capul lui Kalachakra este împodobit cu un coc bogat din păr împletit din care se revarsă șuvițe pe spate. În vârful cocului se află o nestemată care îndeplinește dorințele, învelită în mătase curgătoare. În fața cocului se află un vajra dublu multicolor ce simbolizează cele *patru puteri sublime ale unui Buddha*: (1) pacificarea, (2) sporirea, (3) cucerirea și (4) subjugarea mânioasă. Deasupra dublului vajra este o semilună care simbolizează extazul imuabil.

Port ornamente vajra, iar în partea de jos a corpului straie din piele de tigru. Am degetele în cinci culori diferite și cele trei încheieturi ale fiecărui deget au culori diferite. Vajrasattva este așezat deasupra coroanei capului meu și mă aflu în mijlocul unui cerc de flăcări din cinci culori diferite. Expresia feței mele este un amestec de mânie și pasiune.

Kalachakra este împodobit cu numeroase ornamente-vajra făcute din diamante indestructibile: cercei, coliere, brățări, curea, brățări la glezne și male. El este drapat într-o eșarfă de mătase, simbolizând extazul imuabil indestructibil al minții iluminate, iar în partea inferioară a corpului poartă o piele de tigru care simbolizează eliminarea mândriei și aroganței.

Cele cinci degete ale mâinilor sale au cinci culori diferite: (1) degetul mare este galben, (2) degetul arătător este alb, (3) degetul mijlociu este roșu, (4) inelarul este albastru închis și (5) degetul mic este verde. Aceastea simbolizează purificarea celor *cinci elemente* ale canalului stâng, *lalana*, ducând la realizarea celor *cinci înțelepciuni*: (1) înțelepciunea atotcuprinzătoare, (2) înțelepciunea asemenea oglinzii, (3) înțelepciunea imparțialității, (4) înțelepciunea discriminării și (5) înțelepciunea tuturor realizărilor. În interiorul fiecărei mâini, cele trei articulații ale fiecărui deget au trei culori diferite: (1) articulația cea mai apropiată de vârful degetului este albă, (2) articulația de mijloc este roșie și (3) articulația de la bază, cea mai apropiată de palmă, este albastru închis. Aceste culori simbolizează purificarea canalului drept, *rasana,* și realizarea (1) corpu-lui-vajra, (2) a vorbirii-vajra și (3) a minții-vajra indestructibile. Coroana îi este împodobită de Vajrasattva de culoare albastră care simbolizează faptul că zeitatea Kalachakra aparține în primul rând familiei Buddha Va-jrasattva.

Raze strălucitoare de cinci culori diferite, având lungimea unui corp, radiază spre exterior și formează un inel de flăcări intense, din care lumina și flăcările continuă să emane în exterior, tot mai departe. Fața lui exprimă mânie și putere, având o pereche înspăimântătoare de colți atât în partea superioară, cât și în cea inferioară, iar cei trei ochi sunt bulbucați și ușor injectați. Expresia lui este un amestec de mânie intensă, fără compromis, și iubire pasională sau extaz sexual divin. Acestea reprezintă compasiunea indestructibilă și extazul imuabil.

Sunt îmbrățișat de Vishvamata, care are corpul de culoare galbenă, o față, două brațe și trei ochi. În mâna dreaptă ține un cuțit încovoiat și un craniu-potir în cea stângă. Are piciorul drept retras și stângul întins și suntem în uniune. Este goală și împodobită cu cele cinci ornamente din os. O jumătate din părul ei este prins în coc în vârful capului, iar restul îi cade liber pe spate.

Kalachakra își îmbrățișează consoarta, Vishvamata, fiind inseparabili în uniunea lor (cunoscută sub numele de Kalachakra *Yab-yum*). Vishamata are corpul de culoare galben auriu, o față, două brațe și trei ochi. În mâna dreaptă, cu care îl îmbrățișează pe Kalachakra, ea ține un cuțit strălucitor cu lama curbată. În mâna stângă ține un craniu-potir din care îi oferă nectar divin lui Kalachakra. Stă cu piciorul drept retras și stângul întins și este împreună cu Kalachakra în uniune sexuală divină. Este goală, poartă o roată aurie deasupra creștetului și este împodobită cu cele cinci orna-mente de os: (1) cercei, (2) brățări la încheieturile mâinilor și brățări pen-tru brațe, (3) brățări la gleznă, (4) centură și (5) coliere. Jumătate din părul ei este strâns într-un coc în vârful capului și jumătate îi curge pe spate, simbolizând cum toate fenomenele au natura ultimă a formei-goale.

În zona frunții mele Yab-yum apare silaba OM (ᨏ); în zona gâtului, AH (ᨏ); în zona inimii, HUNG (ᨏ); în zona ombilicului, HO (ᨏ); în zona secretă, SVA (ᨏ); și în zona coroanei, HA (ᨏ).

Kalachakra *Yab-yum* (1) are la frunte o silabă OM de culoare albă, reprezentând natura pură a elementului apă și familia Amitabha, corpul-vajra al tuturor Buddha; (2) la gâtul lor este o silabă AH roșie ce reprezintă natura pură a elementului foc și familia Ratnasambhava, vorbirea-vajra a tuturor Buddha; (3) la inima lor este o silabă HUNG de culoare albastru închis ce reprezintă natura pură a elementului aer și familia Amogha-siddhi, mintea-vajra a tuturor Buddha; (4) la ombilicul lor este un HO galben, reprezentând natura pură a elementului pământ și familia Vairo-chana, înțelepciunea-vajra indestructibilă a tuturor Buddha; (5) în locul secret este o silabă SVA albastră, reprezentând natura pură a elemen-tului înțelepciunii primordiale și familia Vajrasattva, puritatea ultimă a înțelepciunii primordiale a tuturor Buddha; (6) deasupra creștetului lor se află o silabă verde HA care reprezintă natura pură a elementului spațiu și familia Akshobya, activitățile vajra ale tuturor Buddha.

Scopul vizualizării celor șase silabe nu este numai de a vă binecu-vânta sau transforma aceste locuri particulare din corpul vostru, ci de a înțelege că Kalachakra și Vishvamata sunt întruchiparea pură a celor șase tărâmuri ale *samsarei* și că acest lucru nu este diferit de propria voastră natură primordială.

Raze de lumină emană din inimă și transformă întregul univers într-un tărâm Buddha, și pe toate ființele în nenumărate zeități ale mandalei Kalachakra.

Raze strălucitoare de lumină de șase culori diferite emană apoi spre exte-rior din inima lui Kalachakra și cele șase silabe ajung în cele șase tărâmuri ale *samsarei*. Tărâmul de Buddha al mandalei Kalachakra pătrunde prin întregul univers al celor șase tărâmuri, iar lumina transformă toate ființele în nenumărate zeități ale mandalei Kalachakra.

Cu încredere, amintiți-vă că voi sunteți Kalachakra și Vishvamata în uniune și creați o vizualizare clară, vibrantă și translucidă asemenea luminii unui curcubeu, nu doar ca o fotografie sau ca o statuie obișnuite. Rămâneți în starea naturală Kalachakra cât de mult doriți.

Repetarea mantrei și dizolvarea

OM HA KSHA MA LA VA RA YANG (SVAHA)
(Recită mantra de câte ori dorești.)

După ce ați stabilizat vizualizarea lui Kalachakra Înnăscut, ar trebui să vizualizați simbolul mantrei Kalachakra în inima voastră și să recitați mantra. Cea mai bună modalitate de a recita mantra este să aduceți în minte înțelegerea numeroasele niveluri de semnificație ale fiecărei silabe în timp ce păstrați vizualizarea clară în minte. Mantra poate fi recitată cu voce tare sau spusă în tăcere, dar, în orice mod ați face-o, trebuie să existe un sunet distinct pentru fiecare silabă. Cea mai bună metodă este să recitați mantra în șoaptă, asigurându-vă că nu o rostiți prea tare.

Pentru a vizualiza simbolul mantrei (numită uneori *Puternica monogramă cu zece silabe*), vizualizați în inima voastră un lotus deaspura căruia sunt așezate unul peste altul discuri de Lună, Soare, Rahu și Kalagni. Deasupra acestora apare simbolul mantrei cu litere colorate interconectate. În funcție de practica pe care o faceți, puteți să îi vizualizați și componentele care au culori diferite. În tradiția Jonang, în stadiul de generare Kalachakra vizualizăm simbolul mantrei după cum urmează (de sus în jos): (1) HA alb, (2) KSHA verde, (3) MA multicolor, (4) LA galben; (5) VA alb, (6) RA roșu, (7) YA negru, (8) în partea de sus este o semilună roșie, (9) cu o picătură albă (un cerc) deasupra sa și (10) un *nadu* albastru-închis (ca o flacără mică) ce se ridică din picătură.

Silabele mantrei au multiple niveluri de semnificație, simbolizând diferite aspecte exterioare, interioare și alternative ale Kalachakra. În sens general, monograma reprezintă întreaga Buddha-Dharma, inclusiv cele trei vehicule şi cele 84.000 de învățături ale lui Buddha. De asemenea, reprezintă cele şase elemente din care sunt alcătuite toate fenomenele convenționale şi principalele obiective ale purificării: (1) vântul (YA), (2) focul (RA), (3) apa (VA) (4) pământul (LA), (5) conştiința (MA) şi (6) spațiul (HA). Aceste elemente mai sunt asociate cu cele şase aspecte ale căii spre iluminare şi

Puternica monogramă cu zece silabe

cu cele şase familii de Buddha, rezultatul final al iluminării. În plus, silaba verde KSHA reprezintă elementul minții primordiale, semiluna reprezintă esențele roşii şi canalul drept, picătura reprezintă esențele albe şi canalul stâng, iar *nadu* reprezintă canalul central.

Vizualizări alternative

Dacă detaliile specifice sunt prea dificile, Jetsun Taranatha ne oferă opțiunea mai simplă de a vizualiza mantra de culoare verde în centrul inimii noastre, întrucât verdele reprezintă toate culorile. Alternativ, puteți continua să practicați una dintre următoarele vizualizări. Dintre ele, puteți alege să vă concentrați pe vizualizarea cu care simțiți că aveți cea mai mare conexiune. În timp ce recitați mantra, concentrați-vă asupra detaliilor vizualizării și odihniți-vă în starea produsă. Prin puterea acestei practici puteți începe să experimentați toate sunetele ca fiind mantra, toate manifestările ca zeități și toate gândurile ca fiind înțelepciunea *dharmakaya*.

Atenție conștientă asupra mandalei Kalachakra

Din mantra Kalachakra vizualizată în inima voastră radiați fascicule infinite de lumină către tărâmurile de Buddha *sambhogakaya* și invocați cele 636 de zeități din mandala Kalachakra și orice alte zeități *yidam* ale celor patru clase de tantra. Kalachakra *Yab-yum* absoarbe toate aceste zeități, astfel încât deveniți întruparea tuturor acestora.

Atenție conștientă asupra maestrului de rădăcină

Vizualizându-vă drept Kalachakra *Yab-yum* și din mantra din inima voastră radiați lumină în toate direcțiile invocându-l pe principalul vostru maestru spiritual. Primiți cele patru împuterniciri de la maestrul vostru care apoi se dizolvă în Vajrasattva de culoare albastră care se află deasupra coroanei voastre și deveniți inseparabili de acesta.

Atenție conștientă asupra învățătorilor Dharma

Vizualizându-vă drept Kalachakra în uniune cu Vishvamata, din mantra din inima voastră lumina radiază în toate direcțiile invocându-i pe toți învățătorii Dharma cu care aveți o conexiune. Toți se dizolvă în maestrul vostru de rădăcină care este întruchiparea tuturor învățătorilor voștri spirituali și inseparabil de Vajrasattva de deasupra coroanei voastre.

Aducerea de ofrande către ființele iluminate

Vizualizați-vă drept Kalachakra *Yab-yum*. Din mantra Kalachakra din inima voastră radiați raze infinite de lumină către toate tărâmurile de Buddha. Razele se transformă în nenumărate ofrande făcute pe plan extern, intern şi secret, satisfăcând şi fiind pe placul minţii pure a tuturor Buddha. În acelaşi timp, fiţi convinşi că toate fiinţele acumulează oceane de merit. Razele de lumină se întorc purtând binecuvântările corpului, vorbirii şi minţii tuturor Buddha sub formă de imagini, mantre şi simboluri. Acestea se dizolvă în Kalachakra *Yab-yum*. Prin aceasta, primiţi puterile corpului, vorbirii şi minţii tuturor Buddha.

Purificarea tuturor tărâmurilor impure

Vizualizându-vă drept Kalachakra *Yab-yum*, infinite raze de lumină radiază acum din mantra din inima voastră către toate universurile impure. Pe măsură ce lumina atinge fiecare univers, acesta devine instantaneu un tărâm Buddha pur, plin cu palate măreţe, şi toate fiinţele devin instantaneu zeităţi Kalachakra. Razele de lumină se întorc şi se dizolvă în Kalachakra *Yab-yum*. Aceasta este cunoscută ca purificarea universurilor impure şi este echivalentă cu practica Bodhisattva numită antrenamentul tărâmurilor pure prin care toate rădăcinile virtuţii sunt transformate în mijloace pentru întemeierea unui tărâm Buddha în care toţi veţi dobândi starea de iluminare. Pentru practicanţii sutrelor Mahayana, această practică este realizată de-a lungul multor eoni, dar un practicant Vajrayana autentic ar putea să o realizeze într-un timp foarte scurt.

Mantra arzătoare circulară

Următoarele două vizualizări sunt practicate în mod obişnuit în toate formele celei mai înalte tantra yoga. În prima dintre acestea, continuaţi să vă vizualizaţi drept Kalachakra *Yab-yum* cu simbolul Kalachakra în inima voastră, amintindu-vă că adevărata voastră realitate naturală este goală de toate fenomenele înşelătoare. Toate fenomenele samsarice şi iluminate sunt o manifestare a lui Kalachakra *Yab-yum*. Cu mare încredere, vedeţi cum toate silabele mantrei Kalachakra OM HAKSHA MALA VARAYA, radiază şi curg ca un şuvoi din gura lui Kalachakra în jos, până în inima lui, apoi continuă să coboare prin corpul său până la bijuteria sa vajra secretă şi se revarsă cu un măreţ sunet extatic, în lotusul secret al Vishvamatei. Fluxul de silabe urcă apoi în sus prin canalul ei central, ieşindu-i prin gură şi intrând apoi în gura lui Kalachakra, înainte de a se dizolva în simbolul din inima lui. De fiecare dată când se formează o nouă mantra, ea curge în acest mod.

Mantra arzătoare circulară inversată

În cea de-a doua variantă, vizualizați-vă ca și înainte drept Kalachakra *Yab-yum* cu mantra Kalachakra în inimă. Amintiți-vă că adevărata voastră realitate naturală este goală de toate fenomenele înșelătoare și că toate fenomenele samsarice și iluminate sunt o manifestare a lui Kalachakra *Yab-yum*. Cu mare încredere, vedeți toate silabele mantrei Kalachakra, OM HAKSHA MALA VARAYA, cum radiază într-un flux din gura lui Kalachakra în gura Vishvamatei, continuând în jos pe canalul ei central până la lotusul său secret și revărsându-se cu un măreț sunet extatic în bijuteria vajra secretă a lui Kalachakra, apoi călătorește în sus prin canalul său central și se dizolvă în simbolul din inima lui Kalachakra. De fiecare dată când se formează o nouă mantra, ea curge în acest mod, ca un flux circular.

Recitarea asemenea zumzetului de albine

Există și alte două forme de vizualizare și de recitare a mantrei care au fost practicate de mulți mari maeștri indieni și tibetani. Acestea sunt foarte puternice și sunt realizate numai de către practicanții celei mai înalte tantra yoga. Ele sunt, de asemenea, cele mai prețioase practici pentru a ne pregăti pentru stadiul de întregire Kalachakra și pentru practica principală de recitare în cea mai înaltă tantra yoga. Acest lucru se datorează faptului că prin ele se poate dobândi realizarea uniunii inseparabile a mărețului extaz cu forma-goală.

Pentru prima dintre aceste practici, continuați să vă vizualizați drept Kalachakra *Yab-yum* având în inima voastră mantra. De data aceasta, toți Buddha și ființele simțitoare din cele zece direcții devin instantaneu Kalachakra. Toți recită mantra Kalachakra, OM HAKSHA MALA VARAYA, astfel încât tot ce puteți auzi este sunetul mantrei. Păstrați-vă mintea concentrată asupra acestei stări și recitați mantra concentrați într-un singur punct: OM HAKSHA MALA VARAYA. Un maestru indian a declarat: „Recitarea mantrei, practica și meritul vostru sunt multiplicate prin această vizualizare și practică".

Cele patru activități extraordinare

Cea de-a doua practică este cunoscută sub numele de *cele patru activități extraordinare*, realizate de practicanții tantrici pentru folosul celorlalți. Aceste activități includ: pacificarea, sporirea, controlarea și subjugarea mânioasă. Fiecare dintre acestea este identificată printr-o anumită culoare, așa cum este descris mai jos. Ele pot fi practicate individual sau împreună.

Începeți din nou prin a vă vizualiza drept Kalachakra în uniune cu Vishvamata având în inimă simbolul Kalachakra. De data aceasta apar numeroase zeități în mijlocul unor raze de lumină care radiază spre exterior, până în cele mai îndepărtate zone ale spațiului. Aceste fluxuri de lumină au explodat din silaba-sămânță: (1) lumina albă apare ca zeități albe pentru a liniști sau a risipi boala, necazurile și obstacolele, (2) lumina galbenă, ca drept zeități galbene pentru a crește longevitatea, meritul, bogăția și însușirile bune ale tuturor ființelor, (3) lumina roșie apare ca zeități roșii pentru a conferi capacitatea de a controla și de a câștiga putere, glorie, măreață energie și influență în beneficiul tuturor ființelor și (4) lumina de culoare albastru-închis apare ca zeități albastru-închis pentru a învinge demonii, *mara* și obstacolele dificile care împiedică ființele simțitoare să obțină iluminarea.

Luminile și zeitățile se întorc și se dizolvă în voi, eradicând suferințele și întunecările de pe calea spre iluminare. Realizările voastre sunt întărite și dobândiți capaicitatea de a vă controla vânturile interioare și chakrele: toată ignoranța și iluziile voastre sunt eliminate.

Aceste două vizualizări pot fi practicate secvențial, fiecare parte fiind urmată de recitarea mantrei, sau împreună, cu recitarea mantrei la sfârșit.

Dizolvarea

Întreaga vizualizare se topește apoi în lumină și se dizolvă în mine.

Pentru a încheia sesiunea de practică, dizolvați toate vizualizările pe care le-ați creat, inclusiv mediul și divinitățile din mandală în Kalachakra *Yabyum*, apoi Vishvamata se dizolvă în Kalachakra, Kalachakra se dizolvă de la margine către centru, păstrând simbolul interior al mantrei în centrul pieptului său. Apoi simbolul mantrei se dizolvă de la bază în sus, până la *nadu*. *Nadu*, aflat în partea de sus a simbolului, dispare treptat în vacuitate, iar voi rămâneți în această stare deschisă de conștientizare cât de mult timp puteți.

În acest fel, întreaga vizualizare se dizolvă și se contopește cu ființa voastră precum apa turnată peste apă. De-a lungul acestei practici, ar trebui să aveți o înțelegere clară a faptului că uniunea dintre Kalachakra și Vishvamata vă reprezintă de fapt pe voi înșivă. Pe măsură ce dizolvați vizualizarea, trebuie să vă odihniți pur și simplu în conștientizarea acestei inseparabilități.

Dedicare

Fie ca prin puterea acestei virtuți să realizez cât mai repede starea Kalachakra și să conduc toate ființele spre iluminarea Kalachakra!

Ca și în practicile precedente, încheiați prin a dedica meritul pentru a atinge rapid starea de Kalachakra prin practicarea celor Șase Vajra Yoga. Scopul vostru ar trebui să fie să conduceți toate ființele la starea de iluminare Kalachakra, moment în care *rupakaya* – corpul-formă al iluminării – va aduce în mod spontan beneficii nenumăratelor ființe simțitoare.

"Scara Divină – Preliminarii și Practica Principală a Profundei Vajra Yoga Kalachakra", compusă de Drolway Gonpo (Taranatha), descrie cum practicau marii maeștri tantrici Jonangpa și fiii lor de suflet și include esența tuturor instrucțiunilor liniei pure de învățătură.

Autorul acestui text este Taranatha, marele maestru Jonang din secolul al XVII-lea, care a fost atât un erudit strălucit, cât și un practicant extrem de realizat. Textul reunește instrucțiunile esențiale care au fost transmise de la o generație la alta, de la maeștrii tantrici către discipolii lor de suflet. Marii practicanți din trecut au practicat în acest fel și ar trebui să considerăm că este o binecuvântare extraordinară că avem oportunitatea de a le călca pe urme. În acest punct, textul principal se încheie.

CAPITOLUL 10

Aspirația pentru realizarea celor Șase Vajra Yoga

Prin practica stadiului de generare Kalachakra Înnăscut ne întărim percepția pură care ne permite să ne folosim mai mult experiența ca bază pentru realizarea naturii ultime a realității. Având această bază, suntem pregătiți să începem practica principală a stadiului de întregire Kalachakra, cele Șase Vajra Yoga.

Pentru a practica aceste metode profunde este necesar să primiți cele *Patru Împuterniciri Înalte* de la un Maestru Vajra Kalachakra. Va fi de asemenea necesar să primiți instrucțiunile esențiale unice despre felul în care puteți practica corect aceste tehnici. Din acest motiv, este vital să cultivați o relație spirituală cu un învățător autentic, deținător al liniei de descendență a acestor instrucțiuni. Fără acestea, nu e nici o șansă să progresați pe această cale.

ༀ་ཨཿཧཱུྃ་ཧོཿཧཱུྃ་ཕཊཿ

Conform tradiției Jonang-Shambhala, practicile stadiului de întregire sunt predate în mod ideal într-o manieră experiențială, discipolul primind mai întâi instrucțiuni și apoi angajându-se în practică până când stăpânește tehnica. Pe măsură ce discipolul atinge nivelul necesar de realizare, Maestrul Vajra îi oferă următorul set de instrucțiuni. În acest fel, discipolul progresează pas cu pas, într-un mod care garantează că rezultatele dorite sunt atinse.

Deşi aceasta este metoda cea mai tradiţională de practică, a devenit de asemenea obişnuită şi practica intensivă a tuturor celor Şase Yoga pe parcursul unei retrageri de trei ani. Mulţi practicanţi Jonang participă la o astfel de retragere la o vârstă fragedă, astfel încât să poată stabili conexiunile necesare cu calea Vajra Yoga. După ce se familiarizează cu practicile, fie vor intra imediat într-o retragere pe termen lung, fie vor continua să-şi extindă mai întâi înţelegerea prin studiu, intrând ulterior în retragere.

Până când vom putea participa la o astfel de retragere, ar trebui să ne concentrăm asupra dezvoltării aspiraţiei de a practica cele Şase Vajra Yoga. Rugăciunea care urmează este concepută pentru a ne întări conexiunea cu această cale şi pentru a ne ajuta să ne familiarizăm cu structura generală a practicilor.

PRACTICA PRELIMINARĂ NEOBIŞNUITĂ A CELOR TREI SOLITUDINI

După primirea împuternicirilor pentru stadiul de întregire, prima practică ce este dată este de fapt ultima dintre cele două practici preliminare neobişnuite, cunoscută sub numele de cele *Trei Solitudini* (*Wen Sum* în tibetană). Această practică unică în camera întunecată este concepută special pentru a ne dezvolta concentrarea non-conceptuală într-un singur punct, care este necesară pentru a practica în mod autentic cele Şase Vajra Yoga. Această practică avansată nu este inclusă în textul de rădăcină deoarece, în mod tradiţional, ea este transmisă direct de la Maestru Vajra la discipol. Voi descrie pe scurt principalele elemente ale acestei practici, pentru a vă oferi o idee despre structura şi scopul acesteia.

Cele Trei Solitudini reprezintă în esenţă o metodă foarte eficientă pentru dezvoltarea minţii concentrate într-un singur punct, cunoscută sub numele de *shamatha*. Unicitatea acestei practici constă în combinarea unei meditaţii profunde, similară cu tradiţiile *Mahamudra* sau *Dzogchen*, cu o postură fizică puternică ce lucrează direct cu corpul energetic subtil al practicantului. Împreună, aceste două aspecte izolează rapid corpul,

vorbirea şi mintea meditatorului, făcându-le flexibile şi favorabile practi-
cilor yoghine avansate. Rezultatele acestei practici pot fi percepute astfel:

1. **Izolarea corpului.** Prin utilizarea unei posturi fizice neobişnuite
în şapte puncte, energiile subtile care sunt distribuite în tot corpul
încep treptat să se adune şi să curgă prin canalul central. Când se
întâmplă acest lucru, corpul devine maleabil şi capabil să mediteze
pentru intervale mari de timp fără să obosească. Deoarece corpul
fizic nu îi mai provoacă meditatorului disconfort, devine posibilă
retragerea completă a minţii în conştientizarea non-conceptuală.

2. **Izolarea vorbirii.** Dacă suntem prinşi în ataşamentul vorbirii
obişnuite, vântul nostru interior va circula prin canalul stâng şi prin
canalul drept. Această mişcare de energie aduce cu ea proliferarea
gândurilor conceptuale, care ascunde natura noastră primordială.
Când ne odihnim în tăcere, circulaţia energiei încetineşte, deter-
minând mintea conceptuală să devină inactivă şi permiţând minţii
non-conceptuale să se manifeste. Pe măsură ce ne familiarizăm cu
această practică, respiraţia devine extrem de subtilă şi suntem ca-
pabili să rămânem în tăcere cât timp dorim, fără să ne plictisim sau
să experimentăm alte neplăceri.

3. **Izolarea minţii.** Atât timp cât suntem prinşi sau ataşaţi de gându-
rile dualiste obişnuite, este imposibil să manipulăm eficient vân-
turile subtile. Odihnindu-ne într-o minte liberă de orice formă
de apucare, oprim proliferarea nedorită a gândurilor. Aceasta, la
rândul ei, permite vânturilor noastre subtile să se stabilizeze şi mai
mult, până când ajungem la o minte curată care este extatică, non-
conceptuală şi incredibil de lucidă.

Întrucât aceste trei componente sunt atât de strâns interconectate, este posibil
ca lucrând cu toate trei simultan să se atingă niveluri extraordinare de con-
centrare într-o perioadă relativ scurtă de timp. Dacă acestea sunt executate
corect, în mod normal sunt suficiente două luni de practică intensă pentru a

obține realizările dorite. Acestea fiind spuse, acest interval de timp depinde în întregime de cât de bine și-a familiarizat practicantul mintea cu practicile preliminare discutate anterior. Dacă acesta cultivă calitățile răbdării și hotărârii, în timp, mintea i se va dezvolta de-a lungul următoarele patru etape:

1. **Perceperea.** În acest stadiu, mintea are o conștientizare mai mare, dar nu poate rămâne concentrată într-un singur punct prea mult timp.

2. **Obișnuința.** Pe măsură ce apar gânduri, ele dispar spontan, permițând minții să rămână concentrată fără efort într-un singur punct.

3. **Stabilizarea.** Continuând să practicăm, gândurile abia dacă mai apar și mintea nu mai este perturbată sau nu-și mai pierde concentrarea. Gânduri vor mai apărea în mod ocazional și apoi vor dispărea ușor.

4. **Stabilizarea perfectă.** Mintea devine atât de abilă încât poate să aleagă dacă să se odihnească într-o liniște care este concentrată spontan într-un singur punct sau să se concentreze fără distragere asupra unui subiect de analiză.

Practica principală a celor Șase Vajra Yoga

Prin practicarea celor Șase Vajra Yoga, vă dezvoltați capacitatea de a vă vedea atât pe voi înșivă, cât și mediul în care vă aflați ca pe o formă-goală non-duală. Practicile inițiale din camera întunecată se concentrează asupra familiarizarării cu aceste forme-goale. Apoi, prin tehnici yoghine speciale, veți combina percepțiile formei-goale cu conștientizarea și cu vânturile interioare. Când aceste trei aspecte sunt pe deplin integrate, ele oferă baza pentru ca aceste vânturi să intre în canalul central și să dizolve esențele subtile aflate în diferite puncte cheie ale corpului subtil. Aceste esențe subtile dau naștere ulterior unor stări ale minții din ce în ce mai concentrate. Rezultatul acestei practici este obținerea abilității de a ne opri complet fluxul tuturor vânturilor interioare și, prin aceasta, de a dizolva experiența unui corp material până când tot ceea ce rămâne este iluzoriul corp de curcubeu din punctul iluminării.

Nu există un text de rădăcină specific pentru practica celor Șase Vajra Yoga întrucât tradițional acestea erau transmise oral, de la învățător la discipol. Datorită naturii extrem de avansate a acestei practici, este necesar să vă întăriți aspirația până când deveniți cu adevărat capabili să vă controlați sistemul energetic subtil sau până când Maestrul Vajra consideră că sunteți calificat să începeți practica.

OM AH HUM HO HANG KYA

Prin puterea naturii de Buddha, fie să tai mișcările conceptuale ale minții mele. Fie să experimentez cele zece semne și mintea clară ca lumina și să obțin Yoga Retragerii. Mă rog salvatorilor mei, bunului meu maestru de rădăcină și succesorilor liniei sfinte. Binecuvântați-mă ca aceasta să se realizeze!

Mantra cu șase silabe de la începutul acestui verset simbolizează atât cele șase chakre, cât și cele șase practici yoghine. Puterea naturii de Buddha se referă la „Tathagatagarbha" – baza primordială sau la Buddha natural – care se află în continuumul fiecărei ființe, prin care sunt obținute toate calitățile luminate.

Următoarele trei versuri descriu prima din cele Șase Vajra Yoga, cunoscută sub numele de *Yoga Retragerii*. Aceasta include o practică de noapte, desfășurată într-o cameră întunecată, cu ochii larg deschiși, și o practică de zi, care implică concentrarea privirii pe cerul albastru. Prin aceste practici, mișcarea conceptuală a minții voastre este tăiată întrucât cele zece vânturi interioare care circulă în corpul subtil sunt absorbite în canalul central. Sunt experimentate cele zece semne și mintea luminii-clare, iar apoi acestea devin mai puternice, mai clare și mai stabile. Patru dintre aceste semne sunt obiectele practicii de noapte, iar celelalte șase sunt obiectele practicii de zi. Pe baza acestor zece semne se dezvoltă o

„lume interioară" care este destul de independentă de lumea exterioară. Totuși, în această etapă semnele sunt încă percepute ca fiind separate de conștientizarea subiectivă a minții.

Cum aceasta este o rugăciune de aspirație, la final vă rugați bunului vostru maestru și moștenitorilor liniei sfinte deoarece practica poate fi realizată numai printr-o conexiune cu linia de transmisie și prin devotamentul vostru față de maestru.

Prin puterea naturii de Buddha, fie ca vorbirea mea, vântul interior și conștiința mea să devină de neclintit. Fie ca înțelepciunea mea să sporească, împreună cu fericirea și extazul analizei și fie să obțin Yoga Stabilizării. Mă rog salvatorilor mei, bunului meu maestru de rădăcină și succesorilor liniei sfinte. Binecuvântați-mă ca aceasta să se realizeze!

Acest verset se referă la cea de-a doua dintre cele Șase Vajra Yoga, cunoscută sub numele de *Yoga Stabilizării meditative*. Prin această yoga, percepția formelor-goale obținută în practica anterioară este unificată indivizibil cu conștientizarea unui percepător interior și, prin urmare, vorbirea, vântul interior și conștientizarea devin de neclintit. În timp ce prima yoga permite perceperea formelor-goale ale celor zece semne ca obiecte ale minții, cea de-a doua yoga permite practicantului să „amestece" aceste semne cu mintea sa și să experimenteze bucuria și extazul analizei (înțelegerea specială). Înainte de această etapă, practicați cu conștiința senzorială a vederii și cu formele vizuale. Aici, practicați fiecare tip de conștiință senzorială și cu obiectele lor individuale, inclusiv sunet, miros, gust și atingere. În acest stadiu, condițiile speciale cum ar fi o cameră întunecată nu mai sunt neapărat necesare.

Prin puterea naturii de Buddha, fie ca cele zece vânturi din lalana și rasana să pătrundă în avadhuti. Fie să experimentez focul arzător tummo și topirea și coborârea esenței coroanei, HANG (శ్) Și fie astfel să obțin Yoga Forței Vieții. Mă rog salvatorilor mei, bunului meu maestru de rădăcină și succesorilor liniei sfinte. Binecuvântați-mă ca aceasta să se realizeze!

Ce-a de-a treia dintre cele Șase Vajra Yoga este cunoscută ca valorificarea *Forței Vieții*. Anterior, formele-goale erau amestecate cu însăși conștientizarea percepției. Acestea două sunt acum combinate cu vânturile interioare, astfel că nu există nici o separare între cele trei entități. Cele zece vânturi ale canalelor stâng și drept (*lalana* și *rasana*) sunt unificate, fiind atrase în canalul central (*avadhuti*), ceea ce determină încetarea circulației vânturilor interioare în canalul stâng și în cel drept. Acest lucru se realizează prin concentrarea asupra centrului ombilicului, unde se experimentează focul arzător *tummo* (cunoscut drept „căldura interioară"). Pe măsura ce energia din canalul central se intensifică, crește căldura și topește silaba HANG (ཧྃ) vizualizată în creștetul capului. Pe măsură ce energia începe să picure în jos, ea generează o experiență a extazului din ce în ce mai intensă.

Prin puterea naturii de Buddha, fie ca esența albă să fie reținută și stabilizată la nivelul frunții. Fie ca pe măsură ce esențele se topesc să experimentez fericirea extatică constantă și să obțin Yoga Reținerii. Mă rog salvatorilor mei, bunului meu maestru de rădăcină și succesorilor liniei sfinte. Binecuvântați-mă ca aceasta să se realizeze!

Acest verset se referă la cea de-a patra yoga, cunoscută sub numele de *Yoga Reținerii*. În stadiul anterior, practicantul este capabil să rețină fluidele esențiale ale corpului și astfel să unifice formele-goale, conștientizarea și vânturile subtile. Prin această yoga, aceste trei elemente sunt apoi integrate cu esențele fluide subtile indestructibile situate în cele șase chakre subtile. Începând cu esențele albe care sunt reținute și stabilizate în chakra frunții, practicantul învață să-și dirijeze esențele în jos, prin canalul central, trecând de la o chakră la alta. Pe măsură ce face acest lucru, experimentează aspecte ale mărețului extaz. Acest extaz crește pe măsură ce esențele subtile continuă să se topească, dând naștere la ceea ce poartă numele de cele șaisprezece aspecte ale bucuriei.

Prin puterea naturii de Buddha, fie ca toate chakrele și canalele mele să fie umplute cu esența pură a mărețului extaz. Fie să obțin desăvârșirea celor trei consoarte glorioase și să obțin Yoga Amintirii. Mă rog salvato-

rilor mei, bunului meu maestru de rădăcină și succesorilor liniei sfinte.
Binecuvântați-mă ca aceasta să se realizeze!

A cincea dintre cele Șase Vajra Yoga este cunoscută sub numele de
Yoga Amintirii. În acest stadiu, practicantul a obținut controlul com-
plet al mișcării esențelor subtile, ceea ce îi permite să umple complet
cele șase chakre cu esența pură a mărețului extaz. Pentru a obține cea
mai puternică formă de concentrare, toate esențele brute și subtile tre-
buie adunate la deschiderea inferioară a canalului central. Acest lucru
este realizat prin lucrul cu trei tipuri de consoarte: o consoartă fizică, o
consoartă vizualizată și măreața consoartă a formei-goale. Prin interme-
diul primelor două, devine posibil să se manifeste și cea de-a treilea, care
este singura consoartă capabilă să susțină extazul imutabil care rămâne
nemișcat în semnificația ultimă.

Prin puterea naturii de Buddha, fie ca cele șase chakre ale corpului meu
subtil să fie umplute cu esența albă a mărețului extaz imuabil. Fie să ex-
perimentez mintea non-duală de neclintit și să obțin Yoga Absorbției. Mă
rog salvatorilor mei, bunului meu maestru de rădăcină și succesorilor
liniei sfinte. Binecuvântați-mă ca aceasta să se realizeze!

Stadiul final al celor Șase Vajra Yoga este reprezentat de *Yoga Absorbției*
meditative. După ce a dezvoltat o absorbție stabilă în starea de extaz su-
prem imutabil, practicantul progresează de-a lungul celor douăsprezece
etape de absorbție ale unui bodhisattva. La începutul acestui proces este
realizată *calea înțelegerii,* de-a lungul căreia este experimentată direct
pentru prima dată mintea non-duală de neclintit a sublimei vacuități, cu
o concentrare perfectă într-un singur punct. În acest moment se ajunge la
o formă aproximativă de Kalachakra, similară cu forma divinității ilumi-
nate. Rămânând în această stare de absorbție, fiecare din cele șase chakre
este umplută de jos în sus cu esența albă a extazului imuabil. Pe măsură ce
procesul se dezvoltă, practicantul progresează pe *calea deprinderii.* În to-
tal, sunt experimentate 21.600 de momente de extaz imuabil care purifică

21.600 de întunecări, dizolvă treptat vânturile interioare și mistuie elementele corpului material. Atunci când toate perturbările și întunecările cognitive sunt astfel eliminate, starea de Buddha este realizat în forma zeității co-emergente Kalachakra complet realizate.

Prin puterea naturii de Buddha, fie ca trupul meu să rămână doar în posturi yoga. Fie ca mintea mea să nu se separe niciodată de instrucțiunile esențiale, profunde, ale Dharmei corecte și să realizez calea celor Șase Vajra Yoga. Mă rog salvatorilor mei, bunului meu maestru de rădăcină și succesorilor liniei sfinte. Binecuvântați-mă ca aceasta să se realizeze!

Acest verset reprezintă rugăciunea de aspirație finală pentru realizarea căii celor Șase Vajra Yoga. Te rogi ca trupul tău să nu-ți fie niciodată separat de posturile yoghine speciale, iar mintea să nu îți fie niciodată separată de instrucțiunile esențiale profunde primite de la maestrul tău. În acest context, instrucțiunile esențiale sunt cele referitoare la posturile și tehnicile profunde de meditație yoghină, mai degrabă în formă orală decât în scris.

Dedicare

Prin intermediul acestei virtuți, fie ca toate ființele să abandoneze preocupările zadarnice ale Samsarei, Să mediteze asupra valorii extrem de semnificative a căii Vajra yoga Și cât mai repede să dezvăluie iluminarea lui Kalachakra!

Încheiem practica Kalachakra printr-o rugăciune de dedicare, dorind ca toate ființele să abandoneze preocupările samsarice inutile și să profite la maximum de prețioasa oportunitate pe care o au pentru a obține iluminarea. Mai exact, dorim ca acestea să se conecteze cu deosebit de semnificativa calea vajra yoga care este prezentată în acest text, să aibă capacitatea de a medita asupra celor Șase Vajra Yoga și astfel să realizeze rapid iluminarea Kalachakra.

Fie ca prin intermediul acestei virtuți să obțin repede cele Șase Vajra Yoga Și să conduc toate ființele, fără excepție, la starea de iluminare Kalachakra!

A doua parte a dedicării pune accentul pe dorința voastră personală de a realiza cele Șase Vajra Yoga nu numai pentru binele vostru, ci pentru a conduce toate ființele, fără excepție, spre starea de iluminare Kalachakra. Aceasta este, de asemenea, o reamintire a faptului că cele Șase Vajra Yoga reprezintă o practică Mahayana prin care vă asumați responsabilitatea personală de a conduce toate ființele la iluminare. Această intenție determină rezultatul practicii voastre.

Fie ca prin intermediul acestei virtuți toate ființele să finalizeze acumularea de merite și înțelepciune primordială Și, astfel, să realizeze cele două kaya de Buddha!

În cele din urmă, dedicați virtutea pentru ca toate ființele să completeze acumularea de merit și înțelepciune primordială, care reprezintă cauzele pentru a realiza *dharmakaya* (corpul realității iluminării) și *rupakaya* (corpurile formă ale iluminării). Corpurile formă sunt cele care se manifestă în mod spontan pentru beneficiul celorlalți, în acest caz ele apărând în forma zeității Kalachakra.

Două practici guru yoga suplimentare

— Kunkyen Dolpopa Sherab Gyaltsen —
Regele Dharma al glorioasei tradiții Jonang

CAPITOLUL 11

Practica guru yoga de Dolpopa.

Ploaie de binecuvântări pentru cele șase yoga ale liniei de maeștri vajra

În tradiția Jonang există trei practici *guru yoga* diferite care sunt folosite în contextul unei retrageri tradiționale de trei ani: *guru yoga* de bază (descrisă anterior în această carte), *guru yoga* de Dolpopa și *guru yoga* de Taranatha. Aceste trei practici oferă metode puternice de conectare cu sfânta linie de descendență deoarece Dolpopa și Taranatha sunt considerați a fi cei mai influenți și extraordinari reprezentanți ai tradiției Jonang-Shambhala din Kalachakra.

În timpul unei astfel de retrageri, practica *guru yoga* se desfășoară timp de cel mult trei săptămâni. În prima săptămână este recitată practica *guru yoga* de Dolpopa, în a doua săptămână se practică *guru yoga* de Taranatha, iar în a treia săptămână, *guru yoga* de bază. Aceste practici profunde nu sunt doar preliminarii, ci joacă, de asemenea, un rol semnificativ în practicarea celor Șase Vajra Yoga. După finalizarea practicii *guru yoga* ca practică preliminară, se obișnuiește să se recite *guru yoga* în fiecare sesiune, pe parcursul a patru sesiuni pe zi. Mai întâi recităm *guru yoga* de Dolpopa, apoi *guru yoga* de Taranatha și terminăm cu *guru yoga* de bază. După ce am terminat toate cele trei practici, reîncepem ciclul, în același format.

PRACTICA GURU YOGA DE DOLPOPA CU COMENTARII

Guru yoga scris de Dolpopa poartă titlul „*Guru yoga. Ploaie de binecuvântări pentru cele Șase Yoga ale liniei de descendență Vajra*". Practica poate fi considerată o ploaie de binecuvântări deoarece recitările și rugăciunile sunt concepute astfel încât să ne ducă dincolo de mintea obișnuită prin invocarea binecuvântărilor lui Dolpopa și ale celorlalți maeștri ai liniei. Aceasta deschide ușa spre realizarea tantrică, oferindu-ne capacitatea de a practica în mod autentic cele Șase Vajra Yoga, așa cum au fost transmise prin această linie. Principiile de bază și structura acestei practici sunt identice cu cele din *guru yoga* de bază, descrise anterior în această carte.

Vizualizare

Kunkyen Dolpopa apare în fața voastră în forma lui Vajradhara albastru, înconjurat de întregul câmp de refugiu. Se uită către voi cu o privire plină de iubire.

În această practică se vizualizează de două ori câmpul de merit. Prima dată îl stabilim ca bază pentru refugiu și generarea bodhicitta, apoi îl generăm ca bază pentru practica *guru yoga*. Imaginați-vă că întregul câmp de merit se manifestă instantaneu în spațiul din fața voastră. Kunkyen Dolpopa este așezat în centru, pe un tron sprijinit de lei, și este indivizibil de Vajradhara. Odată ce ați stabilit vizualizarea, continuați cu luarea refugiului:

NAMA SHRI KALACHAKRAYA

Cu credință vie mă refugiez în Maestru, Yidam și în cele
Trei Giuvaieruri.
(Repetă de trei ori versul de mai sus.)

„*Nama*" este o expresie de omagiere, iar „*shri*" înseamnă glorie. „*Cu credință vie mă refugiez*" înseamnă că mintea noastră este clară și plină de bucurie, recunoștință și inspirație. Această credință ar trebui să fie, de asemenea, dornică și încrezătoare, cu încredere totală în maestru, *yidam* și în cele Trei Giuvaeruri.

Fie să generez iubire nemărginită, compasiune, bucurie și echilibru sufletesc față de toate ființele!
Fie să practic cu sârguință calea profundă Guru yoga pentru binele tuturor ființelor!

Apoi treziți aspirația altruistă, bodhicitta, cultivând mai întâi cele patru nemăsurabile – iubirea, compasiunea, bucuria și echilibru sufletesc – și aspirând la atingerea iluminării complete de dragul ființelor. Apoi, vă întăriți determinarea prin generarea bodhicittei de angajare, rugându-vă să practicați calea profundă *guru yoga* de dragul tuturor ființelor.

Fie ca toate aparențele temporare, impure, să se dizolve în vacuitate.

Dizolvați întregul câmp de merit înapoi în vacuitate, ca o modalitate de a vă aminti de adevărata sa natură. Permiteți tuturor aparițiilor impure și temporare să se topească înapoi în starea non-duală, devenind asemenea reflecției Lunii pe suprafața unui lac.

Așezat pe un tron, deasupra coroanei mele, pe un loc format din cinci straturi: un lotus și discurile Lunii și așa mai departe, se află maestrul meu de rădăcină în forma mărețului Vajradhara. Corpul său este albastru, are o față și două brațe.

Acum construiți din nou câmpul de merit vizualizându-l pe maestrul de rădăcină în forma lui Vajradhara, cu corpul de culoare albastră, cu o față și două brațe. El se află deasupra coroanei capului vostru așezat pe un tron susținut de cinci straturi: un lotus verde, un disc alb al Lunii, un disc roșu al Soarelui, un disc Rahu negru și un disc Kalagni galben. Fiecare dintre aceste straturi are o semnificație spirituală: lotusul înseamnă puritate, discul Lunii simbolizează starea de veghe, discul Soarelui simbolizează starea de vis, discul Rahu simbolizează starea de somn profund, iar discul Kalagni simbolizează starea de înțelepciune primordială. Împreună, ele cuprind totalitatea experienței noastre și baza pe care realizăm natura ultimă a realității.

Deși instrucțiunea este de a-l vizualiza pe Vajradhara, de regulă în această practică se obișnuiește ca maestrul de rădăcină să fie vizualizat sub forma lui Dolpopa. Puteți alege însă să îl vizualizați în forma în Vajradhara, amintindu-vă de calitățile atotcunoscătorului Dolpopa. Cum această practică a fost compusă de Dolpopa, în ea nu se face referire la folosirea formei sale în vizualizare. Această instrucțiune a fost adăugată mai târziu, pentru a onora contribuția lui Dolpopa la linia de descendență și pentru a ne conecta la prezența sa spirituală.

Este așezat în postura lotus complet. Este înveșmântat în haine elegante din mătase și are corpul împodobit cu ornamente prețioase din nestemate și os. În zona inimii ține încrucișate un vajra și un clopot.

Aici sunt prezentate mai multe detalii despre vizualizarea lui Vajradhara, a cărei natură este inseparabilă de maestrul vostru de rădăcină și de Dolpopa. El este așezat pe un tron, stă în postura de lotus complet și poartă veșminte de mătase, bijuterii și ornamente din os, toate simbolizând aspecte particulare ale realității iluminate. Vajra și clopotul încrucișate în dreptul inimii sale simbolizează uniunea indestructibilă a compasiunii cu înțelepciunea.

Cele patru centre ale corpului sunt însemnate cu patru silabe, raze de lumină emană din silaba HUNG (ཧཱུྃ) aflată în zona inimii sale, Invocând toți maeștrii de rădăcină și ai liniei alături de întregul Câmp de Refugiu,

DZA (ཛཿ) HUNG (ཧཱུྃ) VAM (བཾ) HO (ཧོཿ)
Devin inseparabil de ei.

La fruntea lui Dolpopa apare o silabă OM (ༀ), la gât AH (ཨཱཿ), la inimă HUNG (ཧཱུྃ) și la ombilic HO (ཧོཿ). Din silaba HUNG aflată în inima sa, raze de lumină radiază în toate direcțiile. Când rostești DZA, această lumină este împuternicită de toți maeștrii de rădăcină și ai liniei. Când e rostită silaba HUNG, ea se adună în creștetul capului lui Vajradhara. Cu VAM, se dizolvă în Vajradhara, iar cu HO, maestrul devine inseparabil de prezența lor iluminată. Amintiți-vă că Vajradhara, Dolpopa și toți maeștrii liniei de descendență, inclusiv prețiosul vostru maestru de rădăcină, au o natură inseparabilă.

Implorarea maestrului

Maestru prețios, aduc un omagiu corpului, vorbirii și minții tale. Corpul tău este împodobit cu semnele și simbolurile perfecte, neschimbătoare. Vorbirea ta neîntreruptă, asemenea celei a lui Brahma, străbate cele zece direcții. Sălășluiești în mintea clară a măreței peceți.

Cu acest verset, începeți rugăciunile de implorare către maestru, lăudând calitățile minunate ale corpului, vorbirii și minții sale. Însemnele și semnele neschimbătoare ale corpului său se referă la cele 32 de semne majore și la cele 80 de semne minore ale unui Buddha, iar vorbirea neîntreruptă a lui Brahma se referă la discursul plăcut, frumos și melodios al zeilor din tărâmul subtil al zeilor formei. Mintea fără greșeală a măreței peceți se referă la calitatea neschimbătoare a minții iluminate care este asemenea sigiliului unui rege, în sensul că nu poate fi modificată. Măreața pecete este și o referire la Mahamudra, realizarea directă a sensului definitiv.

Mă prosternez ție, care ești întruparea celor treizeci și șase de Tathagata, cei care se dezvăluie atunci când cele treizeci și șase de agregate sunt perfect purificate prin cele Șase Vajra Yoga, cum sunt cea a retragerii și celelalte.

Acest verset este începutul practicii de ofrandă cu șapte ramuri în care ne prosternăm sau îl omagiem pe maestru ca întruparea celor treizeci și şase de Tathagata. În Tantra Kalachakra există şase familii de Buddha, fiecare reprezentând câte unul din cele şase agregate: (1) Vairochana e agregatul formei, (2) Amitabha e agregatul percepţiei, (3) Ratnasambhava e agregatul senzaţiei, (4) Amoghasiddhi e agregatul formaţiunilor mentale, (5) Akshobhya e agregatul conştiinţei şi (6) Vajrasattva e agregatul înţelepciunii primordiale.

Şase bodhisattva reprezintă cele şase *puteri ale simţurilor*: (1) Vajrapani reprezintă facultatea senzorială a urechii, (2) Khagarba este puterea senzorială a nasului, (3) Kshitigarba este puterea senzorială a ochiului, (4) Lokeshvara este puterea senzorială a limbii, (5) Sarvanivarana e puterea senzorială a corpului şi (6) Samantabhadra reprezintă puterea simţului minţii. Atunci când aceşti bodhisattva sunt combinaţi cu familiile de Buddha, ajungem la un total de treizeci şi şase de combinaţii. De exemplu, în cazul lui Akshobhya, avem Vajrapani-Akshobhya, Khagarba-Akshobhya, Kshitigarba-Akshobhya, Lokeshvara-Akshobhya, Sarvanivarana-Akshobhya, Samantabadra-Akshobhya. Aceste şase combinaţii reprezintă purificarea perfectă a agregatului conştiinţei prin cele şase facultăţi ale simţurilor potrivit metodelor de meditaţie care se regăsesc în cele Şase Vajra Yoga. Celelalte cinci familii de Buddha trebuie înţelese în acelaşi mod.

Mă prosternez ţie, care eşti întruparea celor treizeci şi şase de Tathagata,
cei care se dezvăluie atunci când cele treizeci şi şase de agregate sunt
perfect purificate prin cele Şase Vajra Yoga, cum sunt cea a retragerii şi
celelalte.

Aceasta strofă se referă la cea de-a doua parte a ofrandei cu şapte ramuri, în timpul căreia generaţi un număr nemăsurat de obiecte de ofrandă vizualizate care sunt oferite maestrului şi celor Trei Giuvaeruri, cu intenţia pură de a elibera a toate fiinţele. Acestea nu includ doar obiecte fizice, ci şi virtuţile corpului, vorbirii şi minţii colectate în trecut, prezent şi în viitor.

Samantabhadra se referă la Buddha primordial care rămâne în întinderea nelimitată a *dharmakaya*, iar „ofrandele lui Samantabhadra" sunt o modalitate de a descrie natura nelimitată și atotcuprinzătoare a ofrandelor voastre. În tradiția Kalachakra ne putem imagina douăsprezece *dakini* ale ofrandelor. Din inima fiecărei zeițe ies alte douăsprezece zeițe ale ofrandelor. Ele continuă să se multiplice în felul acesta, fiecare zeiță emanând multe alte zeițe, până când ajung să fie nenumărate.

Mărturisesc deschis toate negativitățile înfăptuite cu corpul, vorbirea și mintea și mă rog ca ele să fie purificate.
Mă bucur pentru toate meritele!
Din tot sufletul îți cer să întorci neîncetat roata Dharmei!
Te implor să rămâi mereu în Samsara pentru binele tuturor ființelor!

Ofranda cu șapte ramuri continuă pe măsură ce voi mărturisiți toate negativitățile acumulate prin acțiunile dăunătoare ale corpului, vorbirii și minții, rugându-vă să fie purificate, cu hotărârea fermă de a nu le mai repeta în viitor. Apoi, ne multiplicăm meritul bucurându-ne de virtuțile noastre și ale tuturor ființelor simțitoare. Deși compasiunea maestrului este infinită, el ne va învăța doar dacă îi cerem cu sinceritate să întoarcă roata Dharmei. Deși în realitate maestrul este dincolo de viață și de moarte, noi totuși îl implorăm ca, de dragul tuturor ființelor, să rămână pentru totdeauna în *samsara*, fără a trece în *parinirvana*.

Mă rog gloriosului meu maestru. Natura ta este inseparabilă de cele patru kaya de Buddha. Finalizând cele trei acumulări și realizând cele douăsprezece căi, ești conducătorul tuturor deținătorilor vajra. Te rog, binecuvântează-mă!

Cum maestrul este întruchiparea tuturor Buddha, natura lui este inseparabilă de *cele patru corpuri de Buddha*: (1) *svabhavikakaya*, Corpul Natură, (2) *dharmakaya*, Corpul Adevăr al Înțelepciunii, (3) *sambhogakaya*, Corpul Desfătării și (4) *nirmanakaya*, Corpul Emanației. Întrucât el este întruchiparea tuturor maeștrilor care transmit învățăturile tantrice profunde, el este conducătorul tuturor deținătorilor vajra. *Cele trei acumulări* se referă la (1) generozitate, (2) măreață concentrare și (3) înțelepciune, în timp ce cele *douăsprezece căi* se referă la etapele de realizare specifice căii Kalachakra, ce corespund epuizării componentelor materiale ale corpului și energiilor lor din cele șase chakre.

Mă rog gloriosului meu maestru. Ai realizat pe deplin cele cinci înțelepciuni și, rămânând pentru o singură clipă în conștiența primordială non-duală, ai transformat complet cele opt obiecte ale concepției duale. Te rog, binecuvântează-mă!

Cele cinci înțelepciuni ale unui Buddha ni se dezvăluie atunci când sunt purificate cele *cinci agregate*. Acestea includ: (1) înțelepciunea spațiului atotcuprinzătoare, (2) înțelepciunea asemenea oglinzii, (3) înțelepciunea imparțialității, (4) înțelepciunea discriminării și (5) înțelepciunea tuturor realizărilor. Cele opt obiecte ale concepției dualiste sunt obiectele celor opt forme de conștiință: (1) culori și forme, (2) sunete, (3) mirosuri, (4) gusturi, (5) senzații tactile, (6) fenomene mentale, (7) conștiința înșelată și (8) substratul (*alaya*). Când sunt purificate, acestea sunt experimentate ca cei opt bodhisattva feminini. Toate acestea, totuși, sunt purificate prin amestecarea conștiinței voastre cu cea a gloriosului maestru, care rămâne în conștiința primordială non-duală.

Mă rog gloriosului meu maestru. Activitatea ta iluminată este una cu activitatea tuturor maeștrilor, eliberând și maturizând norocoșii discipoli prin cele douăsprezece realizări ale stadiilor generării și desăvârșirii. Te rog, binecuvântează-mă!

Întrucât maestrul îi întruchipează pe toți maeștrii, activitatea sa plină de compasiune este una cu activitatea tuturor maeștrilor și conduce la eliberare și la maturizarea spirituală a norocoșilor săi discipoli, iar sfera acestei activități pline de compasiune crește pe măsură ce discipolul parcurge cele douăsprezece realizări dătătoare de putere ale stadiilor de generare și de întregire. Aceste douăsprezece realizări apar în timpul practicării celei de-a șasea Vajra Yoga și corespund epuizării componentelor materiale ale corpului şi energiilor lor din cele şase chakre. Împuternicirile de la nenumăraţi Buddha sunt necesare pentru a atinge toate aceste realizări.

Mă rog gloriosului meu maestru. Eşti una cu toţi Yidam-ii, agregatele tale sunt cele şase familii de Buddha, conştiinţele tale sunt cei opt Bodhisattva, braţele tale, picioarele şi aşa mai departe sunt adunarea zeităţilor mânioase. Te rog, binecuvântează-mă!

În acest verset îl implorăm pe maestru ca întrupare a tuturor *yidamilor* – divinităţile iluminate paşnice şi ameninţătoare, care sunt sursa tuturor realizărilor tantrice. Cele şase familii de Buddha (menţionate anterior) reprezintă aspectul pur al celor şase agregate. Cei opt Bodhisattva sunt aspectul pur al celor opt puteri ale simţurilor, în timp ce adunarea zeităţilor ameninţătoare reprezintă aspectul pur al celor *cinci facultăţi ale acţiunii:* (1) facultatea gurii, (2) facultatea braţului, (3) facultatea piciorului, (4) facultatea anusului şi (5) facultatea supremă.

Mă rog gloriosului meu maestru. Eşti una cu toţi Buddha, natura ta este corpul magnific al adevărului. Ai perfecţionat cele două acumulări şi manifeşti nenumărate emanaţii pentru binele fiinţelor. Te rog, binecuvântează-mă!

Acum îl implorăm pe maestru ca întruparea tuturor Buddha. Natura sa este inseparabilă de *dharmakaya*, magnificul Corp Adevăr. Întrucât a realizat pe deplin cele două acumulări, de înţelepciune şi de merit, maestrul poate să manifeste nenumărate corpuri emanate în beneficiul fiinţelor. Prin acumularea de înţelepciune şi de merit, el şi-a dezvăluit cele două *kaya* de Buddha: (1) *dharmakaya*, corpul realităţii iluminării şi (2) *rupakaya*, corpuri formă infinite.

Mă rog gloriosului meu maestru. Eşti una cu toate Dharmele imaculate. Te manifeşti ca învăţături şi texte cu semnificaţie ultimă. Ne îndrumi către adevărul profund, inexprimabil. Te rog, binecuvântează-mă!

În acest verset îl considerăm pe maestru ca fiind întruchipare tuturor Dharmelor imaculate care includ cele 84.000 de învăţături ale lui Buddha ce servesc ca remediu pentru toate perturbările mentale imaginabile. Acestea includ învățăturile și textele cu semnificație ultimă care se referă la acele învățături definitive, îndeosebi la învățăturile celei de-a treia Întoarceri a roții Dharmei care descriu realitatea de neconceput a naturii de Buddha și care formează baza incontestabilei filosofii Zhentong a lui Dolpopa. Prin cuvintele și expunerea acestor învățături și texte, noi suntem conduși spre experiența directă a adevărului profund inexprimabil, întocmai cum un deget poate să ne arate luna, chiar dacă el nu este luna însăși.

Mă rog gloriosului meu maestru. Ești una cu toți măreții stăpâni Arya Sangha aflați pe cele zece niveluri de Bodhisattva, atingând eliberarea și realizarea complete. Ești prietenul virtuos imaculat, refugiu pentru toate ființele. Te rog, binecuvântează-mă!

Acum ne rugăm maestrului ca întrupare a măreților stăpâni din Aryei Sangha, prietenii virtuoși imaculați care ne asistă pe calea noastră spirituală. Ei sunt ființe nobile care progresează ireversibil spre starea de Buddha prin puterea meritului și înțelepciunii lor și care au intrat pe Calea Înțelegerii, unde adevărata natură goală a realității este văzută direct. Această călătorie are loc în zece etape, cunoscute sub numele de cele zece niveluri de bodhisattva, în timpul cărora sunt depășite întunecările din ce în ce mai subtile și sunt perfecționate calități precum generozitatea și răbdarea. Eliberarea și realizarea complete se referă la libertatea de a renaște în *samsara*, care este obținută pe *calea înțelegerii* și prin realizarea vacuității conform căii Bodhisattva.

Mă rog gloriosului meu maestru. Ești una cu toți protectorii Dharmei, cel care distrugi toți dușmanii și toate obstacolele prin puterea compasiunii tale nepărtinitoare. Te rog, binecuvântează-mă!

Aici îl privim pe maestru ca fiind întruchiparea tuturor protectorilor Dharmei care distrug toți dușmanii și toate obstacolele. Aceștia sunt ființe lumești sau iluminate care iau o formă amenințătoare. Rolul lor este de a proteja învățăturile lui Buddha pentru ca acestea să nu se dilueze sau să nu fie distorsionate și de a-i ajuta pe practicanții adevărați să-și depășească atât dușmanii, cât și obstacolele interne și externe. Piedicile externe includ sănătatea precară sau alte circumstanțe care vă împiedică să practicați, în timp ce percepțiile distorsionate sau atracția față de activități care vă distrag atenția sunt considerate obstacole interne. Compasiunea non-duală se referă la tipul de compasiune care conștientizează simultan caracterul iluzoriu al tuturor fenomenelor și, prin urmare, nu este legată de așteptări sau de atașamente.

Mă rog gloriosului meu maestru. Ești izvorul tuturor siddhi-urilor, cel care oferi atât realizările supreme, cât și pe cele obișnuite, deoarece stăpânești acțiunile de pacificare, dezvoltare, control și stăpânire. Te rog, binecuvântează-mă!

Acum îl implorăm pe maestru care este întruparea tuturor *siddhi*-urilor pentru că, urmând instrucțiunile sale, putem să obținem realizările supreme și obișnuite. Realizările obișnuite se referă la abilități supranaturale, cum ar fi clarviziunea și puterile miraculoase, în timp ce realizările supreme au legătură cu dobândirea calităților iluminate. Cele patru puteri sublime ale unui Buddha sunt: (1) pacificarea, (2) sporirea, (3) controlul și (4) subjugarea. Acestea sunt mijloacele prin care un Buddha se implică spontan în activități care aduc beneficii nelimitate ființelor. Ca practicanți Vajrayana, voi vă antrenați să vedeți tot ceea ce face sau spune maestrul ca o expresie a acestor patru puteri, pe măsură ce învățați să îl percepeți ca pe un Buddha în viață.

Mă rog gloriosului meu maestru. Alungi tot întunericul, eliminând vederile greșite prin compunerea, dezbaterea și explicarea sutrelor, tantrelor, tratatelor și instrucțiunilor esențiale. Te rog, binecuvântează-mă!

Acum îl implorăm pe maestru în aspectul unui învățător Dharma perfect care risipește întunericul ignoranței și al vederilor greșite. El realizează aceasta compunând texte, angajându-se în dezbateri prin care învinge părerile greșite, explicând cuvintele lui Buddha prezentate în sutre și tantre, referindu-se la tratate sau comentarii autentice și, în sfârșit, transmițând instrucțiunile esențiale sau sfaturi din inimă, care reprezintă instrucțiuni orale transmise prin linia de descendență.

Bând nectarul prețioaselor sale instrucțiuni Dharma asupra înțelesului profund, de acum înainte, fie să îl urmez pe maestru precum o umbră. Fie ca prin binecuvântarea gloriosului maestru să pot îndeplini aceasta!

Acest verset reprezintă o declarație a angajamentului nostru hotărât de a urma prețioasele instrucțiuni Dharma ale maestrului, instrucțiuni care ne conduc spre adevărul profund al vacuității. Deoarece această Dharma este atât de prețioasă, ne angajăm, de asemenea, să aducem ofrande și să îl slujim pe maestru, urmându-l ca o umbră. Astfel, prin întărirea conexiunii noastre cu maestrul, putem acumula merite și să ajungem să avem o mai bună înțelegere a semnificației profundă a învățăturilor sale.

Lipsit de interes pentru hrană, îmbrăcăminte și obiecte de lux, renunțând la stiluri de viață greșite și impure, Fie să gust nectarul Dharmei cu vârful limbii. Fie ca gloriosul meu maestru să mă binecuvânteze pentru ca aceasta să se îndeplinească!

Acum ne angajăm să dezvoltăm o minte a renunțării autentice, angajându-ne să practicăm Dharma fără să fim preocupați de mâncare, haine sau obiecte de lux. Acest angajament este susținut de abandonarea modurilor de viață greșite și impure, care includ orice activitate care implică vătămarea a ceea ce este viu, înșelăciunea, furtul, minciuna sau alte forme de comportament imoral.

Fie ca începând de astăzi să rămân într-un loc izolat, meditând neabătut asupra semnificației profunde și, astfel, să realizez măreața pecete a eliberării chiar în această viață. Fie ca prin binecuvântarea gloriosului maestru să pot îndeplini aceasta!

După ce am stabilizat mintea renunțării, ne angajăm să ne simplificăm viața și să ne mulțumim să locuim într-un loc izolat unde condițiile sunt favorabile dezvoltării unei bune concentrări focalizate într-un singur punct, meditând intens asupra semnificației profunde a Dharmei. Cu acest tip de dedicare, putem aspira să atingem într-o singură viață măreţul sigiliu al eliberării sau rezultatul final care este starea de Buddha.

Fie să privesc cele patru silabe din chakrele corpului maestrului ca fiind cele patru kaya de Buddha.

Concentrându-mă asupra lor, fie să primesc cele patru împuterniciri.

Fie ca prin binecuvântarea gloriosului maestru să pot îndeplini aceasta!

Acest verset reprezintă o rugăciune de aspirație de a primi de la maestru cele patru împuterniciri. Aceste patru împuterniciri sunt primite atunci când vă concentrați asupra celor patru silabe care se află în cele patru chakre principale ale corpului maestrului: la frunte, gât, inimă și ombilic. Cu fiecare dintre aceste împuterniciri, treziți în propriul vostru flux mental cele patru *kaya* de Buddha: *nirmanakaya, sambhogakaya, dharmakaya* și *svabhavikakaya.*

Primirea celor patru împuterniciri

Din silaba OM (ༀ) aflată în zona frunții maestrului, o silabă albă OM (ༀ) izvorăşte şi se dizolvă în chakra frunţii mele. Fie ca prin această putere să primesc împuternicirea vazei. Fie ca prin binecuvântarea gloriosului meu maestru să pot îndeplini aceasta!

Ca şi în *guru yoga* de bază, primim acum cele patru împuterniciri. Începem cu împuternicirea vazei, care se realizează în timp ce silaba OM pe care o vizualizați la fruntea maestrului emană o lumină albă strălucitoare şi se dizolvă în chakra frunţii voastre.

Prin această putere fie ca eu să îmi purific obscurităţile corpului şi ale stării de veghe, să experimentez cele patru fericiri şi să dezvălui corpul

*vajra emanat. Fie ca prin binecuvântarea gloriosului meu maestru să pot
îndeplini aceasta!*

Împuternicirea vazei purifică întunecările corpului care au fost acumulate
prin acțiuni negative cum ar fi furtul și așa mai departe, dar și întunecările
stării de veghe, perioadă în care chakra frunții este cea mai activă. Cele
patru bucurii sunt experimentate atunci când fluidele corporale grosiere
sunt rafinate și devin din ce în ce mai subtile în fiecare din cele patru
chakre principale. Acest proces distruge de asemenea negativitatea sau
întunecările care formează „noduri" în jurul acestor chakre. În plus, prin
această împuternicire începeți să faceți cunoștință cu indestructibilul
corp-vajra al emanației sau cu aspectul *nirmanakaya* al naturii voastre de
Buddha.

*Din silaba AH (ཨཿ) aflată în zona gâtului maestrului, o silabă roșie AH
(ཨཿ) izvorăște și se dizolvă în chakra gâtului meu. Prin această putere
fie ca eu să primesc împuternicirea secretă. Fie ca prin binecuvântarea
gloriosului meu maestru să pot îndeplini aceasta!*

Acum primiți împuternicirea secretă care se realizează în timp ce silaba
AH de la gâtul maestrului emană o lumină roșie strălucitoare care se di-
zolvă în chakra gâtului vostru.

*Prin această putere fie ca eu să purific obscuritățile vorbirii și ale stării
de vis, Să experimentez cele patru fericiri minunate și să dezvălui corpul
desfătării al vorbirii vajra. Fie ca prin binecuvântarea gloriosului meu
maestru să pot îndeplini aceasta!*

Această împuternicire purifică întunecările vorbirii legate de minciuni,
cuvinte dure și așa mai departe. Purifică de asemenea întunecările stării
de vis, care este asociată chakrei gâtului și care ne determină capacitatea
de a ne angaja în practici cum este yoga visului. Cele patru bucurii ex-
celente sunt experimentate pe măsură ce fluidele sau esențele subtile sunt
rafinate din ce în ce mai mult și faceți cunoștință cu corpul desfătării al
vorbirii-vajra, aspectul *sambhogakaya* al naturii voastre de Buddha.

Din silaba HUNG (ཧཱུྃ) aflată în zona inimii maestrului, o silabă neagră HUNG (ཧཱུྃ) izvorăşte şi se dizolvă în chakra inimii mele. Prin această putere fie ca eu să primesc împuternicirea înţelepciunii primordiale. Fie ca prin binecuvântarea gloriosului meu maestru să pot îndeplini aceasta!

Acum primiţi împuternicirea înţelepciunii primordiale care se realizează în timp ce silaba HUNG din inima maestrului emană o lumină neagră strălucitoare şi se dizolvă în chakra inimii voastre.

Prin această putere fie ca eu să purific obscurităţile minţii şi ale stării de somn profund, Să experimentez cele patru fericiri supreme şi să dezvălui corpul Dharmakaya al minţii vajra. Fie ca prin binecuvântarea gloriosului meu maestru să pot îndeplini aceasta!

Această împuternicire purifică întunecările minţii legate de dorinţă, vederile greşite şi aşa mai departe, precum şi întunecările stării de somn profund care este asociată de chakra inimii voastre. Cele patru bucurii supreme sunt experimentate pe măsură ce apare o rafinare şi mai subtilă a esenţelor, care are loc în cele patru chakre. În acest fel, faceţi cunoştinţă cu corpul *dharmakaya* al minţii-vajra, care este aspectul nenăscut *dharmakaya* al naturii voastre de Buddha.

Din silaba HO (ཧོཿ) aflată în zona ombilicului maestrului, o silabă galbenă HO (ཧོཿ) izvorăşte şi se dizolvă în chakra ombilicului meu. Prin această putere fie ca eu să primesc a patra împuternicire sacră. Fie ca prin binecuvântarea gloriosului meu maestru să pot îndeplini aceasta!

În sfârşit, primiţi cea de-a patra împuternicire sacră care se realizează în timp ce din silaba HO de la ombilicul maestrului emană o lumină galbenă strălucitoare care se dizolvă în chakra de la ombilicul vostru.

Prin această putere fie ca eu să purific înclinaţiile către ataşament, să experimentez cele patru fericiri înnăscute şi să descopăr înţelepciunea vajra primordială a vacuității beatifice. Fie ca prin binecuvântarea gloriosului meu maestru să pot îndeplini aceasta!

Această împuternicire purifică înclinațiile cele mai subtile spre atașament care sunt stocate în conștiința fundament și care accentuează toate celelalte tendințe negative ale corpului, vorbirii și minții. Cele patru bucurii înnăscute sunt experimentate ca rafinarea cea mai subtilă a esențelor și faceți cunoștință cu înțelepciunea vajra primordială a vacuității beatifice, aspectul *svabhavikakaya* al naturii voastre de Buddha, reprezentând inseparabilitatea celor trei corpuri.

Dizolvarea

Maestrul aflat deasupra coroanei mele se topește în lumină și se dizolvă în mine. El se află în centrul unui lotus cu opt petale din inima mea. Fie ca prin binecuvântarea gloriosului meu maestru să pot îndeplini aceasta!

Ca și la *guru yoga* de bază, încheiați practica prin dizolvarea vizualizării și recunoscând că la nivel ultim maestrul nu este altceva decât mintea voastră. Pentru aceasta, priviți cum maestrul aflat deasupra capului vostru se topește în lumină și coboară prin canalul vostru central în centrul unui lotus cu opt petale din inima voastră. Ar trebui doar să urmăriți inseparabilitatea maestrului cu mintea voastră. Rămâneți în această stare naturală cât de mult puteți. Când mintea începe să se miște din nou, puteți continua să implorați și să vă rugați.

Dedicare

Prin această practică fie ca toate ființele să-și purifice toate impuritățile și obstacolele și să realizeze degrabă esența Tathagata.

Încheiem prin dedicarea meritului pentru beneficiul ultim al celorlalți. În acest caz, ne rugăm pentru ca toate ființele să-și purifice toate întinările și obstacolele care le împiedică să recunoască realitatea naturii lor de Buddha. De asemenea, ne rugăm să ajungem rapid la esența Tathagata, în punctul în care ne este dezvăluită complet baza adevăratei noastre ființe, Tathagatagharba.

Fie ca eu să nu permit apariția, chiar și pentru un moment, a opiniilor greșite referitoare la aparențele de eliberare ale maestrului. Cu încrederea că tot ceea ce face el este corect, fie ca binecuvântările maestrului să-mi pătrundă în minte.

Prin această aspirație, ne rugăm să nu pierdem din vedere faptul că toate aparițiile pe care le experimentăm sunt doar expresii ale conștiinței primordiale a gloriosului nostru maestru. Prin realizarea naturii acestor apariții, noi ajungem la eliberare. Având această înțelegere, ne străduim să practicăm percepția pură care vede toate acțiunile maestrului ca pe oportunități de a dezvolta realizările.

În viețile mele viitoare fie ca niciodată să nu fiu despărțit de gloriosul meu maestru. Fie ca eu să nu fiu niciodată despărțit de bucuria de a practica prețioasa Dharma. Fie să realizez toate căile și nivelurile bhumi iluminate și să ating cât mai repede starea de Vajradhara.

Finalizăm practica rugându-ne să nu fim niciodată separați de maestru, atât la nivel convențional, ca învățător al nostru, cât și la nivel ultim, ca natura noastră. Ne rugăm să nu fim despărțiți niciodată de practicarea prețioasei Dharma pentru a putea să ne continuăm călătoria spre iluminare, să traversăm cele zece niveluri *bhumi* ale unui bodhisattva care stabiles cele cinci căi și, în cele din urmă, să ajungem la starea deplin iluminată a lui Vajradhara.

— *Jetsun Taranatha Drolway Gonpo* —

Măreţul maestru rimé care a păstrat puritatea tradiţiei Jonang

CAPITOLUL 12

Practica guru yoga de Taranatha

Ancoră pentru acumularea siddhi-urilor

Guru yoga de Taranatha este a treia şi cea mai scurtă dintre cele trei practici *guru yoga* din tradiţia Jonang. Este numită „*Ancoră pentru acumularea siddhi-urilor*" deoarece este o practică fundamentală sau de rădăcină („ancoră") pentru obţinerea realizării spirituale. Termenul „*siddhi*" se referă atât la realizările spirituale obişnuite, cum ar fi clarviziunea sau puterile miraculoase, cât şi la realizarea supremă, atingerea iluminării. Este considerată supremă întrucât doar prin realizarea iluminării putem să ne dezrădăcinăm perturbările mentale.

Cum Taranatha a fost o personalitate extraordinară din linia Jonang Kalachakra, acest text *guru yoga* ne oferă ocazia de a ne conecta cu prezenţa sa spirituală şi de a crea astfel o legătură cu toate fiinţele iluminate. În prezent, în mănăstirile Jonang această versiune de *guru yoga* este efectuată în a doua săptămână a practicii intensive *guru yoga de* trei săptămâni. Întotdeauna trebuie să ne amintim că *guru yoga* este o practică fundamentală care ne permite să ne dezvoltăm conexiunea nu doar cu linia de descendenţă, ci mai ales cu esenţa cea mai profundă a practicii tantrice: natura noastră primordială de Buddha. Această realizare ne va permite să facem din practica celor Şase Vajra Yoga o cauză eficientă pentru obţinerea iluminării.

PRACTICA GURU YOGA DE TARANATHA CU COMENTARII

Principiile de bază şi structura acestei practici sunt aceleaşi ca în detaliile descrise anterior în *guru yoga* de bază. Cel mai important este să ne amintim că, în cele din urmă, maestrul reprezintă aspectul înţelepciunii propriei noastre minți, iar actul de a vă ruga și de a-l implora pe maestrul extern este de fapt o metodă abilă care vă ajută să vedeți această înțelepciune interioară.

Vizualizare

Cu ardoare aduc omagiu maestrului meu glorios. Toate fenomenele sunt doar aparențe în minte. Propria minte are o natură goală și clară, dincolo de cuvinte. Orice fel de aparențe există, ele nu sunt niciodată separabile de conștiența de sine, care este prezentă mereu, clipă de clipă.

Această practică *guru yoga* începe prin a aduce omagiu sau a vă prosterna la picioarele gloriosului maestru care este întruchiparea tuturor Buddha și legătura voastră personală cu iluminarea. Apoi este descrisă vacuitatea adevărului relativ, afirmând că toate fenomenele relative sunt doar aparențe în mintea noastră. Cu toate acestea, adevărul ultim al minții noastre de Buddha nu este gol de el însuși, ci gol și clar. Tot ceea ce percepem este, prin urmare, o etalare a proiecțiilor minții și nu adevărata natură a minții însăși.

OM SHUNYATA JÑANA VAJRA SVABHAVA ATMAKHO HUNG

Prin această mantră toate fenomenele relative se dizolvă în starea de vacuitate (*SHUNYATA*), apărând precum reflexia lunii într-o o apă liniștită. Spre deosebire de mantrele anterioare, această mantră indică mai mult decât doar vacuitatea, deoarece pune un accent mai mare pe aspectul „complet", realitatea naturii de Buddha ca fundament al ființei noastre.

Mintea mea, în starea ei naturală, este tărâmul pur Akanishta. În mijlocul acestui tărâm pur se află un palat strălucitor și în el, gloriosul meu maestru de rădăcină stă pe un loc format de un lotus și discurile Lunii și Soarelui ce sunt așezate pe un tron sprijinit de lei.

După ce v-ați odihnit mintea pentru un timp în starea sa naturală, începeți prin a vizualiza un palat strălucitor în centrul tărâmului Akanishta, tărâmul pur *samboghakaya*, Corpul desfătării. Gloriosul maestru de rădăcină

este așezat în centrul acestui palat, pe un tron sprijinit de lei, pe o floare de
lotus și pe discurile Soarelui și Lunii, în spațiul din fața voastră. Aceasta
semnifică măreție, puritate, înțelepciune și compasiune.

Gloriosul meu maestru de rădăcină radiază precum un munte de aur
ce reflectă o sută de mii de raze de soare. Este mulțumit de mine și îmi
zâmbește.

Maestrul are o înfățișare radiantă și vă zâmbește, ca și cum v-ar spune
„foarte bine". Forma maestrului nu este specificată în text, așa că îl puteți
vizualiza ca pe Vajradhara sau, alternativ, în forma lui Taranatha sau chiar
în forma fizică a maestrului vostru de rădăcină. În orice caz, natura sa este
inseparabilă de prezența spirituală a lui Taranatha și de natura propriului
vostru maestru de rădăcină.

Deasupra maestrului meu apar, în mod miraculos, maeștrii liniei,
înconjurați de Heruka, precum Vajravarahi și nori de Yidami.

Maeștrii liniei de descendență Jonang-Shambhala apar deasupra maes-
trului, în timp ce zeitățile *yidam* pașnice și amenințătoare (cunoscute și
sub numele de „*heruka*") îl înconjoară pe maestru asemenea unui nor
măreț.

Buddha și Bodhisattva din cele zece direcții apar în spațiul din fața mea
și emanații ale arhaților glorioși acoperă pământul. Sunt înconjurați de
Dakini și atotvăzătorii protectori ai Dharmei cu alaiurile lor, pregătiți să
îndeplinească fiecare instrucțiune a maestrului.

Acum construim ansamblul câmpului de refugiu pentru a-i include pe
toți Buddha și pe toți bodhisattva din cele zece direcții (cele patru direcții
cardinale, cele patru direcții intermediare, deasupra și dedesubt). Vizua-
lizăm, de asemenea, emanațiile arhaților, pe care le considerăm emanații
reale ale Buddha și bodhisattva. În jurul lor sunt protectorii Dharmei și
dakini, a căror funcție este să ne protejeze împotriva obstacolelor interne
și externe. Ei sunt gata să asculte orice instrucțiune a maestrului deoarece
sunt emanații ale acestuia care îndeplinesc un rol specific.

Întreaga adunare se află în mișcare vibrantă, precum fulgerul și norii de furtună, umplând întregul spațiu și locurile dimprejur. Toate aceste ființe au corpuri strălucitoare, înfățișându-se diferit variatelor ființe care trebuie să fie îmblânzite. Ele expun neîncetat învățăturile Mahayana și mintea lor rămâne în lumina clară a măreței fericiri extatice, în timp ce desfășoară oceane de activități virtuoase.

Acest verset descrie în termeni generali adunarea vizualizată. În loc să fie plată, solidă sau fixă, adunarea este radiantă, în mișcare vibrantă și incredibil de vastă, extinzându-se până în cele mai îndepărtate zone ale spațiului. În timp ce mintea acestor ființe rămâne în lumina-clară a măreței beatitudini aflată dincolo de orice noțiune dualistă, ele expun neîncetat învățăturile Mahayana pentru beneficiul tuturor ființelor și execută spontan și fără efort oceane de activități virtuoase.

Toate acestea nu sunt altceva decât manifestări pline de însemnătate ale gloriosului maestru, la fel cum toate aparițiile Samsarei și Nirvanei nu sunt altceva decât manifestarea miraculoasă a înțelepciunii primordiale a maestrului.

Întreaga vizualizare pe care ați dezvoltat-o este de fapt o manifestare a gloriosului vostru maestrului care este inseparabil de natura voastră de Buddha și întruchiparea tuturor maeștrilor liniei, *yidamilor,* tuturor Buddha, tuturor bodhisattva, arhaților, tuturor *dakini* și protectorilor Dharmei. Din toată această vastă și sublimă adunare, noi alegem să ne concentrăm asupra maestrului întrucât el reprezintă legătura noastră personală cu iluminarea.

Potrivit celei mai înalte perspective a budismului, toate manifestările *samsarei* și *nirvanei* sunt o expunere miraculoasă a înțelepciunii primordiale a maestrului, care nu este altceva decât natura noastră de Buddha. La nivel ultim, de exemplu, cele cinci agregate sunt cei cinci Buddha masculini, iar cele cinci elemente sunt consoartele lor, în timp ce cele șase puteri senzoriale sunt cei șase bodhisattva masculini, iar cele șase obiecte sunt consoartele lor.

Implorarea maestrului

Îmi ofer corpul, bunurile și toate meritele din cele trei timpuri, precum și orice obiect imaginabil de ofrandă din toate tărâmurile pure, aflate în cele zece direcții.

După ce ați stabilit vizualizarea în care maestrul este obiectul central de refugiu, vă umpleți mintea cu toate obiectele de ofrandă imaginabile, inclusiv corpul (pe care îl prețuiți mai presus de toate), posesiunile pe care le aveți și toate faptele virtuoase făcute de voi și de ceilalți în trecut, prezent și în viitor. În plus, ar trebui să vizualizați și tărâmurile pure de Buddha din cele zece direcții și să le oferiți și pe acestea ca ofrandă.

Ofer, cu aspirație pură, tot ceea ce mintea mea poate concepe: toate ființele celor șase tărâmuri, inclusiv dușmani, prieteni și rude, până în cele mai îndepărtate colțuri ale spațiului, împreună cu fiecare obiect încântător de ofrandă din toate cele trei tărâmuri. Prin puterea vizualizării și rugăciunii mele manifest toate aceste nenumărate, de neconceput și magnifice obiecte de ofrandă.

Practica ofrandei continuă în timp ce vă amintiți și manifestați în minte obiecte de ofrandă nenumărate, de neconceput și magnifice, cu aspirația pură de a vă conecta la înțelepciunea lui Buddha pentru beneficiul celorlalți. Ofranda voastră include ființele din cele șase tărâmuri: oameni și animale, dar și ființe nevăzute cum ar fi zei, semizei, fantome flămânde și ființe din iaduri. Ar trebui să îi includeți și pe cei dragi, prietenii, rudele și pe adversarii voștri. În mod normal, în practicile de ofrandă ne gândim doar la obiecte plăcute sau dezirabile, dar în realitate nu există nicio distincție între plăcut și neplăcut, deoarece toate sunt doar o proiecție a minții. Prin urmare, ar trebui să oferim totul fără părtinire sau prejudecăți, renunțând la toate atașamentele și aversiunile noastre.

Toate aceste bogății de ofrande se manifestă din conștiința primordială a tuturor Buddha, Bodhisattva și Dakini care apar în cele trei timpuri și cele zece direcții. Toate aceste apariții nenumărate și de neconceput nu sunt altceva decât glorioasa manifestare a minții maestrului, inseparabilă de propria-mi minte, manifestare nenăscută a Dharmakaya.

Acest verset pune în discuție de unde vin toate obiectele care sunt oferite. La nivel ultim, toate sunt manifestări ale conștiinței primordiale a tuturor Buddha și a altor obiecte de refugiu, mai precis ele nu sunt altceva decât manifestări ale minții gloriosului maestru care este inseparabil de mintea noastră. Astfel, începem prin a concepe o etalare vastă de obiecte de ofrandă ca pe ceva aflat în afara noastră și apoi recunoaștem că acestea sunt o reflectare a propriei noastre naturi de Buddha care este inseparabilă de maestru.

Maestru prețios, ești întruparea tuturor Buddha.
Maestru prețios, ești întruparea tuturor Dharma.
Maestru prețios, ești întruparea întregii Sangha.

Acum îl implorăm pe maestru care este întruparea celor *Trei Giuvaieruri Externe*: (1) Buddha, (2) Dharma și (3) Sangha. Acestea sunt manifestările externe care acționează ca sprijin primar pentru practica noastră spirituală. Fiecare dintre ele este întruchipată de forma fizică maestrului.

Suprem rege al Dharmei, ești întruparea tuturor maeștrilor. Ești întruparea tuturor Yidam-ilor, în timp ce toate Dakini și toți protectorii Dharmei se manifestă ca alaiul tău. Mă rog ție Vajradhara. Te rog, binecuvântează-mă pe mine și pe toți cei care au credință în tine!

Acum ne rugăm maestrului care întruchipează *cele Trei Giuvaieruri Interne*: (1) Maestrul, (2) *Yidam*-ul și (3) *Dakini*. Ne rugăm către maestru ca fiind Regele suprem al Dharmei, întruchiparea tuturor maeștrilor care dețin sfânta linie de descendență, cel care predă prețioasa Dharma. Același maestru întruchipează zeitățile iluminate *yidam*, rădăcina realizărilor spirituale, zeitățile *dakini,* care sunt rădăcina activității iluminate și sursa interioară de protecție, și protectorii Dharmei, cei care protejează împotriva tuturor obstacolelor din calea progresului spiritual. Spunem că toți aceștia se manifestă ca însoțitori ai maestrului deoarece sunt inseparabili de natura lui iluminată. La nivel relativ, ei sunt trimiși să îndeplinească instrucțiunile maestrului, asemenea mesagerilor unui rege. În cele din urmă, ne rugăm maestrului în forma lui Vajradhara, natura esențială a maestrului iluminat și sursa tuturor binecuvântărilor.

Maestru glorios, ești Vajradhara în tărâmul pur al corpului desfătării. Ești Heruka mânios atunci când supui tot răul. Ești Shakyamuni pentru ființele cu renunțare. Ești mărețul înțelept pentru asceți.

Așa cum un cristal poate reflecta multe culori diferite, compasiunea gloriosului maestru se reflectă în nenumărate forme în funcție de meritele, capacitățile și personalitățile diferitelor ființe. Pentru cei cu percepție pură, el apare ca Vajradhara în tărâmul pur al Corpului Desfătării. Pentru ființele nesăbuite sau nesănătoase care trebuie să fie îmblânzite, el apare ca *heruka* amenințător, cu o expresie iluminată de compasiune mânioasă care este capabilă să supună toate relele. Pentru cei cu renunțare pură, cum sunt marii arhați din timpului lui Buddha, el apare în forma umană a lui Buddha Shakyamuni, iar pentru cei care trăiesc ca asceți, apare ca un măreț înțelept care le arată adevărata cale de mijloc.

Pentru cei care urmează calea celor trei vehicule, te manifești ca Bodhisattva, Pratyeka și măreț Shravaka. De asemenea, apari în forma lui Brahma, Vishnu, Stăpânul Shiva și ca restul înțelepților și sfinților.

Buddha a descris trei tipuri de căi ce se potrivesc diferitelor tipuri de aspiranți spirituali. Acestea sunt cunoscute sub numele de cele *Trei Vehicule*: (1) vehiculul Bodhisattva, (2) vehiculul Pratyeka și (3) vehiculul Shravaka. Vehiculul Bodhisattva reprezintă o călătorie de-a lungul unui număr mare de vieți care poartă aspirația de a îndeplini promisiunea de a deveni un Buddha atotcunoscător pentru a putea astfel ajuta spontan și fără efort ființele să fie eliberate de suferință și să atingă și ele iluminarea. Vehiculul Pratyeka sau al „realizatului solitar" reprezintă o cale de dezvoltare a înțelepciunii profunde prin analiză proprie, fără a fi nevoie de învățători externi, și care conduce la o formă mai limitată de iluminare. Vehiculul Shravaka sau al „ascultătorului" implică ascultarea și urmarea învăţăturilor de bază ale lui Buddha și obţinerea eliberării individuale din *samsara*. Pentru aspiranţii aflaţi pe oricare din aceste căi, maestrul se manifestă ca un mentor spiritual adecvat, fie că este vorba despre un bodhisattva, un pratyeka sau un măreţ shravaka.

Versul final din acest paragraf este testamentul înţelepciunii profunde a lui Taranatha și a abordării sale nepărtinitoare perfecte. Nu numai că maestrul se manifestă ca învăţătorii sau mentorii budiști, ci și ca profesorii, înţelepţii și sfinţii din alte tradiţii, cum ar fi Brahma, Vishnu și Shiva din tradiţia hindusă, inclusiv măreţii înţelepţi, cum ar fi Iisus Hristos sau profetul Mohamed. Deoarece fiinţele au nenumărate tipuri de personalităţi și stiluri de învăţare, este logic ca Buddha să le predea o varietate de sisteme religioase pentru a le conduce mai aproape de adevăr.

Uneori apari ca rege, alteori apari ca yoghin sau ascet. Altora le apari drept călugăr pur, înveşmântat simplu. Mă rog ţie, cel care înfăptuieşti acte măreţe şi vaste, conform nevoilor fiecărei fiinţe. Aşa cum gândurile şi aspiraţiile tuturor fiinţelor sunt inimaginabile, la fel este şi vastitatea şi profunzimea învăţăturilor tale.

În acest verset continuăm să ne rugăm maestrului care este întruchiparea supremă a tot ceea ce este benefic în lume. El apare în poziţia unui rege iscusit în afacerile lumeşti, care aduce pace, dreptate și valori spirituale unui număr mare de oameni. El apare și ca un yoghin sau ascet pentru a demonstra calea renunţării și a disciplinei aspiranţilor spirituali, dar și ca un călugăr pur, cu haine simple, pentru a demonstra comportamentul moral perfect și beneficiile unei vieţi simple, concentrate asupra beneficiului celorlalţi. Astfel, ne rugăm maestrului care face fapte măreţe, vaste, potrivit nevoilor fiecărei fiinţe. Aşa cum gândurile și aspiraţiile tuturor fiinţelor sunt inimaginabile, tot aşa sunt și metodele maestrului de predare a Dharmei.

Aşa cum curcubeele şi norii apar pe cer, formându-se, plutind şi apoi dispărând înapoi pe cer, eşti corpul Dharmakaya al realităţii iluminării, liber de toate extremele, realizând activităţi măreţe, spontan şi fără

efort. Cu toate că acționezi într-un mod care răspunde dorințelor tuturor
ființelor, rămâi în vastul Dharmadatu, clar, conștient de sine și non-dual.

Aceste două versete ne oferă o descriere poetică a compasiunii spontane
și fără efort a maestrului care se manifestă sub forma unor fapte mărețe,
realizate în moduri care satisfac nevoile tuturor ființelor. Aceste activități
spontane sunt asemenea curcubeelor și norilor care apar și dispar spontan
în vasta întindere a cerului, în funcție de numeroase cauze și condiții, cum
ar fi prezența umidității, unghiul luminii soarelui și așa mai departe. În
același mod, mărețele fapte ale maestrului apar din întinderea vastă a Cor-
pului Adevăr, *dharmakaya* – starea expansiunii clare, conștientă de sine și
non-duală a spațiului fundamental al realității *(dharmadhatu)* – în funcție
de cauze și condiții cum sunt meritele și aspirațiile diferitelor ființe.

Ești dincolo de naștere și de moarte, de venire și de plecare, de apropiere
și depărtare. Mă rog ție, corp pur al realității iluminării. Îți aduc omagiu
din adâncul inimii, cu devoțiune neîncetată!

Imaculatul corp *dharmakaya* al realității iluminării maestrului este în to-
talitate dincolo de concepte cum ar fi nașterea și moartea, venirea și ple-
carea, aproape și departe. Devoțiunea neîncetată față de maestru pe care
o trezim din adâncul inimii noastre nu este altceva decât devotamentul
și încrederea în realitatea naturii noastre de Buddha. Prin urmare, a ne
ruga maestrului este o metodă foarte abilă de a ne apropia de acest adevăr
sacru.

În tine mă refugiez, întrupare a tuturor surselor de refugiu. Ofer nenu-
mărate obiecte virtuoase, fiind conștient de natura lor goală. Mărturisesc
și îmi purific toate negativitățile, deși, de la început, natura lor este goală.

Cu acest verset începem rugăciunea cu șapte ramuri. Mai întâi adu-
cem omagiu maestrului care este întruchiparea tuturor surselor de re-
fugiu. Apoi oferim nenumărate obiecte virtuoase, ne mărturisim toate
negativitățile și le purificăm. Totuși, aceasta are un înțeles mai profund,
întrucât ni se cere să fim conștienți de natura goală a obiectelor de ofrandă
și de faptul că, la nivel ultim, nu este nimic de mărturisit, întrucât natura

noastră este primordial pură. Aceste afirmații incredibil de profunde ne ajută să vedem practica în lumina înțelesului lor definitiv și ne amintesc de natura iluzorie a tuturor fenomenelor.

Mă bucur pentru meritele acumulate de toate ființele din Samsara și Nirvana. Fie ca sunetul gol al învățăturilor tale să nu înceteze vreodată.

În continuarea rugăciunii cu șapte ramuri ne bucurăm de virtutea tuturor ființelor și cerem ca maestrul să nu înceteze niciodată să predea prețioasa Dharma. Din perspectiva adevărului suprem, totuși, chiar și cuvintele maestrului nu sunt altceva decât un sunet gol, o luminozitate a *dharmakaya* nenăscută percepută sub forma sunetului.

Corpul Dharmakaya al realității iluminării este dincolo de naștere și de moarte. Fie să întorci neîncetat roata prețioasei Dharma. Fie ca, de dragul ființelor, să dăinuiești pentru totdeauna.

Cu acest verset, îi cerem maestrului să învârtă neîncetat roata prețioasei Dharma în funcție de nevoile ființelor simțitoare și să rămână pentru totdeauna de dragul tuturor ființelor, fără a abandona *samsara.*

Dedic toate meritele pentru ca mintea mea să devină inseparabilă de a ta, preasfânt maestru. Fie ca toate ființele să atingă iluminarea supremă!

Închiem rugăciunea cu șapte ramuri dedicând întreaga virtutea pentru ca mintea noastră să devină inseparabilă de mintea sfântului maestru, ceea ce înseamnă că vom descoperi realitatea sacră a naturii noastre de Buddha prin recunoașterea naturii ultime a maestrului. De asemenea, dedicăm această practică cu aspirația unui bodhisattva, dorind cu mare compasiune ca toate ființele să fie libere de suferință și să obțină iluminarea supremă.

Glorios Drolway Gonpo, salvator al tuturor ființelor, te rog, binecuvântează-mă cu trupul, vorbirea și mintea ta. Acordă-mi cele patru împuterniciri chiar în această clipă!

Acum ne rugăm gloriosului Drolway Gonpo, cunoscut mai ales sub numele de Taranatha, care este salvatorul tuturor ființelor din suferința incontrolabilă a existenței samsarice. Îl implorăm să ne binecuvânteze cu corpul, vorbirea și mintea sa și să ne dăruiască cele patru împuterniciri. Acest verset care menționează numele lui Taranatha, autorul acestei practici *guru yoga*, trebuie să fi fost adăugat ulterior de către altcineva.

Primirea celor patru împuterniciri

Fie ca trupul meu să se transforme în fericire extatică înnăscută.
Fie ca vorbirea mea să se transforme prin puterea mantrelor.
Fie ca mintea mea să se transforme în înțelepciunea luminii clare.
Maestru perfect, te rog să mă binecuvântezi chiar în acest moment.

Atunci când primim primele trei din cele Patru Împuterniciri, corpul nostru se transformă în Corpul-Vajra al extazului înnăscut, vorbirea noastră se transformă în Vorbirea-Vajra care are puterea mantrei și inima noastră se transformă în Mintea-Vajra care este inseparabilă de lumina-clară a înțelepciunii naturii noastre de Buddha. Acest verset implică, de asemenea, un nivel mai profund de semnificație care corespunde cu instrucțiunile tantrice esențiale, în special referirea la puterea mantrei.

Raze de lumină izvorăsc din fruntea, gâtul, inima și ombilicul maestrului și apoi se dizolvă în cele patru chakre ale mele, acordându-mi cele patru împuterniciri ale corpului, vorbirii, minții și înțelepciunii vajra primordiale.

Pe măsură ce recitați acest verset, începeți să primiți cele patru împuterniciri. Raze strălucitoare de lumină albă ies din fruntea maestrului, în timp ce din ceilalți trei centri – ai gâtului, inimii și ombilicului – ies raze strălucitoare de lumină roșie, neagră și galbenă. Aceste raze de lumină se dizolvă în cele patru chakre ale voastre pe măsură ce primiți împuternicirile vajra ale corpului, vorbirii, minții și înțelepciunii primordiale. Cu fiecare din aceste patru împuterniciri sunt purificate anumite întinări și sunt obținute puteri spirituale deosebite. Pentru mai multe detalii puteți consulta capitolele anterioare.

Fie să primesc împuternicirea vazei.

Fie să primesc împuternicirea secretă.

Fie să primesc împuternicirea uniunii dintre extazul beatific și înțelepciune.

Fie să primesc cea de-a patra împuternicire sacră a măreței peceți de dincolo de concepere!

La acest verset primiți de fapt cele patru împuterniciri: împuternicirea vazei, împuternicirea secretă, împuternicirea înțelepciunii și a patra împuternicire, cea mai sacră dintre toate. Fiecare dintre acestea indică un anumit aspect al naturii voastre de Buddha, ca și cum vi se spune „Aveți asta!" A treia împuternicire este tradusă la propriu aici ca „împuternicirea uniunii mărețului extaz și a înțelepciunii primordiale". A patra împuternicire este descrisă ca o pecete măreață, dincolo de concepte, deoarece arată direct realitatea ultimă a naturii voastre de Buddha care este în totalitate dincolo de toate noțiunile dualiste care dau naștere gândirii conceptuale.

Dizolvarea

Măreț rege al Dharmei, doar în tine am încredere. Ești singurul meu refugiu adevărat. Precum apa turnată peste apă, fie să mă dizolv în uniune inseparabilă cu tine!

Pentru ultima dată ne declarăm încrederea totală în maestru, considerându-l un măreț rege al Dharmei și singurul nostru obiect adevărat de refugiu sau singurul nostru salvator de încredere din durerea *samsarei*. Maestrul se dizolvă apoi în lumină, amestecându-se inseparabil cu fluxul minții voastre, precum apa turnată peste apă. Cu mai multă experiență, totuși, acest proces de dizolvare poate deveni mai degrabă asemenea spațiului gol din interiorul unei vaze sparte care fuzionează cu spațiul din jurul ei. Repetând acest exercițiu iar și iar, și doar urmărind cum mintea maestrului și mintea voastră se reunesc în acest mod, puteți dezvolta o mare încredere în realitatea naturii voastre de Buddha, care a fost cu voi dintotdeauna.

*Fie ca maestrul să se topească în esența nectarului și să-mi umple cele
patru chakre, acordându-mi împuternicirile.*

Pe măsură ce maestrul se topește în lumină și se dizolvă în voi, vizualizați-i
esența sub formă de nectar alb extatic și radiant care vă umple chakrele
frunții, gâtului, inimii și ombilicului, purificând astfel toate întinările și
energiile nesănătoase stocate în jurul acestor chakre. Pe măsura ce acești
centrii energetici sunt activați, experimentați o bucurie incredibilă și
sunteți împuterniciți din nou cu binecuvântările corpului, vorbirii, minții
și înțelepciunii primordiale ale maestrului.

*Meditează asupra maestrului natural, măreţul corp Dharmakaya al
realităţii iluminării, inseparabil de propria minte și rămâi în starea na-
turală, dincolo de toate conceptele.*

Încă o dată, ar trebui să meditați asupra inseparabilității dintre măreţul
Corp Adevăr al maestrului și propria voastră minte. Numim aceasta Ma-
estrul natural, starea naturală a iluminării de dincolo de toate noțiunile
dualiste care poate fi realizată numai atunci când credința și devoțiunea
noastră ne duc dincolo de mintea dualistă obișnuită.

Dedicare

*Fie ca în toate viețile mele viitoare să mă nasc într-o familie excelentă, cu
o minte clară, fără mândrie, cu o mare compasiune și credință în Maes-
tru. Fie ca eu să îmi respect promisiunile faţă de Gloriosul Maestru.*

Încheiem această practică prin versurile de dedicare. În această rugăciu-
ne, aspirăm să renaștem având toate condițiile necesare pentru a progresa
pe calea spirituală cât mai rapid posibil. În special, ne rugăm să avem
capacitatea de a practica cele mai profunde și mai abile mijloace ale de-
votamentului faţă de un maestru glorios, acumulând oceane de merit și
înţelepciune.

*Fie să nu permit apariția, chiar și pentru un moment, a opiniilor greșite
referitoare la aparenţele de eliberare ale Maestrului. Cu încrederea că tot*

ceea ce face el este excepțional, fie ca binecuvântările Maestrului să-mi pătrundă în minte.

Cu această rugăciune, ne rugăm să fim liberi de toate obstacolele din calea practicii noastre spirituale. În special, aspirăm să fim liberi de viziunea obişnuită care se concentrează asupra defectelor maestrului şi ne împiedică să obținem realizări. În schimb, ne rugăm să ne dezvoltăm percepția pură care recunoaşte puritatea ce stă la baza tuturor acțiunilor acestuia şi funcționează ca o bază pentru înțelegerea profundă.

În viețile mele viitoare, fie ca eu să nu fiu niciodată despărțit de Gloriosul meu Maestru. Fie să nu fiu despărțit de bucuria de a practica prețioasa Dharma. Fie să realizez toate căile şi nivelurile bhumi iluminate şi să ating cât mai repede starea de Vajradhara.

Încheiem practica prin recunoaşterea faptului că maestrul este baza prin care sunt îndepărtate toate întunecările şi sunt dezvoltate toate calitățile. Din acest motiv ne rugăm să nu fim niciodată despărțiți de el sau de învățăturile lui prețioase care ne conduc la bucuria ultimă, iluminarea deplină şi completă.

Aceasta este Guru Yoga perfectă, care îți dă posibilitatea să atingi starea de Buddha într-o singură viață. Să nu ai nicio îndoială. Compusă de Jetsun Taranatha, la vârsta de 29 de ani.

Această practică a fost compusă de Jetsun Taranatha, marele *siddha* şi erudit Jonang, la începutul secolului al XVII-lea. Afirmația sa de încheiere ne reamintește că această practică *guru yoga* este extrem de profundă, rară şi prețioasă, deoarece creează o conexiune cu linia sfântă de descendență a celor Şase Vajra Yoga. Aceasta este o practică atât de eficientă şi de puternică încât vă poate permite să atingeți starea atotştiutoare de Buddha într-o singură viață, imitându-i pe mulți mari practicanți din trecut. Aceasta ar trebui să fie o sursă de încredere extraordinară pentru voi şi nu ar trebui să aveți nicio îndoială cu privire la această practică.

Încheiere

Kalachakra este regele tantrelor, ni se spune în aceast text. În Țara Munților Înzăpeziți acest lucru este recunoscut de înțelepți și de ignoranți deopotrivă datorită bunăvoinței excelenților protectori ai Tibetului, care au acordat din nou și din nou mărețele Împuterniciri Kalachakra.

Totuși, unde sunt discipolii maturi care cu putere și credință se angajează permanent în practica autentică? Este important să reflectăm la modul în care în Țara Zăpezilor chiar și această karmă foarte bună a devenit aproape inexistentă.

Pentru că m-am lăsat atras de diverse distrageri, armura mea de perseverență a fost furată de lenevie. Chiar dacă această analiză și înțelegere nu reprezintă o explicație de nedepășit, puteți fi siguri că vă va îndruma spre calea excelentă.

Din acest motiv, cu intenție virtuoasă, ofer celor care sunt noi pe cale acest remediu pentru fericire și bunăstare. Fie ca adevărul originii dependente să dea naștere unei mărețe puteri și fie ca *dakini* și protectorii Dharmei să ne ajute în toate timpurile.

De acum înainte, prin calea sensului profund definitiv – cele Șase Yoga care opresc mișcarea vânturilor în canalele subtile – și prin uniunea mărețului extaz cu măreața consoartă a formei-goale, fie să experimentăm extazul celor șaisprezece bucurii.

Chiar dacă eu și alte ființe simțitoare nu suntem capabili să dezvăluim esența Dharmei secrete și profunde, fie ca în viitor să ne putem bucura de Dharma ultimă și secretă a Erei de Aur, sub îndrumarea mandalei aprigului rege Kalki al Shambhalei.

OM AH HUM HO

— *Sublimul tărâm al Shambhalei* —
Păzitorii învăţăturilor Kalachakra

Mă prosternez şi mă refugiez în toţi cei vrednici de laudă, cum sunt Regii Kalki şi Regii Dharma, adunarea divinităţilor înţelepciunii şi cele nouăzeci de emanaţii regale ale lor, aflaţi în partea superioară a liniei de descendenţă. Ei locuiesc în Shambhala, sublimul tărâm al tantrei care este înconjurat de o ghirlandă de munţi de zăpadă, ca un lotus cu opt petale. Principalul său oraş, Kalapa, este aşezat pe vârful Muntelui Kailasha, ca o manifestare divină. În jurul său sunt crânguri ale plăcerilor şi lacuri cu flori de lotus alb. În centrul unei păduri din lemn de santal se află mandala iluminată. Pe petalele exterioare ale lotusului există sunt nouă sute şaizeci de milioane de oraşe şi aşa mai departe.

Prin puterea virtuţii sublime create prin acest efort, atunci când corpurile noastre din această viaţă vor fi lăsate deoparte, fie să ne naştem ca însoţitori ai glorioşilor Regi Kalki din Shambhala şi să realizăm învăţăturile Kalachakra.

ཨོཾ་ཨཿཧཱུྃ་ཧོཿཧཾ་ཀྵཿ

Anexe

Scara Divină. Practicile preliminare și principale ale profundei Vajrayoga Kalachakra

༄༅། །དཔལ་དུས་འཁོར་རྫོགས་རིམ་རབ་ལམ་རྡོ་རྗེའི་རྣལ་འབྱོར། །

de Jetsun Taranatha

PARTEA ÎNTÂI: PRELIMINARIILE EXTERNE ȘI INVOCAREA LINIEI DE MAEȘTRI

I. Cele patru convingeri pentru renunțare

O, gândește-te! Doar în această viață, după nenumărați eoni, am obținut prețioasa naștere umană, care este atât de greu de obținut și atât de ușor de pierdut. Momentul morții este necunoscut și condițiile care îmi pot aduce moartea sunt dincolo de înțelegerea mea. Acest corp prețios poate muri chiar azi! De aceea, voi abandona toate preocupările lumești care mă înlănțuie în Samsara, inclusiv toate faptele lipsite de virtute și crimele cumplite. În schimb, voi folosi cu înțelepciune puținul timp rămas pentru a practica neîntârziat Dharma, reflectând la beneficiile eliberării.

(Începe prin a închide nara stângă folosind Mudra Pacificării și expiră de trei ori prin nara dreaptă, apoi schimbă cu cealaltă nară. Încheie expirând de trei ori prin ambele nări. Vizualizează cum toate suferințele și negativitățile îți părăsesc corpul sub formă de fum negru.)

II. Invocare scurtă a liniei Jonang Kalachakra

(i) Vizualizare

Vizualizează cum maestrul de rădăcină, așezat pe o floare de lotus in centrul inimii tale, se ridică prin canalul central până la coroana capului. Maestrul apare strălucitor.

(ii) Invocare

Maestru de rădăcină, prețios și glorios, odată ce te-ai așezat pe lotusul devoțiunii de pe coroana capului meu, binecuvântează-mă cu marea ta compasiune, ai grijă de mine cu marea ta bunătate și acordă-mi siddhiurile corpului, vorbirii și minții tale!

Mă rog ție, Dolpopa. Tu ești atotcunoscătorul Stăpân al Dharmei, cel care înțelege perfect cele trei întoarceri ale roții Dharmei și cele patru clase de Tantra. Te rog, arată calea corectă tuturor ființelor!

Mă rog ție, Kazhipa. Întruparea activităților tuturor Buddha, care, manifestând cele patru puteri sublime, faci ca nestemata prețioasă a Dharmei să strălucească precum Soarele.

Mă rog ție, Rinchen Drakpa. Ești înzestrat cu învățături Dharma și realizări profunde, activitățile tale sunt vaste și incomparabile. Oricine te vede sau te aude va fi eliberat cu siguranță!

Mă rog ție, Gyalwa Sangye, călugăr al Dharmei. Devotamentul față de maeștrii tăi este suprem, Iar acțiunile tale sunt o manifestare glorioasă a purității, disciplinei, înțelepciunii și compasiunii.

Mă rog la picioarele tale, Kunga Nyingpo. Tu ești sursa a tot ceea ce este bun, întrupare a tuturor Buddha și refugiu unic pentru toate ființele, un protector în fața Samsarei și Nirvanei!

Mă rog ție, Chalongwa. Copac al Dharmei care îndeplinește toate dorințele. Vorbirea ta înflorește precum florile, iar noii adepți sunt încântați de învățătura ta, precum albinele de polen.

Mă rog ție, Gawi Chöpel. Desăvârşirea vorbirii tale este nelimitată şi înfăţişarea ta este perfectă. Eşti sursa tuturor calităţilor supreme deoarece conduita ta morală este sublimă, iar cunoaşterea ta este neîntrecută, asemenea unei comori măreţe.

Mă rog ție, Trinley Namgyal. Înţelepciunea ta străluceşte precum Manjushri, întrupând înţelepciunea a nenumăraţi Buddha. Eşti o comoară a compasiunii, puterea tuturor celor iluminaţi.

Acum mă rog tuturor învăţătorilor mei preţioşi, cei care m-au înzestrat cu transmiteri, împuterniciri şi învăţături. Oricine doar îşi aminteşte de voi, va fi eliberat de suferinţă şi oricine are devotament cu siguranţa va atinge iluminarea!

(Vizualizează cum maestrul tău de rădăcină se topeşte în lumină şi îţi binecuvântează fluxul minţii.)

(iii) Omagiu adus de scriitor

OM GURU BUDDHA BODHISATTVA BHAYANA NAMO NAMAH
Aduc omagiu Maestrului care, plin de generozitate, le oferă tuturor fiinţelor nestemata Dharmei, cea care îndeplineste toate dorinţele.

(Acest omagiu de obicei nu se recită.)

III. Invocare completă a liniei de maeştri Jonang – Shambhala

(i) Vizualizare

În spaţiul imediat din faţa ta, în centrul unui curcubeu de lumină din cinci culori, pe un loc alcătuit din cinci straturi formate de un lotus şi discurile Lunii, ale Soarelui, ale lui Rahu şi Kalagni, vizualizează-l pe maestrul tău de rădăcină în forma lui Vajradhara de culoare albastră, aşezat pe un tron.

Maestrul tău de rădăcină apare ca Vajradhara, are corpul albastru, o faţă şi două braţe, ţinând un vajra şi un clopot încrucişate la nivelul inimii.

Este așezat în postura lotus, înveșmântat în haine de mătase, împodobit cu bijuterii prețioase: coroană, cercei, coliere, brățări la încheieturile mâinilor, pe brațe și glezne, și toate însemnele și caracteristicile specifice unui Buddha.

Este înconjurat de toți maeștrii liniei Șase Vajra Yoga, inclusiv imaculatul Buddha Primordial, de Kalachakra – corpul desfătării, de Shakyamuni – corpul emanat, de cei treizeci și cinci de regi Dharma ai Shambhalei și de toți maeștrii indieni și tibetani ai liniei. Corpurile lor apar strălucitoare, splendide și încântătoare.

(ii) Invocare

Aduc un omagiu și mă rog maestrului meu de rădăcină.
Mă rog maeștrilor de rădăcină și celor ai liniei.
Mă rog liniei de maeștri care îndeplinește dorințele.

Vă rog, binecuvântați-mă astfel încât transmiterea liniei de învățături să pătrundă în mine!
Fie ca toate aceste binecuvântări să pătrundă în inima mea!
Vă rog, binecuvântați-mă astfel încât întunericul inimii să îmi fie îndepărtat!

Mă rog maestrului.
Mă rog stăpânului Dharmei.
Fie ca toți părinții spirituali și fiii lor de suflet să mă binecuvânteze!

Mă rog lui Tathagatagarbha, esența bazei primordiale.
Mă rog profundei căi Vajra Kalachakra.
Mă rog dezvăluitului corp dharmakaya al realității iluminării, rezultatul epuizării Samsarei.

Mă rog sublimului Buddha primordial.
Mă rog lui Vajradhara, corpul dharmakaya al realității iluminării.
Mă rog lui Kalachakra, corpul sambhogakaya al desfătării.
Mă rog lui Buddha Shakyamuni, corpul emanat nirmanakaya.
Mă rog celor treizeci și cinci de regi Dharma ai Shambhalei.

Mă rog lui Drupchen Dushapa Chenpo.
Mă rog lui Drupchen Dushapa Nyipa.
Mă rog lui Gyaltse Nalendrapa.

Mă rog lui Panchen Dawa Gonpo.
Mă rog măreţului traducător Droton Lotsawa.
Mă rog lui Lama Lhaje Gompa.
Mă rog lui Lama Droton Namseg.

Mă rog lui Lama Drupchen Yumo.
Mă rog lui Seachok Dharmeshvara.
Mă rog lui Khipa Namkha Öser.
Mă rog lui Machig Tulku Jobum.

Mă rog lui Lama Drubtop Sechen.
Mă rog lui Chöje Jamyang Sarma.
Mă rog lui Kunkyen Chöku Öser.

Mă rog lui Kunpang Thukje Tsondru.
Mă rog lui Jangsem Gyalwa Yeshe.
Mă rog lui Khetsun Yonten Gyatso.

Mă rog lui Kunkyen Dolpopa, emanaţia tuturor Buddha din cele trei timpuri.
Mă rog lui Chogyal Choklé Namgyal.
Mă rog lui Tsungmed Nyabon Kunga.

Mă rog lui Drupchen Kunga Lodrö.
Mă rog lui Jamyang Konchog Zangpo.
Mă rog lui Drenchog Namkha Tsenchan.
Mă rog lui Panchen Namkha Palzang.

Mă rog lui Lochen Ratnabhadra.
Mă rog lui Palden Kunga Drolchok.
Mă rog lui Kenchen Lungrig Gyatso.
Mă rog lui Kyabdak Drolway Gonpo.

Mă rog lui Ngonjang Rinchen Gyatso.
Mă rog lui Khidrup Lodrö Namgyal.
Mă rog lui Drupchen Ngawang Trinlé.

Mă rog lui Ngawang Tenzin Namgyal.
Mă rog lui Ngawang Khetsun Dargyé.
Mă rog lui Kunzang Trinlé Namgyal.
Mă rog lui Nuden Lhundrub Gyatso.

Mă rog lui Konchog Jigmé Namgyal.
Mă rog lui Ngawang Chöpel Gyatso.
Mă rog lui Ngawang Chökyi Pakpa.
Mă rog lui Ngawang Chöjor Gyatso.

Mă rog lui Ngawang Chözin Gyatso.
Mă rog lui Ngawang Tenpa Rabgyé.
Mă rog celui care îndepărtează întunericul, prețiosului Lama Lobsang Trinley.
Mă rog războinicului Dharmei, Khentrul Jamphal Lodrö.

Mă rog principalului meu maestru de rădăcină.
Mă rog gloriosului meu maestru.
Mă rog tuturor stăpânilor Dharmei.

Fie ca toți părinții spirituali și fiii lor să mă binecuvânteze! Oricine îl onorează și își menține întreaga viață devotamentul față de maestrul prețios, îi adresează constant rugăciuni și îi aduce omagiu în această viață. Fie să primesc binecuvântarea înțelepciunii primordiale a războinicului plin de compasiune!

În toate viețile mele viitoare, fie ca niciodată să nu fiu despărțit de maestrul meu cel glorios. Fie să fiu fericit atunci când practic prețioasa Dharma. Fie să realizez toate căile iluminate și să ating degrabă starea de Vajradhara!

(Ai convingerea că maeștrii liniei sfinte se topesc în lumină și binecuvântează fluxul tău mental.)

PARTEA A DOUA: PRELIMINARIILE INTERNE

I. Refugiu și prosternări

(i) Vizualizare

Pentru luarea Refugiului, care este fundamentul oricărei practici Dharma, mai întâi mergi într-un loc izolat sau liniștit și lasă mintea în starea ei naturală, relaxată și concentrată. Vizualizează spațiul din fața ta ca fiind un tărâm pur sau iluminat, vast și nemărginit. În mijlocul acestui tărâm se află un palat măreț, format din diverse substanțe prețioase, decorat cu nestemate și ornamente uluitoare. În centrul palatului se află un copac enorm, care îndeplinește dorințele, ale cărui imense ramuri împodobite, frunze minunate, flori și fructe iluminează întregul palat. În vârful copacului se află un tron magnific, susținut de lei. Pe tron se află o floare de lotus multicoloră, cu discuri ale Lunii, Soarelui și ale lui Rahu și Kalagni. Maestrul de rădăcină este așezat pe tron, sub forma lui Vajradhara de culoare albastră; el ține un vajra și un clopot încrucișate la nivelul inimii. Buddha Primordial stă deasupra coroanei maestrului de rădăcină.

Împrejurul maestrului tău, pe ramurile copacului, se află toți maeștrii liniei, cei treizeci și cinci de regi Dharma ai Shambhalei și zeitățile *Yidam* ale Tantrei Cele Mai Înalte, precum Kalachakra. Împrejurul lor se află zeitățile *Yidam* ale celor patru clase de tantra. Buddha Shakyamuni se află sub zeitățile *Yidam*. La dreapta sa, pe ramurile copacului, este Arya Sangha Mahayana a celor opt Bodhisattva, inclusiv Maitreya, Manjushri și Avalokiteshvara. La stânga sa, se află Arya Sangha Hinayana a shravaka și pratyeka, precum Shariputra. La baza copacului se află un ocean de *dakini* și protectori ai Dharmei înzestrați cu vedere divină, care protejează prețioasele învățături. Ei sunt așezați astfel încât să te protejeze. În spatele ramurilor, sfânta Dharma apare sub forma unor texte aurii, prețioase.

Ai convingerea că totul este așa cum vizualizezi. În același timp, să ai convingerea că te refugiezi în numele tuturor ființelor simțitoare, cu

ardoare puternică și devotament față de Maestru, cele Trei Giuvaieruri
și oceanul de protecție spirituală. Apoi, roagă-te mânat de compasiune
puternică și hotărâre neabătută pentru a elibera toate ființele, dorind din
adâncul sufletului ca acestea să găsească protecție împotriva suferinței
din *Samsara*.

*(În timp ce menții această vizualizare cât de bine poți, recită o dată rugă-
ciunea lungă pentru Refugiu, apoi repetă rugăciunea scurtă pentru Refu-
giu de trei sau mai multe ori în timp ce faci prosternări complete. Proster-
nările complete sunt necesare doar atunci când Refugiul este practica ta
principală.)*

(ii) Rugăciunea lungă pentru Refugiu

Pentru binele tuturor ființelor, asemănătoare mamelor noastre, nelimitate
precum spațiul, începând de acum și până realizez esența iluminării, mă
refugiez în nobilii stăpâni ai Dharmei, cei de rădăcină și ai liniei, ma-
eștri puri și glorioși, întrupări ale corpului, vorbirii, minții, calităților și
activităților tuturor Buddha ai celor trei timpuri și celor zece direcții și
care sunt sursa celor 84.000 de colecții Dharma și regi ai nobilei Arya
Sangha.

(iii) Rugăciunea scurtă pentru Refugiu

Mă refugiez în stăpânii Dharmei, maeștri glorioși.
Mă refugiez în mandala iluminată a yidam-ilor.
Mă refugiez în bhagavani, perfecții Buddha.
Mă refugiez în imaculata sfântă Dharma.
Mă refugiez în nobila Arya Sangha.
Mă refugiez în dakini și în atotvăzătorii protectori ai Dharmei.

*(Recită de trei sau de mai multe ori dacă practica ta principală este Refu-
giul.)*

Aduc omagiu și mă refugiez în maestru și în cele Trei Giuvaieruri
prețioase. Vă rog, binecuvântați-mi fluxul mental! (3x)

(Când Refugiul este practica ta principală, după încheierea recitărilor și a prosternărilor, vizualizează obiectele Refugiului topindu-se în lumină și dizolvându-se în fluxul minții tale, precum apa turnată în apă. Ai convingerea că ai devenit inseparabil de Câmpul de Refugiu. Dacă Refugiul nu este practica ta principală, continuă să menții vizualizarea Refugiului pe măsură ce practici în continuare.)

(iv) Dedicare

Fie ca prin puterea acestei virtuți să finalizez acumularea de merite și înțelepciune. Și astfel să realizez cele două kaya ale iluminării, pentru binele tuturor ființelor.

II. Generarea minții iluminării

(i) Vizualizare

În timp ce vizualizezi Câmpul de Refugiu în fața ta, dezvoltă intens Bodhicitta din adâncul inimii pentru a elibera toate ființele simțitoare în numele Câmpului de Refugiu.

(ii) Bodhicitta de aspirație

Pentru a elibera toate ființele, voi atinge starea completă de Buddha. De aceea, voi medita asupra profundei căi Vajra Yoga.

(Repetă de trei sau mai multe ori.)

(iii) Bodhicitta de angajare

Odată dezvoltată mintea iluminării, extinde-o pentru a include toate ființele, fără nicio excepție.

Fie ca toate ființele să fie fericite și să aibă parte de cauzele fericirii.
Fie ca toate ființele să fie libere de suferință și de cauzele suferinței.
Fie ca toate ființele să fie inseparabile de fericirea sublimă, care este lipsită de suferință.

Fie ca toate ființele să trăiască în echilibru sufletesc, libere de atașament și de aversiune.

(Această rugăciune se recită o dată, de trei ori sau de mai multe ori dacă accentul în practică se pune pe dezvoltarea Bodhicitta.)

(iv) Întărirea jurămintelor de Bodhisattva

Dacă dorești să-ți reînnoiești angajamentele de Bodhisattva, recită următoarele versuri din cartea "Calea vieții unui Bodhisattva" de Shantideva:

Așa cum realizații din timpurile trecute
au trezit bodhicitta și apoi, treptat,
S-au pregătit în practica iscusită,
pe calea autentică a Bodhisattva,

La fel ca ei, fac acest jurământ sacru:
să trezesc bodhicitta aici și acum
Și să mă pregătesc pentru binele celorlalți,
treptat, așa cum ar trebui să o facă un bodhisattva.

(Repetă aceste versuri de trei ori și apoi dezvoltă convingerea că ai generat jurămintele Bodhisattva.)

(v) Dedicare

Dizolvă Câmpul de Refugiu în timp ce meditezi asupra profundei semnificații a versurilor despre Bodhicitta. La finalul sesiunii dedică meritele practicii tale folosind oricare rugăciune de dedicare dorești.

III. Purificarea Vajrasattva

(i) Vizualizare

Mai întâi recită:

OM SVABHAVA SHUDDHA SARVA DHARMA SVABHAVA SHUDDHO HAM

Toate fenomenele, inclusiv tu însuți, pătrund în starea naturală de vacuitate.

Din starea naturală de vacuitate, deasupra coroanei mele, apare silaba PAM (ঌ)care se transformă într-o floare de lotus albă. Silaba AH (জ্ঃ) apare deasupra florii de lotus și se transformă într-un disc de Lună plină. Deasupra discului de Lună apare silaba HUNG (ཧྰུྃ) care se transformă într-un vajra alb cu cinci brațe, având silaba HUNG (ཧྰུྃ) în centru.

Silaba HUNG (ཧྰུྃ) radiază lumină strălucitoare către toate universurile aducând ofrande nesfârșite tuturor ființelor Arya. Apoi lumina strălucește către toate ființele, purificându-le toate negativitățile și obscuritățile. Pe urmă lumina revine și se dizolvă în silaba HUNG (ཧྰུྃ), iar vajra cu cinci brațe se dizolvă complet în lumină.

Lumina se transformă instantaneu în Vajrasattva, cu corpul de culoare albă, cu o față și două brațe, ținând în mâna dreaptă un vajra și în stânga un clopot. Își îmbrățișează consoarta Vajratopa în *Yab-yum*.

Vajratopa are corpul de culoare albă, ținând în mâna dreaptă un cuțit încovoiat și un craniu-potir în cea stângă. Amândoi sunt împodobiți cu ornamente din os și nestemate și stau cu picioarele încrucișate în postura vajra – lotus.

În zona frunții celor doi aflați în *Yab-yum* apare silaba OM (ཨོཾ), în zona gâtului, AH (জ্ঃ), în zona inimii, HUNG (ཧྰུྃ) și în zona ombilicului, HO (ཧོ་ঃ). Din silaba HUNG (ཧྰུྃ) aflată în zona inimii celor doi în *Yab-yum*, radiază lumină în cele zece direcții și puterea de purificare a tuturor Buddha și Bodhisattva radiază înapoi sub formă de nectar alb.

DZA (ཛྃঃ) HUNG (ཧྰུྃ) VAM (ঌ) HO (ཧོ་ঃ)
Nectarul devine inseparabil de Vajrasattva *Yab-yum*.

(ii) Cerere pentru purificare

Vajrasattva *Yab-yum*, te rog, purifică și curăță toate negativitățile, obscuritățile și încălcarea jurămintelor pe care eu și toate ființele le-am acumulat din timpuri fără de început.

(iii) Purificarea propriu-zisă

Vizualizează cum din uniunea Vajrasattva Yab-yum curge nectarul extatic ce îți pătrunde prin coroana capului și elimină din corp bolile și impuritățile, care se scurg în pământ. Pe măsură ce nectarul curăță toate negativitățile, reamintește-ți cele patru puteri și recită următoarea mantră:

OM SHRI VAJRA HERUKA SAMAYA MANUPALAYA | VAJRA HERUKA TENOPA | TISHTHA DRIDHO ME BHAVA | SUTOKAYO ME BHAVA | ANURAKTO ME BHAVA | SUPOKAYO ME BHAVA | SARVA SIDDHI MAME PRAYATSA | SARVA KARMA SU TSA ME | TSITAM SHREYANG KURU HUNG | HA HA HA HA HO | BHA-GAVAN VAJRA HERUKA MAME MUNTSA | HERUKA BHAVA MAHA SAMAYA SATTVA AH HUM PHET

(Această mantră se recită o dată, de trei, șapte, douăzeci și una de ori sau de cât mai multe ori dacă purificarea este practica principală. Încheie cu urmatoarea rugăciune:)

Măreț protector! Din cauza ignoranței și a confuziei mi-am încălcat legămintele și le-am lăsat să degenereze. Lama Vajrasattva Yab-yum plin de compasiune, te rog, purifică-mi toate negativitățile și protejează-mă. În tine mă refugiez, purtător suprem de Vajra, tu, comoara compasiunii și salvatorul tuturor ființelor.

Mărturisesc și regret toate excesele realizate cu corpul, vorbirea și mintea mea, inclusiv toate încălcările jurămintelor de rădăcină și de ramură. Te rog să purifici și să cureți toate impuritățile, negativitățile, obscuritățile și încălcările acumulate de-a lungul existenței ciclice fără de început.

Precum Luna s-ar topi în mine, Vajrasattva *Yab-yum* mă privește zâmbind și începe să se topească cu bucurie, dizolvându-se prin coroana capului meu. Corpul, vorbirea și mintea lui Vajrasattva *Yab-yum* devin inseparabile de corpul, vorbirea și mintea mea.

(iv) Dedicare

Fie ca prin acest merit să realizez degrabă starea iluminată a lui Vajrasattva *Yab-yum* și să conduc toate ființele, fără nicio excepție, spre acest tărâm al purității. Fie ca în baza acestei virtuți, toate ființele să finalizeze acumularea de merite și înțelepciune primordială și astfel să realizeze cele două kaya ale iluminării.

IV. Ofranda Mandalei

(i) Vizualizare

Vizualizează, în spațiul imediat din fața ta, pe maestrul tău de rădăcină în forma lui Vajradhara de culoare albastră. Este înconjurat de cele Trei Giuvaieruri, zeitățile *Yidam* și *Dakini*. Toți apar magnifici și reali.

(ii) Invocarea câmpului de merit

Tu ești maestrul asemenea unei nestemate, cel a cărui bunătate duce la apariția fericirii extatice într-o singură clipă. La picioarele tale de lotus mă închin, Lama Vajradhara.

Aduc omagiu maestrului față de care recunoștința mea este dincolo de orice comparație. Lumina adevărului tău iluminat îmi îndepărtează întunericul. Ești ochiul înțelepciunii lipsite de greșeală, maestru asemenea Soarelui, al fericirii extatice permanente.

Ești tatăl și mama noastră. Ești maestrul tuturor ființelor, un adevărat și nobil prieten. Ești mărețul protector care acționează pentru binele tuturor ființelor simțitoare. Ești mărețul salvator care îndepărtează toate obscuritățile negative. Ești cel care perseverează în excelență, deținător al tuturor calităților supreme, cel eliberat de defecte. Ești protector al celor umili, cuceritor suprem al prețuirii de sine și al suferinței. Ești sursă a întregii abundențe, o nestemată care îndeplinește toate dorințele, un maestru al Dharmei suprem victorios. În tine mă refugiez.

Mă refugiez în tine, imaculat și sfânt maestru de rădăcină, stăpân suprem victorios al Dharmei. Întruparea tuturor Buddha ai celor trei timpuri.

(Acest vers este versiunea prescurtată a celor trei precedente și poate fi folosit de sine stătător.)

(iii) Versiunea medie a Ofrandei Mandala

OM VAJRA BHUMI AH HUNG.

Baza este puternicul pământ pur, auriu.

OM VAJRA REKHE AH HUNG.

Universul este împrejmuit de un gard măreț de fier, alcătuit din munți, iar în centru se află Muntele Meru, regele munților.

La est se află Purvavideha, la sud Jambudvipa, la nord Uttarakuru și la vest Aparagodaniya. Rahu, Soarele, Luna, Kalagni, iar în mijloc toate minunatele posesiuni ale zeilor și ale oamenilor, complete și fără nicio lipsă.

Toată această avuție o dăruiesc cu mare devotament imaculaților mei maeștri de rădăcină și ai liniei, precum și mandalei aparținând tuturor *Yidam*, tuturor Buddha, Bodhisattva, Pratyeka, Shravaka, *Dakini* și atotvăzătorilor protectori ai Dharmei. Din compasiune, acceptați această mandala pentru binele tuturor ființelor și acceptând această ofrandă, vă rog, binecuvântați-mă!

Amintindu-mi toate meritele realizate prin corpul, vorbirea și mintea mea și ale tuturor ființelor de-a lungul celor trei timpuri, alături de ofrandele excelente ale lui Samantabhadra, adunate în această mandală prețioasă, atât reale, cât și vizualizate, le ofer pe toate maestrului meu și celor Trei Giuvaieruri. Prin compasiunea voastră, vă rog să le acceptați și să mă binecuvântați!

(iv) Versiunea scurtă a Ofrandei Mandala

Aceasta este o formă alternativă, mai scurtă, a ofrandei mandalei, care poate fi folosită pentru acumularea de merite.

Pământul este parfumat și presărat cu flori. Centrul este împodobit cu Muntele Meru, înconjurat de cele patru continente, Soarele și Luna. Toate acestea le ofer ca pe un tărâm-Buddha, pentru ca toate ființele să se bucure de el.

GURU IDAM RATNA MANDALA KAM NIRYA TAYAMI

(Recitând aceasta, oferă mandala.)

La încheierea unei sesiuni de ofrandă a mandalei, vizualizează Mandala și Câmpul de Refugiu dizolvându-se în lumină și contopindu-se cu fluxul tău mental.

V. Guru yoga de bază

(i) Vizualizare

Vizualizează-te într-un palat magnific și vast, în centrul unui tărâm pur. Maestrul tău vajra apare în fața ta, în centrul palatului, sub forma lui Vajradhara. El stă deasupra unui lotus pe care sunt discurile Lunii, ale Soarelui, ale lui Rahu și Kalagni*, ce sunt așezate pe un tron sprijinit de lei.

Maestrul are corpul albastru, o față și două brațe, ținând un vajra și un clopot încrucișate la nivelul inimii. Are picioarele încrucișate în postura de lotus completă. Este împodobit cu veșminte din mătase și ornamente din nestemate, având semnele și simbolurile complete, cu corpul luminos și strălucitor. Îți zâmbește, mulțumit de tine.

Vajradhara este înconjurat de zeitățile celor patru clase de Tantra, de toți maeștrii liniei și întreaga adunare de zeități *yidam*, toți Buddha, Bodhisattva, Shravaka, Pratyeka, *Dakini* și protectorii Dharmei. Fii convins că toți sunt prezenți cu adevărat.

Odată vizualizată întreaga adunare, adu ofrande mărețe, atât în formă concretă, cât și vizualizate. Pe măsură ce începi să practici, trebuie să ai încredere că deții natura de Buddha și că aceasta poate fi dezvăluită prin devoțiune sinceră, nestrămutată, față de imaculatul tău maestru de rădăcină.

(*Chiar dacă în textul original nu sunt menționate discurile Rahu și Kalagni, ele au fost adăugate aici pentru consistență și pentru a reflecta instrucțiunile esențiale tradiționale.)

(ii) Rugăciuni către Maeștrii Liniei

Binevoitor și prețios maestru de rădăcină, tot ceea ce este bun și virtuos în *Samsara* și în *Nirvana* a apărut prin puterea ta iluminată. Protector al meu, sursă care îndeplinește toate dorințele, din adâncul inimii, mă rog ție.

Mă rog atotcuprinzătorului corp de adevăr al fericirii extatice, lui Buddha Vajradhara primordial, care sălășluiește în Akanishta.
Mă rog lui Kalachakra, corpul desfătării.
Mă rog lui Buddha Shakyamuni, corpul emanat, cel mai înalt dintre Shakya. Mă rog maestrului meu, întruparea celor patru *kaya* de Buddha.

Mă rog regilor Dharma, traducătorilor și pandita: celor treizeci și cinci de regi ai Shambhalei, emanații ale celor victorioși; Celor doi Kalachakrapada, Cel Vârstnic și Cel Tânăr și celor doi neîntrecuți cărturari, Nalendrapa și Somanatha.

Mă rog celor trei maeștri care au obținut *siddhi*-uri supreme: Protector al tuturor ființelor Konchokgsung; Măreț și realizat meditator Droton Namseg; Măreț Mahasiddha Drupchen Yumo Chöki Rachen, măreț povestitor al Dharmei.

Mă rog celor trei minunate surse de refugiu: Nirmanakaya Seachok Dharmeshvara, fiul cel mai măreț; Khipa Namkha Oser, cărturar al Dharmei fără de cusur; Semochen, maestru al puterilor magice și al clarviziunii.

Mă rog celor trei salvatori supremi: Jamsar Sherab, cel care îndepărtează întunericul; Atotcunoscătorul Kunkhyen Chöku Öser; Kunphang Thukje Tsondru, cel care a desăvârșit fericirea extatică constantă.

Mă rog celor trei incomparabili maeștri: Jangsem Gyalwa Yeshe, cuceritor al măreței înțelepciuni; Khetsun Zangpo, ocean de calități mărețe; Dolpopa, Buddha atotcunoscător al celor trei timpuri.

Mă rog celor trei rădăcini ale Dharmei vii: Choklé Namgyal, atotbiru-itorul; Nyabonpa, izvor universal de fericire; Kunga Lodrö, tezaur al cunoașterii și al compasiunii.

Mă rog celor trei minunați maeștri: Trinlé Zangpo, întrupare a celor Trei Giuvaieruri; Nyeton Damcho, protector al Dharmei definitive și atotcu-prinzătoare; Namkha Palzangpo, măreț maestru al sutrelor și al tantrelor.

Mă rog celor trei care au realizat beneficii neîntrecute pentru alții: Ratna-bhadra, măreț traducător; Lama Kunga Drolchok, sursă a fericirii pentru toate ființele; Lungrig Gyatso, martor al adevăratului înțeles nenăscut.

Mă rog celor trei înzestrați cu bunătate inegalabilă: Drolway Gonpo, măreț eliberator; Kunga Rinchen, comoară de calități vaste precum oceanul; Khidrup Namgyal, întrupare a tuturor ființelor sfinte.

Mă rog celor trei dețínători ai tezaurului sfintelor învățături: Thugye Trin-lé, maestru al vorbirii; Tenzin Chogyur, cel victorios; Ngawang Chöjor, ornament al practicii Dharma.

Mă rog celor trei maeștri care îndeplinesc fără efort activități sfin-te: Trinlé Namgyal, ornament al conduitei desăvârșite; Chökyi Peljor, măreață comoară și *siddha* a Dharmei; Gyalwe Tsenchang, deținător al instrucțiunilor esențiale perfecte.

Mă rog celor trei lama care eliberează ființele prin sunet și vedere: Jigme Namgyal, chintesență a celor Trei Giuvaeruri; Chöpel Gyat-so, întrupare a tuturor salvatorilor; Chözin Gyatso, cel care a reali-zat corpul uniunii iluminării.

Mă rog celor trei ornamente ale Dharmei sacre: Tenpa Rabgye, cel care expune Dharma de aur; Lobsang Trinlé, înțelepciune incomparabilă în activități sfinte; Jamphel Lodrö, înflorind pe continent cu înțelepciunea lui Manjushri.

(iii) Rugăciunea de Șapte ramuri și implorare

Mă prosternez ție, refugiu ultim, etern și infailibil, cu corpul, vorbirea și mintea. Ofer nenumărați nori de ofrande atât reale, cât și generate mental.

Mărturisesc toate negativitățile și încălcările adunate din timpuri fără de început. Mă bucur pentru toate virtuțile din *Samsara* și *Nirvana*. Mă rog să învârți fără încetare roata Dharmei. Te implor să rămâi cu noi, fără să treci în parinirvana. Fie ca toate meritele să fie dedicate, astfel încât eu și toți ceilalți să obținem rapid iluminarea supremă!

Această rugăciune de șapte ramuri a fost compusă de Vakindadharma.

Mă rog maestrului meu prețios și glorios, maestru al Dharmei și întrupare a tuturor Buddha.

Mă rog maestrului meu prețios și glorios, care deține cele patru kaya de Buddha.

Mă rog maestrului meu prețios și glorios, maestru al Dharmei, refugiul meu ultim și de neegalat.

Mă rog maestrului meu prețios și glorios, maestru al Dharmei, salvatorul meu ultim și de neegalat.

Mă rog maestrului meu prețios și glorios, maestru al Dharmei, care predă calea supremă spre eliberare.

Mă rog maestrului meu prețios și glorios, maestru al Dharmei, izvorul tuturor realizărilor sublime.

Mă rog maestrului meu prețios și glorios, maestru al Dharmei, care înlătură întunericul ignoranței.

Te rog, acordă-mi împuternicirea!

Te rog, binecuvântează-mă cu puterea de a practica cu dedicare totală!

Fie ca toate obstacolele să fie îndepărtate, astfel încât să îmi dedic viața practicii!

Fie să experimentez esența practicii! Fie ca practica mea să atingă perfecțiunea ultimă!

Fie ca eu să eman în mod natural iubire, compasiune și Bodhicitta!

Fie să unific concentrarea perfectă și cunoașterea interioară!

Fie să ating experiența adevărată și realizarea supremă a Dharmei!

Fie să desăvârșesc practica profundei căi vajra yoga!

Fie să fiu împuternicit cu puterile siddhi ale măreței peceți chiar în această viață.

(iv) Primirea celor Patru Împuterniciri

Din silaba OM (ॐ) aflată în zona frunții maestrului meu de rădăcină, măreţul Vajradhara, lumină albă izvorăşte şi se dizolvă în chakra frunții mele, purificând negativităţile şi obscurităţile corpului. Fie ca eu să primesc împuternicirea vazei şi să fiu binecuvântat de corpul iluminat!

Din silaba AH (अ॰) aflată în zona gâtului maestrului, lumină roşie izvorăşte şi se dizolvă în chakra gâtului meu, purificând negativităţile şi obscurităţile vorbirii. Fie să primesc împuternicirea secretă şi să fiu binecuvântat de vorbirea iluminată!

Din silaba HUNG (हुं) aflată în zona inimii maestrului, lumină albastră izvorăşte şi se dizolvă în chakra inimii mele, purificând negativităţile şi obscurităţile minţii. Fie să primesc împuternicirea înţelepciunii şi să fiu binecuvântat de mintea iluminată!

Din silaba HO (हो॰) aflată în zona ombilicului maestrului, lumină galbenă izvorăşte şi se dizolvă în chakra ombilicului meu, purificând toate înclinaţiile către gândire conceptuală şi ataşament. Fie ca eu să obţin cea de-a patra împuternicire sacră. Fie să se întipărească în mine cele patru kaya de Buddha şi să fiu bincuvântat de înţelepciunea primordială indestructibilă!

Dizolvă întreaga vizualizare, în timp ce reciţi versurile următoarele:

Maestrul se topeşte în lumină şi se dizolvă în mine. Mintea mea devine inseparabilă de mintea dharmakaya a maestrului. Fie ca eu să rămân fără niciun efort în această stare naturală, non-conceptuală.

(Încearcă să rămâi cât mai mult în această stare dincolo de orice concepte obişnuite.)

(v) Dedicare

Fie ca eu să ajung asemenea vouă, glorioşi maeştri de rădăcină şi ai liniei.

Fie ca adepții mei, durata vieții, titlul meu nobil și tărâmul meu pur să devină precum ale voastre!

Prin puterea rugăciunilor mele către tine, fie ca toate bolile, sărăcia și conflictele să fie pacificate, oriunde ne-am afla! Fie ca prețioasa Dharma și tot ceea ce este de bun augur să sporească în tot universul!

PARTEA A TREIA: PRELIMINARIILE UNICE KALACHAKRA ȘI PRACTICA PRINCIPALĂ

I. Practica lui Kalachakra Înnăscut

(i) Vizualizare

După ce mai devreme ai stabilizat mintea în Refugiu și Bodhicitta, recită:

OM SHUNYATA JNANA VAJRA SVABHAVA ATMAKO HAM
OM, sunt alcătuit din natura conștienței vajra a vacuității.

Apărând din vacuitate, instantaneu și spontan, sunt Kalachakra Înnăscut. Stau pe o bază formată dintr-un lotus și discuri de Lună, Soare, Rahu și Kalagni*, care sunt așezate pe vârful Muntelui Meru și pe universul celor patru elemente. Corpul meu este albastru, cu o față, două brațe și trei ochi. Îmi îmbrățișez consoarta Vishvamata și țin un vajra și un clopot în dreptul pieptului.

*Deși Kalagni nu apare în textul original, a fost trecut mai sus pentru a menține consistența textului și nu există explicații clare sau motive pentru care nu ar trebui să fie parte din vizualizare.

Piciorul meu stâng alb este retras și calcă pe inima zeului alb al creației. Piciorul meu drept roșu este întins și calcă pe inima zeului roșu al dorinței. Capul îmi este împodobit cu un coc din păr împletit, o nestemată care îndeplinește dorințele și o semilună.

Port ornamente vajra, iar în partea de jos a corpului straie din piele de tigru. Am degetele în cinci culori diferite și cele trei încheieturi ale fiecărui deget au culori diferite. Vajrasattva este așezat deasupra coroanei capului meu şi mă aflu în mijlocul unui cerc de flăcări din cinci culori diferite. Expresia feţei mele este un amestec de mânie şi pasiune.

Sunt îmbrăţişat de Vishvamata, care are corpul de culoare galbenă, o faţă, două braţe şi trei ochi. În mâna dreaptă ţine un cuţit încovoiat şi un craniu-potir în cea stângă. Are piciorul drept retras şi stângul întins şi suntem în uniune. Este goală şi împodobită cu cele cinci ornamente din os. O jumătate din părul ei este prins în coc în vârful capului, iar restul îi cade liber pe spate.

În zona frunţii mele Yab-yum apare silaba OM (ཨ); în zona gâtului, AH (ཨཿ); în zona inimii, HUNG (ཧཱུྃ); în zona ombilicului, HO (ཧོཿ); în zona secretă, SVA (སྭ); şi în zona coroanei, HA (ཧ).

Raze de lumină emană din inimă şi transformă întregul univers într-un tărâm Buddha, Şi pe toate fiinţele în nenumărate zeităţi ale mandalei Kalachakra.

(Poţi păstra mintea concentrată neabătut asupra acestei vizualizări oricât de mult doreşti.)

(ii) Repetarea mantrei şi dizolvarea

După ce ai stabilizat vizualizarea lui Kalachakra Înnăscut, vizualizează simbolul mantrei Kalachakra în zona inimii tale, aşezat pe un lotus şi discuri de Lună, Soare, Rahu şi Kalagni. Apoi recită mantra vizualizând simbolul acesteia.

Mantra este vizualizată ca OM (ཨ), apoi apare un HA (ཧ) albastru, un KSHA (ཀྵ) verde, un MA (མ) multicolor, un LA (ལ) galben, un VA (ཝ) alb, un RA (ར) roşu şi un YA (ཡ) negru. În partea de sus se află o semilună albă cu un Soare roşu deasupra şi un nadu violet închis (asemănător unei mici flăcări) ieşind din Soare.

OM HA KSHA MA LA VA RA YANG (SVAHA)
(Recită mantra de câte ori doreşti.)

Întreaga vizualizare se topeşte apoi în lumină şi se dizolvă în mine.

(iii) Dedicare

Fie ca prin puterea acestei virtuți să realizez cât mai repede starea Kalachakra, și să conduc toate ființele spre iluminarea Kalachakra!

"Scara Divină – Preliminarii și Practica Principală a Profundei Vajra Yoga Kalachakra", compusă de Drolway Gonpo (Taranatha), descrie cum practicau marii maeștri tantrici Jonangpa și fiii lor de suflet și include esența tuturor instrucțiunilor liniei pure de învățătură.

II. Rugăciune de aspirație pentru realizarea celor Șase Vajra Yoga

OM AH HUM HO HANG KYA

Prin puterea naturii de Buddha, fie să tai mișcările conceptuale ale minții mele. Fie să experimentez cele zece semne și mintea clară ca lumina și să obțin Yoga Retragerii. Mă rog salvatorilor mei, bunului meu maestru de rădăcină și succesorilor liniei sfinte. Binecuvântați-mă ca aceasta să se realizeze!

Prin puterea naturii de Buddha, fie ca vorbirea mea, vântul interior și conștiința mea să devină de neclintit. Fie ca înțelepciunea mea să sporească, împreună cu fericirea și extazul analizei și fie să obțin Yoga Stabilizării. Mă rog salvatorilor mei, bunului meu maestru de rădăcină și succesorilor liniei sfinte. Binecuvântați-mă ca aceasta să se realizeze!

Prin puterea naturii de Buddha, fie ca cele zece vânturi din lalana și rasana să pătrundă în avadhuti. Fie să experimentez focul arzător tummo și topirea și coborârea esenței coroanei, HANG ($\frac{5}{4}$). Și fie astfel să obțin Yoga Forței Vieții. Mă rog salvatorilor mei, bunului meu maestru de rădăcină și succesorilor liniei sfinte. Binecuvântați-mă ca aceasta să se realizeze!

Prin puterea naturii de Buddha, fie ca esența albă să fie reținută și stabilizată la nivelul frunții. Fie ca pe măsură ce esențele se topesc să experimentez fericirea extatică constantă și să obțin Yoga Reținerii. Mă rog salvatorilor mei, bunului meu maestru de rădăcină și succesorilor liniei sfinte. Binecuvântați-mă ca aceasta să se realizeze!

Prin puterea naturii de Buddha, fie ca toate chakrele și canalele mele să fie umplute cu esența pură a măreţului extaz. Fie să obţin desăvârșirea celor trei consoarte glorioase și să obţin Yoga Amintirii. Mă rog salvatorilor mei, bunului meu maestru de rădăcină și succesorilor liniei sfinte. Binecuvântaţi-mă ca aceasta să se realizeze!

Prin puterea naturii de Buddha, fie ca cele șase chakre ale corpului meu subtil să fie umplute cu esența albă a măreţului extaz imuabil. Fie să experimentez mintea non-duală de neclintit și să obţin Yoga Absorbţiei. Mă rog salvatorilor mei, bunului meu maestru de rădăcină și succesorilor liniei sfinte. Binecuvântaţi-mă ca aceasta să se realizeze!

Prin puterea naturii de Buddha, fie ca trupul meu să rămână doar în posturi yoga. Fie ca mintea mea să nu se separe niciodată de instrucţiunile esenţiale, profunde, ale Dharmei corecte și să realizez calea celor Șase Vajra Yoga. Mă rog salvatorilor mei, bunului meu maestru de rădăcină și succesorilor liniei sfinte. Binecuvântaţi-mă ca aceasta să se realizeze!

III. *Dedicare*

Prin intermediul acestei virtuţi, fie ca toate fiinţele să abandoneze preocupările zadarnice ale Samsarei, Să mediteze asupra valorii extrem de semnificative a căii Vajra yoga și cât mai repede să dezvăluie iluminarea lui Kalachakra!

Fie ca prin intermediul acestei virtuţi să obţin repede cele Șase Vajra Yoga și să conduc toate fiinţele, fără excepţie, la starea de iluminare Kalachakra!

Fie ca prin intermediul acestei virtuţi toate fiinţele să finalizeze acumularea de merite și înţelepciune primordială și, astfel, să realizeze cele două kaya de Buddha!

PARTEA A PATRA:
DOUĂ GURU YOGA SUPLIMENTARE

I. Dolpopa guru yoga: ploaie de binecuvântări pentru cele Șase Yoga ale liniei de maeștri vajra

(i) Vizualizare

Kunkyen Dolpopa apare în fața ta în forma lui Vajradhara albastru înconjurat de întregul Câmp de Refugiu. Privește către tine cu o privire plină de iubire.

NAMA SHRI KALACHAKRAYA
Cu credință vie mă refugiez în Maestru, Yidam și în cele Trei Giuvaieruri.
(Repetă de trei ori versul de mai sus.)

Fie să generez iubire nemărginită, compasiune, bucurie și echilibru sufletesc față de toate ființele!
Fie să practic cu sârguință calea profundă Guru yoga pentru binele tuturor ființelor!
Fie ca toate aparențele temporare, impure, să se dizolve în vacuitate.

Așezat pe un tron, deasupra coroanei mele, pe un loc format din cinci straturi: un lotus și discurile Lunii și așa mai departe, se află maestrul meu de rădăcină în forma mărețului Vajradhara. Corpul său este albastru, are o față și două brațe.

Este așezat în postura lotus complet. Este înveșmântat în haine elegante din mătase și are corpul împodobit cu ornamente prețioase din nestemate și os. În zona inimii ține încrucișate un vajra și un clopot.

Cele patru centre ale corpului sunt însemnate cu patru silabe, raze de lumină emană din silaba HUNG (ཧཱུྃ) aflată în zona inimii sale, Invocând toți maeștrii de rădăcină și ai liniei alături de întregul Câmp de Refugiu,

DZA (ཛཿ) HUNG (ཧཱུྃ) VAM (ཝྃ) HO (ཧོཿ)
Devin inseparabil de ei.

(ii) Implorând maestrul

Maestru prețios, aduc un omagiu corpului, vorbirii și minții tale. Corpul tău este împodobit cu semnele și simbolurile perfecte, neschimbătoare. Vorbirea ta neîntreruptă, asemenea celei a lui Brahma, străbate cele zece direcții. Sălășluiești în mintea clară a măreței peceți.

Mă prosternez ție, care ești întruparea celor treizeci și șase de Tathagata, cei care se dezvăluie atunci când cele treizeci și șase de agregate sunt perfect purificate prin cele Șase Vajra Yoga, cum sunt cea a retragerii și celelalte.

Cu bucurie și cu intenție pură ofer un ocean inimaginabil de ofrande ale lui Samantabhadra, Inclusiv toate virtuțile acumulate în cele trei timpuri prin corpul, vorbirea și mintea mea!

Mărturisesc deschis toate negativitățile înfăptuite cu corpul, vorbirea și mintea și mă rog ca ele să fie purificate. Mă bucur pentru toate meritele! Din tot sufletul îți cer să întorci neîncetat roata Dharmei! Te implor să rămâi mereu în Samsara pentru binele tuturor ființelor!

Mă rog gloriosului meu maestru. Natura ta este inseparabilă de cele patru kaya de Buddha. Finalizând cele trei acumulări și realizând cele douăspre-zece căi, ești conducătorul tuturor deținătorilor vajra. Te rog, binecuvân-tează-mă!

Mă rog gloriosului meu maestru. Ai realizat pe deplin cele cinci înțelepciuni și, rămânând pentru o singură clipă în conștiența primordia-lă non-duală, ai transformat complet cele opt obiecte ale concepției duale. Te rog, binecuvântează-mă!

Mă rog gloriosului meu maestru. Activitatea ta iluminată este una cu ac-tivitatea tuturor maeștrilor, eliberând și maturizând norocoșii discipoli prin cele douăsprezece realizări ale stadiilor generării și desăvârșirii. Te rog, binecuvântează-mă!

Mă rog gloriosului meu maestru. Ești una cu toți Yidam-ii, agregatele tale sunt cele șase familii de Buddha, conștiințele tale sunt cei opt Bodhisattva, brațele tale, picioarele și așa mai departe sunt adunarea zeităților mânioa-se. Te rog, binecuvântează-mă!

Mă rog gloriosului meu maestru. Ești una cu toți Buddha, natura ta este corpul magnific al adevărului. Ai perfecționat cele două acumulări și manifești nenumărate emanații pentru binele ființelor. Te rog, binecuvân-tează-mă!

Mă rog gloriosului meu maestru. Ești una cu toate Dharmele imaculate. Te manifești ca învățături și texte cu semnificație ultimă. Ne îndrumi către adevărul profund, inexprimabil. Te rog, binecuvântează-mă!

Mă rog gloriosului meu maestru. Ești una cu toți măreții stăpâni Arya Sangha aflați pe cele zece niveluri de Bodhisattva, atingând eliberarea și realizarea complete. Ești prietenul virtuos imaculat, refugiu pentru toate ființele. Te rog, binecuvântează-mă!

Mă rog gloriosului meu maestru. Ești una cu toți protectorii Dharmei, cel care distrugi toți dușmanii și toate obstacolele prin puterea compasiunii tale nepărtinitoare. Te rog, binecuvântează-mă!

Mă rog gloriosului meu maestru. Ești izvorul tuturor siddhi-urilor, cel care oferi atât realizările supreme, cât și pe cele obișnuite, deoarece stăpâ-nești acțiunile de pacificare, dezvoltare, control și stăpânire. Te rog, bine-cuvântează-mă!

Mă rog gloriosului meu maestru. Alungi tot întunericul, eliminând vede-rile greșite prin compunerea, dezbaterea și explicarea sutrelor, tantrelor, tratatelor și instrucțiunilor esențiale. Te rog, binecuvântează-mă!

Bând nectarul prețioaselor sale instrucțiuni Dharma asupra înțelesului profund, de acum înainte, fie să îl urmez pe maestru precum o umbră. Fie ca prin binecuvântarea gloriosului maestru să pot îndeplini aceasta!

Lipsit de interes pentru hrană, îmbrăcăminte și obiecte de lux, renunțând la stilurile de viață greșite și impure, fie să gust nectarul Dharmei cu vâr-ful limbii. Fie ca gloriosul meu maestru să mă binecuvânteze pentru ca aceasta să se îndeplinească!

Fie ca începând de astăzi să rămân într-un loc izolat, meditând neabătut asupra semnificației profunde și, astfel, să realizez măreața pecete a eliberării chiar în această viață. Fie ca prin binecuvântarea gloriosului maestru să pot îndeplini aceasta!

Fie să privesc cele patru silabe din chakrele corpului maestrului ca fiind cele patru kaya de Buddha. Concentrându-mă asupra lor, fie să primesc cele patru împuterniciri. Fie ca prin binecuvântarea gloriosului maestru să pot îndeplini aceasta!

(iii) Primirea celor Patru Împuterniciri

Din silaba OM (ༀ) aflată în zona frunții maestrului, o silabă albă OM (ༀ) izvorăște și se dizolvă în chakra frunții mele. Fie ca prin această putere să primesc împuternicirea vazei. Fie ca prin binecuvântarea gloriosului meu maestru să pot îndeplini aceasta!

Prin această putere fie ca eu să îmi purific obscuritățile corpului și ale stării de veghe, să experimentez cele patru fericiri și să dezvălui corpul vajra emanat. Fie ca prin binecuvântarea gloriosului meu maestru să pot îndeplini aceasta!

Din silaba AH (ཨཿ) aflată în zona gâtului maestrului, o silabă roșie AH (ཨཿ) izvorăște și se dizolvă în chakra gâtului meu. Prin această putere fie ca eu să primesc împuternicirea secretă. Fie ca prin binecuvântarea gloriosului meu maestru să pot îndeplini aceasta!

Prin această putere fie ca eu să purific obscuritățile vorbirii și ale stării de vis, să experimentez cele patru fericiri minunate și să dezvălui corpul desfătării al vorbirii vajra. Fie ca prin binecuvântarea gloriosului meu maestru să pot îndeplini aceasta!

Din silaba HUNG (ཧཱུྃ) aflată în zona inimii maestrului, o silabă neagră HUNG (ཧཱུྃ) izvorăște și se dizolvă în chakra inimii mele. Prin această putere fie ca eu să primesc împuternicirea înțelepciunii primordiale. Fie ca prin binecuvântarea gloriosului meu maestru să pot îndeplini aceasta!

Prin această putere fie ca eu să purific obscurităţile minţii şi ale stării de somn profund, să experimentez cele patru fericiri supreme şi să dezvălui corpul Dharmakaya al minţii vajra. Fie ca prin binecuvântarea gloriosului meu maestru să pot îndeplini aceasta!

Din silaba HO (ཧོཿ) aflată în zona ombilicului maestrului, o silabă galbenă HO (ཧོཿ)izvorăşte şi se dizolvă în chakra ombilicului meu. Prin această putere fie ca eu să primesc a patra împuternicire sacră. Fie ca prin binecuvântarea gloriosului meu maestru să pot îndeplini aceasta!

Prin această putere fie ca eu să purific înclinaţiile către ataşament, să experimentez cele patru fericiri înnăscute şi să descopăr înţelepciunea vajra primordială a vacuităţii beatifice. Fie ca prin binecuvântarea gloriosului meu maestru să pot îndeplini aceasta!

Maestrul aflat deasupra coroanei mele se topeşte în lumină şi se dizolvă în mine. El se află în centrul unui lotus cu opt petale din inima mea. Fie ca prin binecuvântarea gloriosului meu maestru să pot îndeplini aceasta!

(Meditează asupra stării naturale de inseparabilitate dintre mintea ta şi cea a maestrului, măreţul corp Dharmakaya al adevărului şi rămâi cât mai mult în starea non-conceptuală a Dharmadhatu.)

(iv) Dedicare

Prin această practică fie ca toate fiinţele să-şi purifice toate impurităţile şi obstacolele şi să realizeze degrabă esenţa Tathagata.

Fie ca eu să nu permit apariţia, chiar şi pentru un moment, a opiniilor greşite referitoare la aparenţele de eliberare ale maestrului. Cu încrederea că tot ceea ce face el este corect, fie ca binecuvântările maestrului să-mi pătrundă în minte.

În vieţile mele viitoare fie ca niciodată să nu fiu despărţit de gloriosul meu maestru. Fie ca eu să nu fiu niciodată despărţit de bucuria de a practica preţioasa Dharma. Fie să realizez toate căile şi nivelurile bhumi iluminate şi să ating cât mai repede starea de Vajradhara.

"Guru Yoga—Ploaie de Binecuvântări pentru cele Şase Yoga ale liniei Vajra" a fost compusă de Stăpânul Dharmei Kunkyen Dolpopa Sherab Gyaltsen. Fie ca ea să conducă la virtute şi să fie de bun augur!

II. Taranatha guru yoga: ancoră pentru acumularea siddhi-urilor

(i) Vizualizare

Jetsun Taranatha apare în faţa ta sub forma lui Vajradhara albastru, înconjurat de întregul Câmp de Refugiu. Uitându-se către tine, privirea lui este plină de iubire.

OM SVASTI. Ancoră pentru acumularea siddhi-urilor prin practica guru yoga.

Cu ardoare aduc omagiu maestrului meu glorios. Toate fenomenele sunt doar aparenţe în minte. Propria minte are o natură goală şi clară, dincolo de cuvinte. Orice fel de aparenţe există, ele nu sunt niciodată separabile de conştienţa de sine, care este prezentă mereu, clipă de clipă.

OM SHUNYATA JÑANA VAJRA SVABHAVA ATMAKHO HAM

Mintea mea, în starea ei naturală, este tărâmul pur Akanishta. În mijlocul acestui tărâm pur se află un palat strălucitor şi în el, gloriosul meu maestru de rădăcină stă pe un loc format de un lotus şi discurile Lunii şi Soarelui ce sunt aşezate pe un tron sprijinit de lei.

(Pentru consecvenţă, se pot vizualiza şi discurile Rahu şi Kalagni.)

Gloriosul meu maestru de rădăcină radiază precum un munte de aur ce reflectă o sută de mii de raze de soare. Este mulţumit de mine şi îmi zâmbeşte.

Deasupra maestrului meu apar, în mod miraculos, maeştrii liniei, înconjuraţi de Heruka, precum Vajravarahi şi nori de Yidami. Buddha şi Bodhisattva din cele zece direcţii apar în spaţiul din faţa mea şi emanaţii ale arhaţilor glorioşi acoperă pământul. Sunt înconjuraţi de Dakini şi atotvăzătorii protectori ai Dharmei cu alaiurile lor, pregătiți să îndeplinească fiecare instrucțiune a maestrului.

Întreaga adunare se află în mișcare vibrantă, precum fulgerul și norii de furtună, umplând întregul spațiu și locurile dimprejur.

Toate aceste ființe au corpuri strălucitoare, înfățișându-se diferit variatelor ființe care trebuie să fie îmblânzite. Ele expun neîncetat învățăturile Mahayana și mintea lor rămâne în lumina clară a măreței fericiri extatice, în timp ce desfășoară oceane de activități virtuoase.

Toate acestea nu sunt altceva decât manifestări pline de însemnătate ale gloriosului maestru, la fel cum toate aparițiile Samsarei și Nirvanei nu sunt altceva decât manifestarea miraculoasă a înțelepciunii primordiale a maestrului.

(ii) Implorând maestrul

Îmi ofer corpul, bunurile și toate meritele din cele trei timpuri, precum și orice obiect imaginabil de ofrandă din toate tărâmurile pure, aflate în cele zece direcții. Ofer, cu aspirație pură, tot ceea ce mintea mea poate concepe: toate ființele celor șase tărâmuri, inclusiv dușmani, prieteni și rude, până în cele mai îndepărtate colțuri ale spațiului, împreună cu fiecare obiect încântător de ofrandă din toate cele trei tărâmuri. Prin puterea vizualizării și rugăciunii mele manifest toate aceste nenumărate, de neconceput și magnifice obiecte de ofrandă.

Toate aceste bogății de ofrande se manifestă din conștiința primordială a tuturor Buddha, Bodhisattva și Dakini care apar în cele trei timpuri și cele zece direcții. Toate aceste apariții nenumărate și de neconceput nu sunt altceva decât glorioasa manifestare a minții maestrului, inseparabilă de propria-mi minte, manifestare nenăscută a Dharmakaya.

Maestru prețios, ești întruparea tuturor Buddha.
Maestru prețios, ești întruparea tuturor Dharma.
Maestru prețios, ești întruparea întregii Sangha.

Suprem rege al Dharmei, ești întruparea tuturor maeştrilor.

Ești întruparea tuturor Yidam-ilor, în timp ce toate Dakini și toți protectorii Dharmei se manifestă ca alaiul tău. Mă rog ție Vajradhara. Te rog, binecuvântează-mă pe mine și pe toți cei care au credință în tine!

Maestru glorios, ești Vajradhara în tărâmul pur al corpului desfătării. Ești Heruka mânios atunci când supui tot răul. Ești Shakyamuni pentru ființele cu renunțare. Ești măreţul înțelept pentru asceți.

Pentru cei care urmează calea celor trei vehicule, te manifești ca Bodhisattva, Pratyeka și măreţ Shravaka. De asemenea, apari în forma lui Brahma, Vishnu, Stăpânul Shiva și ca restul înțelepților și sfinților.

Uneori apari ca rege, alteori apari ca yoghin sau ascet. Altora le apari drept călugăr pur, înveşmântat simplu. Mă rog ție, cel care înfăptuiești acte mărețe și vaste, conform nevoilor fiecărei ființe. Așa cum gândurile și aspirațiile tuturor ființelor sunt inimaginabile, la fel este și vastitatea și profunzimea învățăturilor tale.

Așa cum curcubeele și norii apar pe cer, formându-se, plutind și apoi dispărând înapoi pe cer, ești corpul Dharmakaya al realității iluminării, liber de toate extremele, realizând activități mărețe, spontan și fără efort. Cu toate că acționezi într-un mod care răspunde dorințelor tuturor ființelor, rămâi în vastul Dharmadatu, clar, conștient de sine și non-dual.

Ești dincolo de naştere și de moarte, de venire și de plecare, de apropiere și depărtare. Mă rog ție, corp pur al realității iluminării. Îți aduc omagiu din adâncul inimii, cu devoțiune neîncetată!

În tine mă refugiez, întrupare a tuturor surselor de refugiu. Ofer nenumărate obiecte virtuoase, fiind conştient de natura lor goală. Mărturisesc și îmi purific toate negativitățile, deși, de la început, natura lor este goală. Mă bucur pentru meritele acumulate de toate ființele din Samsara și Nirvana. Fie ca sunetul gol al învățăturilor tale să nu înceteze vreodată.

Corpul Dharmakaya al realității iluminării este dincolo de naştere și de moarte. Fie să întorci neîncetat roata prețioasei Dharma. Fie ca, de dragul ființelor, să dăinuiești pentru totdeauna.

Dedic toate meritele pentru ca mintea mea să devină inseparabilă de a ta, preasfânt maestru. Fie ca toate ființele să atingă iluminarea supremă!

Glorios Drolway Gonpo, salvator al tuturor ființelor, te rog, binecuvântează-mă cu trupul, vorbirea și mintea ta. Acordă-mi cele patru împuterniciri chiar în această clipă!

(iii) Primirea celor Patru Împuterniciri

Fie ca trupul meu să se transforme în fericire extatică înnăscută.
Fie ca vorbirea mea să se transforme prin puterea mantrelor.
Fie ca mintea mea să se transforme în înțelepciunea luminii clare.
Maestru perfect, te rog să mă binecuvântezi chiar în acest moment.

Raze de lumină izvorăsc din fruntea, gâtul, inima și ombilicul maestrului și apoi se dizolvă în cele patru chakre ale mele, acordându-mi cele patru împuterniciri ale corpului, vorbirii, minții și înțelepciunii vajra primordiale.

Fie să primesc împuternicirea vazei.
Fie să primesc împuternicirea secretă.
Fie să primesc împuternicirea uniunii dintre extazul beatific și înțelepciune.
Fie să primesc cea de-a patra împuternicire sacră a măreței peceți de dincolo de concepere!

Măreț rege al Dharmei, doar în tine am încredere. Ești singurul meu refugiu adevărat. Precum apa turnată peste apă, fie să mă dizolv în uniune inseparabilă cu tine!

Fie ca maestrul să se topească în esența nectarului și să-mi umple cele patru chakre, acordându-mi împuternicirile.

(Meditează asupra maestrului natural, mărețul corp Dharmakaya al realității iluminării, inseparabil de propria minte și rămâi în starea naturală, dincolo de toate conceptele.)

(iv) Dedicare

Fie ca în toate vieţile mele viitoare să mă nasc într-o familie excelentă, cu o minte clară, fără mândrie, cu o mare compasiune şi credinţă în Maestru. Fie ca eu să îmi respect promisiunile faţă de Gloriosul Maestru.

Fie să nu permit apariţia, chiar şi pentru un moment, a opiniilor greşite referitoare la aparenţele de eliberare ale Maestrului. Cu încrederea că tot ceea ce face el este excepţional, fie ca binecuvântările Maestrului să-mi pătrundă în minte.

În vieţile mele viitoare, fie ca eu să nu fiu niciodată despărţit de Gloriosul meu Maestru. Fie să nu fiu despărţit de bucuria de a practica preţioasa Dharma. Fie să realizez toate căile şi nivelurile bhumi iluminate şi să ating cât mai repede starea de Vajradhara.

Aceasta este Guru Yoga perfectă, care îţi dă posibilitatea să atingi starea de Buddha într-o singură viaţă. Să nu ai nicio îndoială. Compusă de Jetsun Taranatha, la vârsta de 29 de ani.

Despre autor

Shar Khentrul Jamphel Lodrö Rinpoché şi-a petrecut primii 20 de ani din viaţă păstorind iacii şi cântând mantre pe platourile tibetane. Inspirat de Bodhisattva, el şi-a părăsit familia pentru a studia în mănăstiri variate, sub îndrumarea a peste douăzeci şi cinci de maeştri din toate tradiţiile budiste tibetane. Datorită abordării sale non-sectare, el şi-a câştigat titlul de Maestru Rimé (nepărtinitor) identificat ca fiind reîncarnarea faimosului Maestru Kalachakra Ngawang Chözin Gyatso. Khentrul Rinpoche este considerat a şaptea emanaţie a Bodhisattva Akasagarbha. Când i s-a propus să devină profesor (khenpo) al prestigioasei mănăstiri Tsangwa din Dzamthang, Rinpoche a ales să renunţe la poziţia sa, preferând să se dedice unei practici stricte.

Deşi învăţăturile sale sunt centrate pe recunoaşterea faptului că, în marea diversitate a tradiţiilor spirituale din această lume, fiecare tradiţie este foarte valoroasă, el se concentrează pe tradiţia Jonang-Shambhala. El a descoperit că Linia de descendenţă Jonang, pe care mulţi erudiţi occidentali o considerau până de curând ca fiind dispărută, deţine cele mai avansate învăţături Kalachakra (Roata Timpului), ce conţin metode profunde de armonizare a mediului extern cu lumea noastră interioară a corpului şi minţii iluminate.

Din 2014, Rinpoche a călătorit în peste treizeci de ţări, îndrumând studenţii să-şi realizeze propriul adevăr sacru al potenţialului lor nelimitat, printr-o prezentare clară, sistematică, pas cu pas, a Căii Kalachakra către iluminare. Învăţând oamenii cum să cultive o minte flexibilă şi să îndepărteze părtinirile, Khentrul Rinpoché aspiră să creeze comunităţi bazate pe compasiune, pentru a transforma această lume într-o Eră de Aur a păcii şi armoniei globale.

Viziunea lui Rinpoche

Dzokden a fost fondată cu scopul expres de a-l sprijini pe Khentrul Rinpoche în realizarea viziunii sale de a aduce în această lume Era de Aur a păcii și armoniei. Pe măsură ce comunitatea noastră continuă să crească și să se dezvolte, tot mai mulți oameni se implică în acest efort extraordinar.

Pentru a vă oferi o idee a domeniului de aplicare a viziunii lui Rinpoche, putem vorbi de opt obiective care reflectă prioritățile pe termen scurt și lung ale lui Rinpoche:

Țeluri imediate

În cele din urmă fericirea de durată, autentică, este posibilă doar printr-o transformare personală profundă. Acum, mai mult ca niciodată, avem nevoie de metode care să ne dezvolte înțelepciunea și să ne actualizeze cel mai mare potențial. De aceea Rinpoche acordă o prioritate atât de mare pe conservarea Liniei de descendență Jonang Kalachakra. Sunt patru modalități prin care își propune Rinpoche să facă acest lucru:

1. **Crearea oportunităților de a vă conecta cu Linia de descendență autentică și completă Kalachakra, în strânsă colaborare cu meditatori dedicați din îndepărtatul Tibet.** Scopul nostru este să creăm tot suportul practicării Kalachakra în conformitate cu instrucțiunile maeștrilor autentici ai Liniei, care au susținut această tradiție de mii de ani. Facem aceasta comandând statui și picturi, scriind cărți și oferind învățături în toată lumea. Punem un accent deosebit pe asigurarea autenticității materialelor noastre, bazându-ne pe experiența profundă a meditatorilor foarte realizați, care își dedică viața acestor practici.

1. **Stabilirea unor centre internaționale de retragere pentru studiul și practica Kalachakra.** Pentru a integra învățăturile în mintea noastră, este crucial să avem oportunitatea de a ne angaja

în perioade de practică intensivă. Prin urmare, lucrăm pentru a crea infrastructura necesară care să sprijine și să ajute membrii comunității noastre să se angajeze atât în retrageri pe termen scurt, cât și pe termen lung. Aceasta include achiziționarea de terenuri și construirea a tot ceea ce este necesar pentru desfășurarea retragerilor de grup și solitare. Scopul nostru pe termen lung este să dezvoltăm o rețea de astfel de centre în întreaga lume, formând o comunitate globală care să sprijine o mare varietate de practicanți.

2. **Traducerea și publicarea textelor unice și rare ale maeștrilor Kalachakra.** Sistemul Kalachakra a fost subiectul a nenumărate texte de-a lungul lungii istorii tibetane. Până acum, doar o mică parte din aceste texte au fost traduse și au devenit accesibile în occident. Deși textele teoretice sunt importante, ne propunem să ne concentrăm în special pe instrucțiunile fundamentale care vor ghida practicanții dedicați către o experiență mai profundă a acestor învățături profunde.

3. **Dezvoltarea mijloacelor și programelor pentru o experiență de învățare structurată.** Cu grupuri de studenți distribuite în întreaga lume, credem că este important să profităm la maximum de tehnologiile moderne pentru a facilita studenților noștri procesul de învățare. Scopul nostru este de a dezvolta o platformă educațională online robustă, care să permită comunității noastre internaționale să acceseze programe de studii de calitate, intuitive, structurate și captivante.

Țeluri pe termen lung

Deși fiecare lucrează individual pentru atingerea păcii și armoniei supreme în propria sa minte, nu trebuie să pierdem din vedere faptul că trăim în contextul unei lumi cu o mare diversitate de indivizi. Acești indivizi dau naștere la o mare varietate de credințe și practici care, la rândul lor, modelează modul în care relaționăm și interacționăm unii cu alții.

În această realitate interdependentă, este vital să găsim strategii viabile pentru promovarea toleranței și unui respect mai mare. În acest scop, Rinpoche propune patru domenii specifice de activitate:

1. **Promovarea dezvoltării unei filozofii Rimé prin dialogul cu alte tradiții.** Din dorința de a fi membri constructivi ai unei societăți pluraliste, noi trebuie să învățăm modalități de a ne reconcilia diferențele. În acest scop, ne propunem să ajutăm oamenii să dezvolte calitățile pozitive care promovează o atitudine de respect reciproc, deschidere către idei noi și o dorință iscoditoare de a ne depăși ignoranța.

2. **Să dezvoltăm modele foarte realizate de urmat, oferind sprijin financiar practicanților dedicați.** Pentru a asigura autenticitatea tradițiilor noastre spirituale, este imperativ să existe oameni care să actualizeze cele mai înalte realizări. Prin urmare, ne propunem să creăm un program de burse financiare care să sprijine practicanții autentici, care doresc să-și dedice viața dezvoltării spirituale, indiferent de sistemul lor de practică. Ajutând oamenii să-și actualizeze învățăturile, ei devin modele pozitive pentru cei din jur, inspirând și ghidând generațiile viitoare.

3. **Actualizarea marelui potențial al practicantelor prin dezvoltarea de programe specializate de antrenare.** Cultura tibetană are o istorie lungă de cultivare a unor maeștri foarte realizați, prin pregătirea intensivă a celor cărora li se recunoaște un potențial mare. Din păcate, prea adesea căutarea potențialului s-a concentrat doar pe candidații bărbați. Rinpoche crede că este din ce în ce mai important să avem modele feminine puternice, extrem de realizate, care pot ajuta la crearea unui echilibru mai mare în lumea noastră. Din acest motiv, lucrăm la dezvoltarea unui program unic de antrenament pentru a oferi femeilor oportunitatea de a-și actualiza potențialul spiritual. Scopul nostru este să proiectăm un cur-

riculum specializat, precum și infrastructura financiară pentru a sprijini pe deplin toate aspectele educației lor.

4. **Promovarea prin programe educaționale moderne a unei flexibilități mentale mai mari și a înțelegerii mai largi a realității.** Într-o lume care evoluează rapid, trebuie să regândim tipurile de abilități pe care le predăm copiilor noștri. Structurile rigide din trecut adesea sunt nu sunt utile spre a pregăti elevii pentru provocările cu care se vor confrunta în timpul vieții. Prin urmare, ne propunem să dezvoltăm o varietate de programe educaționale care pot ajuta copiii să devină mai flexibili și mai adaptabili la context. O parte importantă a acestor programe constă în dezvoltarea unei mai mari conștientizări a rolului pe care mintea noastră îl joacă în experiențele noastre de zi cu zi. De asemenea, ne propunem să aducem reforme în sistemul de învățământ monahal, care să-l ajute să fie mai relevant pentru această lume modernă.

CUM VĂ PUTEȚI OFERI SPRIJINUL?

Țelurile de mai sus nu vor putea să fie realizate fără sprijinul și participarea dumneavoastră. O viziune de asemenea amploare necesită mult merit și generozitate din partea multor binefăcători, de-a lungul multor ani. Dacă doriți să vă oferi sprijinul, vă rugăm să nu ezitați să ne contactați la

Dzokden
3436 Divisadero Street
San Francisco, California 94123
UNITED STATES OF AMERICA

www.dzokden.org